Le cinéma américain
Les années trente

1929-1945

Du même auteur

AUX MÊMES ÉDITIONS

Le Cinéma américain
Les années cinquante. 1945-1960
coll. « Point-Virgule », 1984

Olivier-René Veillon

Le cinéma américain
Les années trente

1929-1945

Éditions du Seuil

COLLECTION DIRIGÉE PAR NICOLE VIMARD
AVEC EDMOND BLANC ET CLAUDE DUNETON

EN COUVERTURE : Greta Garbo dans
Queen Christina (la Reine Christine),
Mamoulian, 1933. Photo Stars-Films.

ISBN 2-02-009109-7.

Avant-propos

En 1929 l'apparition du parlant est une mutation majeure dont le cinéma américain sort triomphant au moment où le pays s'engouffre dans une brutale crise économique. Les grands studios étendent leur empire sur toute l'activité cinématographique, poursuivant leur intégration verticale et horizontale, affirmant leur style propre à travers leurs acteurs, leurs metteurs en scène, leurs décorateurs et leurs musiciens. La grande dépression est contemporaine d'un véritable âge d'or : plus de cinq cents films sont produits en 1930 malgré l'augmentation des budgets imposée par la technique nouvelle. La société américaine s'interroge sur ses valeurs et trouve dans les salles de cinéma un refuge à la mesure de son désarroi. Le film est plus que jamais le moyen d'oublier et celui de comprendre, car les grands genres n'éludent aucune des questions qui obsèdent tous ceux qui cherchent leur place dans un monde déréglé.

Alors que les grands maîtres du cinéma muet, comme Stroheim, Keaton ou Griffith, disparaissent des écrans, une nouvelle génération, souvent formée aux courts métrages burlesques, impose dans le même mouvement que de grands émigrés rompus au rythme langagier du théâtre, tels Lubitsch et Mamoulian, un profond renouvellement des genres qui, de la comédie au mélodrame, en passant par le western et le film noir, s'attachent à saisir le bouleversement dont ils sont contemporains. De nouvelles valeurs, plus contradictoires et plus ambiguës que celles des pères fondateurs, s'édifient, donnant à l'Amérique ce substrat d'espoir que Franklin Roosevelt saura traduire en termes politiques.

Barbara Stanwyck et Ralph Graves dans Ladies of Leisure (Femmes de luxe), *Capra, 1930.*

Table

11 Frank Borzage
23 Clarence Brown
37 Frank Capra
49 Charlie Chaplin
58 Michael Curtiz
73 Cecil B. DeMille
79 William Dieterle
90 Allan Dwan
98 Robert Flaherty
104 Tay Garnett
113 Edmund Goulding
121 Ernst Lubitsch
132 Leo McCarey
139 Rouben Mamoulian
147 Josef von Sternberg
156 W.S. Van Dyke
167 William Wellman
181 William Wyler

191 Index

Frank Borzage

Les sentiments ont leur propre histoire, leur propre rythme qui en est la seule mesure. Ils excèdent le récit qui les porte et entraînent celui-ci jusqu'aux figures limites où ils jouissent d'eux-mêmes. Le mélodrame masque, sous les conventions d'apparence, ce par quoi il adhère à son propos : la fondation d'un ordre immanent où la passion ne dépasse pas la loi, mais, comme l'écrit Blanchot de la transgression, l'« emporte avec elle ».

L'œuvre de Borzage est tout entière vouée au mélodrame, à l'exception remarquable du film produit par Lubitsch, *Desire* (*Désir*) en 1936, pour lequel il est paradoxalement célèbre alors qu'il n'y a à peu près rien qui soit profondément de lui dans ce film brillant, langagier, où le désir est un jeu de dupes, où le plaisir s'augmente de ne jamais connaître son issue. A l'encontre d'un tel exercice de style, les films de Borzage ne cultivent pas la distance souveraine, mais l'approfondissement dans les déterminations les plus précises, les plus délibérément inscrites au fronton du sujet. L'insistance lui est plus familière que l'ellipse, car le sentiment n'est pas chez lui chose abstraite, mais quintessence d'une sensualité brutale, obscène, dont la violence appelle sa transcendance. Ses acteurs de prédilection sont les plus « physiques » des années trente : Charles Farrell, Spencer Tracy, Dick Powell, Robert Taylor, alors que ses actrices comptent parmi les plus sensuelles que le cinéma américain a connues : Janet Gaynor, Joan Crawford, Dorothy Lamour, Hedy Lamarr. Le sentiment est d'autant plus fort que la chair qu'il transcende est moins soumise et moins résignée, exigeant une jouissance plus pure mais d'abord plus complète.

Le mélodrame est croyance absolue dans la véracité de l'image, confiance dans l'apparition et relation votive à ce qu'elle révèle. Son esthétique a profondément à voir avec celle du miracle qui est également représentation hors de laquelle il est impossible de croire : « Il n'est pas possible de croire raisonnablement contre les miracles », écrit Pascal (*Pensées,* Brunschvicg 815). *Street Angel* (*l'Ange de la rue,* 1928), l'un des derniers films muets de Borzage, exalte, au-delà de la métaphore de l'ange intercesseur, la dimension clairement votive de son cinéma. L'une des premières scènes voit Gino (Charles Farrell) faire le portrait d'Angela (Janet Gaynor), dont il est follement épris. L'essence spirituelle de leur amour se reconnaît dans la caresse du pinceau qui retient l'image de l'autre pour en rendre éternelle la présence. Mais Gino doit vendre le portrait pour pouvoir les nourrir, alors qu'Angela disparaît, arrêtée pour racolage aux dires d'une traîtresse amie.

Gino, à la recherche de nouveaux modèles, la retrouve dans le brouillard et l'entraîne en un lieu dérobé, une église, où il cherche à l'étrangler, mais, au moment du sacrifice, il fait tomber le texte sacré, lève les yeux au ciel et rencontre, dans un nimbe céleste, le portrait d'Angela en madone implorant le pardon de celui qui n'a pas su voir, qui n'a pas su croire. « Un portrait porte absence et présence, plaisir et déplaisir. La réalité exclut absence et déplaisir » (Pascal, *Pensées,* Brunschvicg 678). Le portrait est bien l'épreuve de vérité, la trace incontournable de l'Esprit. Et l'image par excellence qui interprète le principe du cinéma où se traduit en lumière le corps vivant des acteurs emportés par un mouvement dont le metteur en scène exalte et soutient la ligne.

Si pure que soit l'écriture de Borzage, elle n'est en rien désincarnée. Elle tient au contraire à ce qu'il y a de plus prégnant dans le contexte au sein duquel elle s'inscrit. La guerre, la crise économique font partie de ces monuments d'adversité qui délimitent la voie étroite des héros du mélodrame. *Seventh Heaven* (*l'Heure suprême,* 1927), *A Farewell to Arms* (*l'Adieu au drapeau,* 1932), *Three Comrades* (*Trois Camarades,* 1938) font de la guerre la nécessité la plus mortelle qui, trahissant la vie, lui redonne le sens d'une révolte radicale dont chaque homme doit tenter de sortir vainqueur en puisant dans l'amour la force de renoncer au destin tout tracé par la catastrophe universelle. Comme la guerre, la crise économique est une situation limite où les hommes se retrouvent dans leur état naturel, dans ce dénuement complet que font mal oublier des richesses accessoires. A cent lieues de toute dénonciation ou de toute analyse politique, Borzage montre l'extrême pauvreté comme la condition d'une intimité avec l'humain, inaccessible autrement. Ainsi, dans *Man's Castle* (*Ceux de la zone,* 1933), la zone des bords de l'Hudson où se réfugient les deux amants est-elle bien davantage que le terrain vague où les exclus de la société viennent cacher leur misère, la plage neutre où s'inversent les valeurs, où le plus démuni peut trouver le bonheur absolu dans la rédemption du pur amour. Par la violence de son traitement, Borzage accentue les contrastes entre les fausses lumières d'une société qui produit ensemble de la richesse et du chômage, et la liberté secrète que seul l'amour peut rendre infinie. La première scène de *Man's Castle* est en cela saisissante : Spencer Tracy en frac et chapeau claque est assis sur un banc où il donne à manger aux pigeons. Loretta Young vient s'asseoir près de lui. Irrité de cette présence, il lui demande ce qu'elle veut et s'aperçoit qu'elle meurt de faim. Il l'emmène dans un grand restaurant

Le velours des regards : Kay Francis et Warren William dans Living on Velvet (Sur le velours), *Borzage, 1935.*

et doit avouer au gérant, à la fin du repas, qu'il n'a pas un sou mais que les clients du restaurant n'aimeraient sûrement pas entendre parler des douze millions de chômeurs dans le pays. L'élégante tenue de soirée n'était que l'uniforme publicitaire d'un autre restaurant dont le nom s'affiche en lettres lumineuses sous le plastron et la cape. Dans la circulation des marchandises, l'homme n'est plus lui-même que la dernière d'entre elles. Quand le mouvement s'accélère, se précipite et s'enraie pour s'effondrer vertigineusement, comme en ce fameux Jeudi noir, tout ce qui ne circule plus est jeté au rebut. Le personnage incarné par Spencer Tracy est pris dans ce mouvement insensé dans lequel il trouve juste sa place. Il faut que le regard de Loretta Young l'arrête et le rive à l'identité de l'amour pour qu'il croie un instant possible d'échapper au devenir de la marchandise. Mais celui qui n'a rien ne peut que se vendre, ou bien voler. S'il finit par échapper au hold-up raté dans lequel il s'est laissé entraîner, la fin du film est terriblement ambiguë. L'amour triomphe, mais les deux amants s'enfuient ensemble dans un train de marchandises !

Dans le mélodrame tout est dit, le sens toujours excède le sens, par une explicitation radicale qui ne laisse rien dans

La sensualité du mélodrame : la rencontre de Clark Gable et de Joan Crawford dans Strange Cargo (le Cargo maudit), *Borzage, 1940.*

l'ombre. Le cœur de l'homme y est lumineux, comme il l'est, littéralement, dans *Man's Castle.* Lynn Palmer, le personnage incarné par Kay Francis dans *Stranded* (*Bureau des épaves,* 1935), travaille pour la « traveler's aid » ; elle aide les voyageurs égarés. Elle est, plus qu'une métaphore, l'agent concret du rapprochement entre les êtres. L'ingénieur dont elle tombe amoureuse et qu'elle aide à se mieux connaître et à prendre conscience de ses richesses est, lui, de son côté, l'agent du rapprochement entre les choses, puisqu'il construit un pont. Les deux rives de la métaphore finissent par se rejoindre et l'amour par l'emporter. Nul autre que Borzage ne peut à ce point dire la distance et la montrer, nous faire percevoir l'infime et l'inconsistant dans une si violente lumière, comme si la surexposition de l'intrigue dans ses moindres détails faisait surgir des contrastes qu'une autre lumière soulignerait à peine. Il faut parler à son propos de cet éblouissement qui n'a pas de mot en français, *shining,* qui est au cœur de ses films et particulièrement de *The Shining Hour* (*l'Ensorceleuse,* 1938), dont l'action se dénoue dans un incendie où se brûle celle par qui le désir est entré dans la maison où deux frères et une sœur vivent une relation qui ne laisse à l'autre qu'un rôle perturbateur. Joan Crawford, à la beauté irradiante et violente, comme la sanction même du désir dans l'étouffement d'une vie puritaine, traverse le film tel un ange sombre qui a en lui assez de force pour produire cet éblouissement qui, dans les lueurs de l'incendie, va révéler à chacun ce qu'il est.

Le sentiment religieux va, dans l'œuvre de Borzage, s'approfondissant, pour ne plus dissocier la passion amoureuse de la quête spirituelle. La lourde sensualité qui préside à la rencontre de Clark Gable et de Joan Crawford sur le quai d'un port de la Guyane française – il ramasse la cigarette qu'elle laisse tomber à ses pieds et pose ses lèvres où le rouge a imprimé le dessin de la bouche – se transforme lors de leur fuite commune à travers la jungle et les marais en une approche de la sanctification, Verne (Clark Gable) interpellant Dieu pour mieux s'en faire reconnaître. *Strange Cargo* (*le Cargo maudit,* 1940) travaille la même pâte – la plus dure, la plus humaine – que *Green Light* (*la Lumière verte,* 1937), où Errol Flynn cherche la voie du salut après s'être rendu responsable de la mort de l'une de ses patientes. Dans les deux films, les péripéties qui conduisent à la rédemption finale comptent moins que l'ascèse du personnage, sa transformation intime dans l'être intérieur qu'il porte en lui et qui lui ressemble si peu.

Grand officiant d'un culte auquel il n'a que rarement dérogé, Borzage appartient à un ordre auprès duquel la société améri-

Margaret Sullavan, Melvyn Douglas et Joan Crawford dans The Shining Hour (l'Ensorceleuse), *Borzage, 1938.*

caine en crise est venue, dans les années trente, trouver les fondements d'une religiosité diffuse dont les valeurs ne pouvaient être atteintes par l'effondrement de celles cotées à Wall Street.

Filmographie

1916 **That Gal of Burke's** avec Anna Little et Frank Borzage.
Mammy's Rose coréalisé par James Douglass, avec Frank Borzage.
Life's Harmony coréalisé par Lorimer Johnston, avec Vivian Rich et Frank Borzage.
The Silken Spider avec Vivian Rich et Frank Borzage.
The Code of Honor avec Estella Allan et Frank Borzage.
Nell Dale's Men Folks avec Anna Little et Frank Borzage.
The Forgotten Prayer avec Anna Little et Frank Borzage.
The Courtin' of Calliope Clew avec Anna Little et Frank Borzage.
Nugget Jim's Partner avec Anna Little et Frank Borzage.
The Demon of Fear avec Anna Little et Frank Borzage.
Land O'Lizards avec Frank Borzage.
Immediate Lee avec Anna Little et Frank Borzage.
Enchantment avec Vivian Rich.
The Pride and the Man avec William Russell.
Dollars of Dross avec Vivian Rich.

1917 **We Lady Betty** *(la Petite Châtelaine)* coréalisé par Charles Miller, avec Bessie Love.
Flying Colours *(Au pays de l'or)* avec William Desmond.
Until They Get Me *(le Piège)* avec Jack Curtis.

1918 **The Atom** avec Pauline Starke et Harry Mestayer.
The Gun Woman *(la Fille du ranch)* avec Texas Guinan.
Shoes that Danced *(le Premier Pas)* avec Pauline Starke.
Innocent's Progress avec Pauline Starke.

1918 **An Honest Man** avec William Desmond.
Society for Sale avec William Desmond et Gloria Swanson.
Who Is to Blame ? avec Jack Abbe.
The Ghost Flower avec Alma Rubens.
The Curse of Iku.
1919 **Toton** avec Olive Thomas.
Prudence of Broadway avec Olive Thomas.
Whom the Gods Destroy *(Ceux que les dieux détruiront)* avec Pauline Starke.
Ashes of Desire *(la Roturière)* avec Alma Rubens.
1920 **Humoresque** *(Humoresque)* avec Alma Rubens.
1921 **The Duke of Chimney Butte** avec Fred Stone.
Get Rich Quick Wallingford *(Pour faire fortune)* avec Sam Hardy.
1922 **Back Pay** *(le Repentir)* avec Seena Owen et Matt Moore.
Billy Jim avec Fred Stone.
The Good Provider *(Un père)* avec Vera Gordon et Dore Davidson.
Valley of Silent Men avec Alma Rubens.
The Pride of Palomar avec Forrest Stanley.
1923 **The Nth Commandment** avec Coleen Moore.
Children of Dust avec Bert Woodruff.
Act of Desire.
1924 **Secrets** avec Norma Talmadge.
1925 **The Lady** *(Sa vie)* avec Norma Talmadge.
Daddy's Gone a Hunting avec Alice Joyce et Percy Marmont.
Wages for Wives *(Si les hommes pouvaient)* avec Jacqueline Logan et Creighton Hale.
Lazybones *(Notre héros)* avec Buck Jones et Madge Bellamy.
The Circle avec Eleanor Boardman.
1926 **The First Year** *(Giboulées conjugales)* avec Matt More et Kathryn Perry.
The Dixie Merchant avec J. Farrell MacDonald et Madge Bellamy.
Early to Wed avec Matt More et Kathryn Perry.
Marriage Licence *(la Roturière)* avec Alma Rubens et Walter McGrail.
1927 **Seventh Heaven** *(l'Heure suprême)* avec Janet Gaynor et Charles Farrell.
1928 **Street Angel** *(l'Ange de la rue)* avec Janet Gaynor et Charles Farrell.
The River *(la Femme au corbeau)* avec Charles Farrell et Mary Duncan.
1929 **Lucky Star** *(l'Isolé)*
scénario de Sonya Levien, John Hunter Booth, Katherine Hilliker et H.H. Caldwell. Photographie : Chester Lyons et William Cooper Smith. Direction artistique : Harry Oliver. Fox (William Fox).
Avec Charles Farrell, Janet Gaynor, Big Boy Williams, Paul Fix.
They Had to See Paris
scénario de Sonya Levien, Owen Davis et Wilbur Morse Jr. Photographie : Chester Lyons et Al Brick. Direction artistique : Harry Oliver. Fox (William Fox).
Avec Will Rogers, Irene Rich, Owen Davis Jr., Marguerite Churchill.
1930 **Song O'My Heart**
scénario de Sonya Levien et Tom Barry. Photographie : Chester Lyons, Hal Brick et J.O. Taylor. Direction artistique : Harry Oliver. Musique : Charles Glover. Fox (W. Fox).
Avec John McCormack, Alice Joyce, Maureen O'Sullivan, Tom Clifford. J.M. Kerrigan, John Gerrick, J. Farrell MacDonald.
Liliom
scénario de S.N. Behrman et Sonya Levien d'après la pièce de Ferenc Molnar. Photographie : Chester Lyons. Direction artistique : Harry Oliver. Musique : Richard Fall et Marcella Gardner. Fox (William Fox).
Avec Charles Farrell, Rose Hobart, Estelle Taylor, Lee Tracy, James Marcus, Walter Abel.
1931 **As Young as You Feel**
scénario de Edwin Burke d'après la pièce de George Ade. Photographie : Chester Lyons. Direction artistique : Jack Schulze. Fox.
Avec Will Rogers, Fifi Dorsay, Lucien Littlefield, Donald Dillaway, Terrance Ray, Lucille Brown, Rosalie Roy.
Doctor's Wives
scénario de Maurice Watkins, Henry et Sylvia Lieferant. Photographie : Arthur Edeson. Fox.
Avec Warner Baxter, Joan Bennett, Victor Varconi, Helene Millard,

Paul Porcasi, Nancy Gardner, John St Polis.
Bad Girl
scénario de Edwin Burke. Photographie : Chester Lyons. Fox.
Avec James Dunn, Sally Eilers, Minna Gombell, Frank Darien, William Pawley.
1932 **After Tomorrow**
scénario de Sonya Levien. Photographie : James Wong Howe. Direction artistique : William Darling. Musique : James Hanley. Fox.
Avec Charles Farrell, Marian Nixon, Minna Gombell, William Collier Sr., Josephine Hull, William Pawley.
Young America *(Jeune Amérique)*
scénario de William Conselman, d'après la pièce de John Frederick Ballard. Photographie : George Schneiderman. Direction artistique : Duncan Cramer. Fox.
Avec Spencer Tracy, Doris Kenyon, Tommy Conlon, Ralph Bellamy, Beryl Mercer, Sarah Padden, Robert Homans, Raymond Borzage.
A Farewell to Arms *(l'Adieu au drapeau)*
scénario de Benjamin Glazer et Oliver H.P. Garrett d'après le roman de Ernest Hemingway. Photographie : Charles Lang. Direction artistique : Roland Anderson et Hans Dreier. Paramount.
Avec Helen Hayes, Gary Cooper, Adolphe Menjou, Mary Phillips, Jack La Rue, Blanche Frederici.
1933 **Secrets**
scénario de Frances Marion, remake du film de 1924. Photographie : Ray June. United Artists.
Avec Mary Pickford, Leslie Howard, C. Aubrey Smith, Blanche Frederici, Doris Lloyd, Herbert Evans, Ned Sparks.
Man's Castle *(Ceux de la zone)*
scénario de Jo Swerling d'après une histoire de Lawrence Hazard. Photographie : Joseph August. Musique : Frank Harling et C. Bakaleinikoff. Columbia.
Avec Spencer Tracy, Loretta Young, Glenda Farrell, Walter Connolly, Arthur Holl, Marjorie Rambeau, Dickie Moore.
1934 **Little Man, What Now ?** *(Et demain ?)*
scénario de William Anthony McGuire d'après le roman de Hans Fallada. Photographie : Norbert Brodine. Direction artistique : Charles D. Hall. Musique : Arthur Kay. Universal (Carl Laemmle Jr.).
Avec Margaret Sullavan, Douglass Montgomery, Alan Hale, Alan Mowbray, Christian Rubb, Fred Kohler, Mae Marsh.
No Greater Glory *(Comme les grands)*
scénario de Jo Swerling d'après un roman de Ferenc Molnar. Photographie : Joseph August. Musique : Louis Silvers. Columbia.
Avec George Breakston, Jimmy Butler, Jackie Searl, Frankie Darro, Donald Haimes, Rolf Ernest, Christian Rubb.
Flirtation Walk *(Mademoiselle Général)*
scénario de Delmer Daves d'après une histoire de Daves et Lou Edelman. Photographie : Sol Polito et George Barnes. Direction artistique : Jack Okey. Musique : Allie Wrubel et Mort Dixon. Warner Bros. (Frank Borzage).
Avec Dick Powell, Ruby Keeler, Pat O'Brien, Ross Alexander, John Arledge, John Eldredge, Henry O'Neill.
1935 **Living on Velvet** *(Sur le velours)*
scénario de Jerry Wald et Julius Epstein. Photographie : Sid Hickox. Direction artistique : Robert Haas. Musique : Leo Forbstein. Warner Bros. (Edward Chodorov).
Avec Kay Francis, George Brent, Warren William, Russell Hicks, Maude Turner Gordon, Sam Hinds, Martha Merrill.
Stranded *(Bureau des épaves)*
scénario de Delmer Daves et Carl Erickson d'après une histoire de Frank Wead et Ferdinand Reyher. Photographie : Sid Hickox. Direction artistique : Anton Grot et Hugh Reticker. Warner Bros.
Avec George Brent, Kay Francis, Patricia Ellis, Donald Woods, Robert Barrat, Barton MacLane, Joseph Crehan.
Shipmates Forever
scénario de Delmer Daves. Photographie : Sol Polito. Direction artistique : Robert M. Haas. Musique : Leo Forbstein. Chansons : Harry Warren, Al Dubin. Warner Bros.
Avec Dick Powell, Ruby Keeler, Lewis Stone, Ross Alexander, Eddie Acuff, Dick Foran, John Arledge, Robert Light.

1936 **Desire** *(Désir)*
scénario de Edwin Justus Mayer, Waldemar Young et Samuel Hoffenstein d'après la pièce de Hans Szekely et R.A. Stemmle. Photographie : Charles Lang. Direction artistique : Hans Dreier et Robert Usher. Musique : Frederick Hollander et Leo Robin. Paramount (Ernst Lubitsch).
Avec Marlene Dietrich, Gary Cooper, John Halliday, William Frawley, Ernest Cossart, Alan Mowbray, Effie Tilbury, Akim Tamiroff.

Hearts Divided *(Betsy)*
scénario de Laird Doyle et Casey Robinson d'après la pièce de Rida Johnson Young. Photographie : George Folsey. Direction artistique : Robert Haas. Musique : Harry Warren et Al Dubin. Warner Bros. (Harry Joe Brown).
Avec Marion Davies, Dick Powell, Charlie Ruggles, Claude Rains, Edward Everett Horton, Arthur Treacher, Henry Stephenson, Clara Blandick, Halliwell Hobes.

1937 **Green Light** *(la Lumière verte)*
scénario de Milton Krims d'après le roman de Lloyd C. Douglas. Photographie : Byron Haskins. Direction artistique : Max Parker. Musique : Max Steiner. Warner Bros. (Hal B. Wallis).
Avec Errol Flynn, Anita Louise, Margaret Lindsay, Sir Cedric Hardwicke, Walter Abel, Henry O'Neill.

History Is Made at Night *(Le destin se joue la nuit)*
scénario de Gene Towne et Graham Baker. Photographie : Gregg Toland. United Artists (Walter Wanger).
Avec Charles Boyer, Jean Arthur, Leo Carrillo, Colin Clive, Ivan Lebedeff, George Meeker, Lucian Prival.

The Big City *(la Grande Ville)*
scénario de Dore Schary et Hugo Butler d'après une histoire de Norman Krasna. Photographie : Joseph Ruttenberg. Direction artistique : Cedric Gibbons. Musique : Dr William Axt. MGM (Norman Krasna).
Avec Spencer Tracy, Louise Rainer, Charley Grapewin, Janet Beecher, Eddie Quillan, Victor Varconi, Oscar O'Shea.

Mannequin *(Mannequin)*
scénario de Lawrence Hazard d'après une histoire de Katherine Brush. Photographie : George Folsey. Direction artistique : Cedric Gibbons. Musique : Edward Ward. MGM (Joseph L. Mankiewicz).
Avec Joan Crawford, Spencer Tracy, Alan Curtis, Ralph Morgan, Mary Phillips, Oscar O'Shea, Elizabeth Risdon, Leo Gorcey.

1938 **Three Comrades** *(Trois Camarades)*
scénario de Francis Scott Fitzgerald et Edward Paramore d'après le roman de Erich Maria Remarque. Photographie : Joseph Ruttenberg. Direction artistique : Cedric Gibbons. Musique : Franz Waxman. MGM (Joseph L. Mankiewicz).
Avec Robert Taylor, Margaret Sullavan, Franchot Tone, Robert Young, Guy Kibbee, Lionel Atwill, Henry Hull, George Zucco.

The Shining Hour *(l'Ensorceleuse)*
scénario de Jane Murfin et Ogden Nash d'après une pièce de Keith Winter. Photographie : George Folsey. Direction artistique : Cedric Gibbons. Musique : Franz Waxman. MGM (Joseph L. Mankiewicz).
Avec Joan Crawford, Margaret Sullavan, Robert Young, Melvyn Douglas, Fay Bainter, Allyn Joslyn, Hattie McDaniel.

1939 **Disputed Passage** *(Chirurgiens)*
scénario de Anthony Veiller et Sheridan Gibney d'après le roman de Lloyd C. Douglas. Photographie : William C. Mellor. Direction artistique : Hans Dreier et Roland Anderson. Musique : Frederick Hollander et John Leipold. Paramount Pictures (Frank Borzage et Harlan Thompson).
Avec Dorothy Lamour, Akim Tamiroff, John Howard, Judith Barrett, William Collier Sr., Victor Varconi, Gordon Jones.

I Take This Woman
scénario de Charles MacArthur et James Kevin McGuinness. Commencé par Joseph von Sternberg, complété par Borzage et finalement remis en forme par Van Dyke. Photographie : Harold Rosson. Direction artistique : Cedric Gibbons. Musique : Bronislau Kaper et Arthur Guttman. MGM.
Avec Spencer Tracy, Hedy Lamarr, Ina Claire, Kent Taylor, Mona Barrie, Louis Calhern.

1940 **Strange Cargo** *(le Cargo maudit)*
scénario de Lawrence Hazard d'après le roman de Richard Sale.

La rédemption d'Errol Flynn : Green Light (la Lumière verte), *Borzage, 1937.*

1940 Photographie : Robert Planck. Direction artistique : Cedric Gibbons. Musique : Franz Waxman. MGM (Joseph L. Mankiewicz).
Avec Joan Crawford, Clark Gable, Ian Hunter, Peter Lorre, Paul Lukas, Albert Dekker, J. Edward Bromberg, Victor Varconi.
The Mortal Storm
scénario de Claudine West, Anderson Ellis et George Froeschel d'après un roman de Phyllis Bottome. Photographie : William Daniels. Direction artistique : Cedric Gibbons. Musique : Edward Kane. MGM (Frank Borzage et Victor Saville).
Avec Margaret Sullavan, James Stewart, Robert Young, Frank Morgan, Robert Stack, Bonita Granville, Irene Rich.
Flight Command
scénario de Wells Root. Photographie : Harold Rosson. Musique : Franz Waxman. MGM (J. Walter Ruben).
Avec Robert Taylor, Ruth Hussey, Walter Pidgeon, Shepperd Strudwick, Red Skelton, Nat Pendleton.

1941 **Smilin' Through** *(Chagrins d'amour)*
scénario de Donald Ogden-Stewart et John Balderson d'après la pièce de Jane Cole et Jane Murfin. Photographie : Leonard Smith (Technicolor). Direction artistique : Cedric Gibbons. Musique : Herbert Stothart. MGM (Victor Saville).
Avec Jeanette MacDonald, Brian Aherne, Gene Raymond, Ian Hunter, Frances Robinson, Patrick O'Moore, Eric Lonsdale.
The Vanisking Virginian *(Au temps des tulipes)*
scénario de Jan Fortune d'après le roman de Rebecca Yancey Williams. Photographie : Charles Lawton. Direction artistique : Cedric Gibbons. Musique : David Snell et Lennie Hayton. MGM (Edwin Knopf).
Avec Frank Morgan, Kathryn Grayson, Spring Byington, Natalie Thompson, Douglass Newland, Mark Daniels.

1942 **Seven Sweethearts** *(les Sept Amoureux)*
scénario de Walter Reisch et Leo Townsend. Photographie : George Folsey. Direction artistique : Cedric Gibbons. Musique : Franz Waxman. MGM (Joe Pasternak).
Avec Kathryn Grayson, Van Heflin, Marsha Hunt, Cecilia Parker, Peggy Moran, Mrs Nugent, S.Z. Sakall, Dorothy Morris.

1943 **Stage Door Canteen**
scénario de Delmer Daves. Photographie : Harry Wild. Direction artistique : Hans Peters. Musique : C. Bakaleinikoff. United Artists (Sol Lesser).
Avec Cheryl Walker, William Terry, Marjorie Riordan, Lon McCallister, Margaret Early, Dorothea Kent.
His Butler's Sister *(la Sœur de son valet)*
scénario de Samuel Hoffenstein et Betty Reinhardt. Photographie : Woody Bredell. Direction artistique : John B. Goodman et Martin Obzina. Musique : Charles Previn. Universal (Frank Borzage et Frank Shaw).
Avec Deanna Durbin, Franchot Tone, Pat O'Brien, Akim Tamiroff, Alan Mowbray, Walter Catlett, Elsa Janssen.

1944 **Till We Meet again** *(Ce n'est qu'un au revoir)*
scénario de Leonore Coffee d'après la pièce de Alfred Maury. Photographie : Theodor Sparkuhl. Direction artistique : Hans Dreier et Robert Usher. Musique : David Buttolph. Paramount (Frank Borzage).
Avec Ray Milland, Barbara Britton, Walter Slezak, Lucile Watson, Konstantin Shayne, Vladimir Sokoloff.

1945 **The Spanish Main** *(Pavillon noir)*
scénario de George Worthing Yates et Herman J. Mankiewicz. Photographie : George Barnes (Technicolor). Direction artistique : Al D'Agostino. Musique : Hanns Eisler et C. Bakaleinikoff. RKO (Robert Fellows).
Avec Paul Henreid, Maureen O'Hara, Walter Slezak, Binnie Barnes, John Emery, Barton MacLane, J.M. Kerrigan.

1946 **Magnificent Doll** avec Ginger Rogers et David Niven.
I've Always Loved You avec Philip Dorn et Catherine McLeod.

1947 **That's My Man** *(le Bébé de mon mari)* avec Don Ameche et Catherine McLeod.

1949 **Moonrise** *(le Fils du pendu)* avec Dane Clark et Gail Russell.

1958 **China Doll** avec Victor Mature.

1959 **The Big Fisherman** *(Simon le Pêcheur)* avec Howard Keel, Susan Kohner et John Saxon.

Clarence Brown

La lumière de Clarence Brown vient d'une planète infiniment lointaine dont il a su cerner les contours en suivant, avec une extrême attention, l'irradiation du jeu de Greta Garbo.

La présence de l'actrice absorbe, dans un spectre souverain, l'éblouissement qu'elle provoque et la fascination qu'elle soumet, suspendant l'éclat de la fiction à la seule décision d'un regard qui transporte le dessein du film hors de son champ, dans la saisie furtive de ce qui ne peut arriver que par elle. Le metteur en scène lui-même est dépossédé d'un travail sans repères qui ne se révèle que dans l'image : « Elle ne jouait que pour le cinéma. Elle avait quelque chose derrière les yeux que seule la caméra pouvait capter[1] », nous confie Clarence Brown dans le même mouvement qui lui fit accepter Greta Garbo dans son entière vérité.

La perfection du cinéma muet tient sans doute à la secrète balance entre la formalisation des gestes, dont les registres, du dramatique au burlesque, sont précis et constants, et la concentration de l'action sur les regards, la focalisation tenant lieu d'énoncé. La pupille sombre et vibrante dans le blanc de l'œil est la valeur première qui, dans l'invasion des variations infinies du noir et du blanc, conduit le sens dans l'ordre de la précision la plus grande. Brown est de ceux qui ont pleinement accompli l'expressivité du cinéma muet jusque-là où le sens jouit de ne s'affirmer que dans le pur glissement des images, mettant en œuvre la plus magistrale et la moins formelle des rhétoriques.

Flesh and the Devil (*la Chair et le Diable,* 1927) est un des films mythiques qui a fait l'aura de Garbo ; elle y transcende la négativité de son rôle en représentant à la fois le désir et sa sanction dans une assimilation puritaine qui l'offre et la sacrifie tout en la rendant à jamais inaccessible. Le scénario conventionnel de la femme qui sépare les deux amis, mais les réunit sur un autre plan, en devenant le pur objet d'un désir qu'ils n'osent s'avouer l'un à l'autre que dans un duel où leur affrontement devient parade ambiguë, a, pour Clarence Brown, valeur d'élucidation. Tout se passe comme si ce film, à maints égards décisif, lui avait permis d'échapper aux images jusque-là dominantes de la mère phallique et castratrice. Que Louise Dresser soit une souveraine slave aux désirs impérieux (*The Eagle – l'Aigle noir,* 1925) ou une cantatrice

1. Entretien avec Clarence Brown, publié dans *The Velvet Light Trap,* n° 18 ; traduit par Lucile Barbier et Gilles Cèbe, *Écran 79,* n° 81, 15 juin 1979, p. 42.

à la voix brisée pour l'amour de son fils (*The Goose Woman – Déchéance,* 1925), il est difficile de ne pas y voir l'obsession d'une présence féminine qui décide de l'expression du désir, comme la tsarine cherchant à mettre Doubrovsky (Rudolph Valentino) dans son lit ou, plus métaphoriquement, comme la diva qui par son chant peut atteindre l'expression la plus pure de la passion et détenir ainsi la clé du signifiant. Sans pousser l'interprétation trop loin – mais comment ne pas voir ce que Brown doit absolument représenter pour pouvoir passer de l'autre côté de l'image ? – on peut se demander si le passage au parlant ne supposait pas que ce mythe fondateur soit, d'une certaine manière, réglé, afin que la parole soit possible et que la voix échappe au corps de la mère. Et si l'on succombe un peu plus aux délices de l'interprétation en ne fermant pas les yeux sur les cryptogrammes par lesquels Brown tient à tout prix à nous faire entrer dans son intimité, il faut donner une importance toute particulière à la scène où, dans *The Goose Woman,* Gerald Holmes (Jack Pickford) brise le disque sur lequel est gravée la voix de sa mère (Louise Dresser), seule trace de splendeurs vocales à jamais abolies par sa passion maternelle. Le disque brisé libère la parole, permet l'accès au parlant et voit disparaître les personnages incarnés par Louise Dresser, que Brown ne dirigera plus une seule fois par la suite.

Dans le petit théâtre de Clarence Brown, Louise Dresser cède la place à Greta Garbo qui n'est plus mère, mais reste à l'origine du désir, celle qui l'impose et le conduit. La chair se fait verbe. La secrète beauté décide des aléas de la fiction. Le thème profond de *Flesh and the Devil* n'est autre qu'un nouvel avatar de celui de la sorcière, celle-là même qui réveille les forces obscures du désir, les déchaîne et jouit des contradictions dont elle dessine les contours. A rebours du mythe, la sorcière ne disparaît pas dans les flammes du bûcher mais dans leur exacte antithèse : les glaces du lac gelé, celles sur lesquelles elle glissait dans la chaleur des fourrures et sous le claquement du fouet dans une scène célèbre de *la Légende de Gosta Berling* (*Gösta Berlings Saga,* 1924), le film de Stiller qui l'imposa à Hollywood. La glace ne brûle pas moins que le feu, et le caractère incandescent de Garbo est constamment présent dans les scènes de séduction et de parade amoureuse, comme celle, dans ce même film, avec John Gilbert, où la cigarette est ce qui montre à la fois le sens du désir et le caractère extatique de sa disparition dans la fumée qui nimbe le regard chaviré de celle qui cède pour mieux posséder.

Paysage de William Daniels : Greta Garbo et John Gilbert dans Flesh and the Devil (la Chair et le Diable), *Brown, 1927.*

Hollywood forge ses mythes dans la relation la plus étroite à la société dont il est contemporain. L'infernal pouvoir de Garbo s'incarne donc chez Brown dans une très moderne forme de sorcellerie. Avec *A Woman of Affairs* (*Intrigues,* 1928), la femme émancipée subit sa non-dépendance à l'égard des hommes jusqu'à ce qu'elle fasse le sacrifice de son désir trop fort et trop exigeant pour trouver sa place dans une société où les conventions écrasent ceux qui ne sont pas, comme elle, en situation de les transgresser tous les jours. Le personnage construit par Brown touchait si profondément certains aspects de la personnalité de Garbo qu'elle choisit de s'appuyer sur lui pour réussir son passage au parlant, sachant que la brusque irruption de sa voix, dans son intime vérité, ne serait pas en rupture avec les traits qu'il lui faisait représenter. La pièce d'Eugene O'Neill, *Anna Christie,* reposait sur une structure dramatique suffisamment simple et forte pour que la parole y acquière immédiatement sa naturalité cinématographique. Garbo arrive en effet dans le film à la pleine affirmation de son personnage qui refuse la sourde complicité de son père et de son amant pour les aimer tous deux à sa manière. La voix de Garbo ne pouvait se faire entendre pour la première fois qu'avec des répliques à sa mesure, comme celle-ci qui résonne de tout son mythe : « *Nobody owns me, see, excepting myself. I'll do what I please, and no man, I don't give a damn who he is, can tell me what to do !* » (Tu vois, je n'appartiens à personne, sauf à moi-même. Je fais ce qui me plaît, et, bon sang, aucun homme, quel qu'il soit, ne me dira ce que je dois faire.)

Entré en 1927 à la MGM pour diriger Garbo dans *Flesh and the Devil,* Brown y reste plus de vingt ans dans une grande relation de confiance à Louis Mayer, offrant aux stars du studio la certitude de toujours apparaître à leur avantage et prenant pour sa part l'habitude de se faire payer en proportion des risques encourus – six mille dollars par semaine pour la première année du contrat. La MGM n'eut pas à regretter cette clause avantageuse, à laquelle il faut ajouter la très exceptionnelle possibilité de choisir ses scénarios et sa distribution, car son réalisateur favori sut – tâche délicate –, après avoir magnifié Garbo dans une très précieuse *Anna Karenina* (*Anna Karénine,* 1935), érotiser l'actrice peu inspirée qu'était Norma Shearer, dont Irwing Thalberg était bien davantage l'époux que le producteur. Il lui fut cependant plus agréable de donner à l'explosive Joan Crawford d'autres dimensions que celles d'emblée acquises par sa fascinante présence, la conduisant progressivement à intérioriser davantage son jeu.

Sur le plateau Brown est, le plus souvent, calme et précis. La scène est bien préparée, mais l'essentiel se décide ailleurs, dans les quelques instants qu'il passe seul avec Garbo ou Crawford à les écouter épuiser leur attente du rôle avant de leur donner les points de repère qui rendront inutile toute indication pendant le tournage. « Joan Crawford, reconnaît Brown, contrairement à son image de marque, était extrêmement vulnérable. On démarrait toujours chaque scène de la même façon : nous nous isolions, sans rien dire. Elle serrait très fort mon bras pendant une minute à peu près, puis elle disait : "Bon, je crois que je suis prête maintenant[2]." » De la même manière, mais sans que les deux situations puissent être assimilées l'une à l'autre – sauf dans les cas de Mickey Rooney et d'Elizabeth Taylor, qu'il dirigea adolescents –, Brown est un des rares metteurs en scène hollywoodiens à avoir fait jouer des enfants – notamment l'extraordinaire Claude Jarman Jr. dans *Intruder in the Dust* (*l'Intrus,* 1949) – sans essayer d'utiliser grossièrement leur maîtrise immédiate du jeu dans de pénibles numéros de singe savant à la Shirley Temple.

2. *Écran 79,* n° 81, *op. cit.,* p. 40.

Au cœur du romanesque de Tolstoï : Greta Garbo dans Anna Karenina (Anna Karénine), *Brown, 1935.*

Pour faire de Norma Shearer une séductrice, fort peu de chose se passant sur son visage lisse et ses ressources expressives ne pouvant illustrer que la gamme complète des traits psychologiques conventionnels des romans d'Edith Wharton, Brown déplace le point de vue, en décrivant l'effet plutôt que la cause, dans le regard du jeune Clark Gable dont la sensualité était bien faite pour réveiller la chair un peu fade de la star appliquée. *A Free Soul* (*Ames libres,* 1931) exploite dans toutes ses nuances le contraste ainsi savamment préparé, la mise en scène croisant des registres très différents, ciselant l'écart constamment tangible et l'investissant d'une atmosphère diffuse et hautement sexualisée. Il en va tout autrement de la relation de Clark Gable à Joan Crawford, où l'évidence érotique est violente et immédiate, ne permettant pas au metteur en scène de jouer de son génie du déplacement et du glissement de sens acquis avec le cinéma muet. Ni *Possessed* (*Fascination,* 1931) ni *Chained* (*la Passagère,* 1934), qui illustrent parfaitement le personnage volontaire et positif de Joan Crawford, ne ménagent de surprises comparables aux scènes d'émancipation telles que Brown aimait les préparer pour Greta Garbo et Norma Shearer.

A la fin des années trente, Clarence Brown est quelque peu victime de son savoir-faire, le plus souvent transformé, en raison même de son très sûr talent, en simple faire-valoir de stars déjà figées dans leur personnage. *Conquest* (*Marie Walewska,* 1937), malgré sa parfaite économie dramatique et la densité de Charles Boyer – d'une présence égale à celle de Garbo –, donne parfois le sentiment que tout est déjà réglé ; de même les décors de Cedric Gibbons qui n'omettent pas le moindre bouton de guêtre dans l'uniforme des grenadiers en faction. Les amours de Napoléon et de Marie Walewska n'échappent pas au parfait chromo dont le scénario s'était appliqué à retrouver les couleurs. La contrainte narrative est d'autant plus pesante que le parlant cultive la redondance, alors que le metteur en scène de *Flesh and the Devil* est passé maître dans l'art du commentaire qui, au lieu de répéter l'action pour lui ôter toute ambiguïté, la rejoue dans d'autres termes, imperceptiblement différents et qui la font pourtant progresser vers une issue imprévisible qui s'offre en révélation au sens caché de l'intrigue. Sur le plan narratif, le Clarence Brown de la fin du muet a beaucoup à voir avec Henry James, qui fait du tissu indéfini du commentaire le vrai cours de l'action. La figure qu'il cultive avec la plus grande constance et la plus grande maîtrise est la métonymie, qui n'est autre qu'un commentaire en forme d'énigme anticipant sur l'issue de l'intrigue. Le verre brisé d'Ulrich lors de la rencontre avec Leo

Greta Garbo et Charles Boyer dans Conquest (Marie Walewska), *Brown, 1937.*

et Felicitas dans *Flesh and the Devil,* le premier plan du plateau d'argent vers lequel une main s'approche et se sert maladroitement, révélant l'alcoolisme d'un personnage encore invisible dans *Smouldering Fires* (*la Femme de quarante ans,* 1925), comptent parmi les plus achevées de ces figures subtilement elliptiques, mais il n'est pas un objet – particulièrement aucun de ceux qui, comme les verres et les cigarettes, prolongent l'extrémité sensible du corps – qui ne participe de ce commentaire généralisé. La fiction se démultiplie dans une chambre d'écho que la photographie de William Daniels décrit comme un paysage. Brown doit progressivement renoncer aux traits les plus marquants de cette écriture en se soumettant à des scénarios bien huilés dont le développement linéaire ne lui permet plus de ménager les mêmes surprises. Acceptant la discipline du studio, il dirige dans les années quarante des films qui atteignent pleinement leur but : conter une histoire selon les formes simples du récit, rejoignant la structure élémentaire du conte pour enfants dans *National Velvet* (*le Grand National,* 1944), qui révèle auprès de Mickey Rooney la très jeune Elizabeth Taylor, et *The Yearling* (*Jody et le Faon,* 1946), où s'impose Claude Jarman Jr.

Pleinement conscient de ce qu'il avait offert à la MGM pendant ses vingt années de bons et loyaux services, Clarence Brown tenait à ce que le studio lui payât sa dette autrement qu'en dollars, en lui permettant de réaliser, avec des moyens comparables à ceux que l'on mettait habituellement à sa disposition, un film comme jamais la MGM ne se hasardait à en produire, encore moins en pleine chasse aux sorcières, l'adaptation d'une des œuvres les plus âpres et les plus exigeantes de William Faulkner : *Intruder in the Dust.*

L'écrivain ombrageux qui ne désignait jamais Hollywood que par une métaphore, « les mines de sel », où se résumait tout ce qu'il y avait subi, n'y descendait plus à l'époque que lorsqu'il n'obtenait pas d'avance de son éditeur ou que la récolte de coton avait été trop mauvaise. Depuis sa première expérience en 1932, Faulkner n'y avait guère connu, en dehors de son amitié avec Howard Hawks, des moments très heureux ni des collaborations très brillantes. Par ailleurs, son refus obstiné de jouer le jeu d'une certaine notoriété le rendait particulièrement suspect et ne facilitait pas la réédition de ses premiers livres. Peu de temps après avoir adressé le manuscrit de *l'Intrus* à son éditeur, il écrit à Malcolm Cowley, qui vient de publier un article sur Hemingway dans *Life* : « Je suis plus convaincu que jamais que cela n'est pas pour moi, et bien décidé à agir. Je protesterai jusqu'au bout : pas de photographies, pas de

Intruder in the Dust (l'Intrus), *Brown, 1949.*

documents personnels. C'est mon ambition en tant qu'individu, d'être supprimé, évacué de l'histoire, sans y laisser aucune trace, aucun déchet hormis mes livres imprimés. Il y a trente ans, j'aurais dû être assez clairvoyant pour ne pas les signer, comme certains auteurs élisabéthains. Mon but auquel tendent tous mes efforts, est que la somme et l'histoire de ma vie tiennent dans la même phrase qui sera à la fois ma nécrologie et mon épitaphe : il fit les livres et il mourut[3]. » La MGM eut cependant le courage de permettre à Brown de réaliser l'un de ses plus beaux films qui est aussi l'une des plus fidèles transcriptions de l'univers de Faulkner. Brown, qui connaissait bien le Sud où il avait passé son enfance quand son père dirigeait une manufacture de coton, avait un compte à régler avec ce vieux pays depuis ce jour de 1906 où la haine raciale s'était déchaînée à Atlanta et où il avait pu voir les cadavres de quinze Noirs abandonnés par la foule hurlante des Blancs. Il avait seize ans, l'âge de Chick Mallison, l'âge de Claude Jarman Jr., découvert dans une école de Nashville pour le rôle

3. *Lettres choisies,* édition établie par Joseph Blotner, Paris, Gallimard, 1981, p. 318 (trad. de Didier Coupaye et Michel Gresset).

de *The Yearling* trois ans auparavant. Ben Maddow privilégia dans son adaptation ce qui dans l'écriture de Faulkner pouvait entrer en étroite coïncidence avec celle de Clarence Brown. Chaque scène analyse avec la même sécheresse, la même absence d'emphase, la brutale certitude qui fait du Noir innocent le coupable désigné pour le lynchage, lui, l'irréductible intrus au visage de poussière, lui qui doit porter le poids d'une culpabilité dont chacun se sent, au plus intime de lui-même, partie prenante. Le film, entièrement tourné à Oxford, à deux pas du domaine où Faulkner n'aimait pas à être dérangé, met en scène les habitants eux-mêmes, s'immergeant profondément dans cette réalité que l'écrivain ne voulait pas quitter, pour en extraire la terrible substance humaine. Après avoir vu le film, Faulkner écrit à son ami Samuel Marx : « J'ai toujours pensé que mes comptes avec la MGM n'étaient pas en règle et, de temps en temps, ma conscience me rappelait à l'ordre. Cependant, depuis que j'ai vu *l'Intrus* de Clarence ici hier soir, mes remords se sont un peu apaisés. J'ai toujours une ardoise à la MGM, mais disons qu'elle est un peu moins chargée[4]. »

Filmographie

1920 **The Great Redeemer** *(Un lâche)*
scénario de Jack Gilbert, Jules Furthman et Clarence Brown. Photographie : Charles Van Enger. Metro (Maurice Tourneur).
Avec House Peters, Marjorie Daw, Joseph Singleton, Jack MacDonald, Alan Forrest.

1921 **The Foolish Matrons**
scénario de Wyndham Gittens. Photographie : Charles Van Enger. Associated Producers (Maurice Tourneur).
Avec Hobart Bosworth, Doris May, Mildred Manning, Kathleen Kirkham, Betty Schade.

1922 **The Light in the Dark**
scénario de Clarence Brown et William Dudley Pelley. Photographie : Alfred Ortlieb et Ben Carré. First National.
Avec Hope Hampton, E.K. Lincoln, Lon Chaney, Theresa Maxwell Conover, Dorothy Walter.

1923 **Don't Marry for Money** *(Or et Poison)*
scénario de Hope Loring et Louis D. Lighton. Weber and North (B.F. Finneman).
Avec House Peters, Rubye De Remer, Aileen Pringle, Cyril Chadwick, Christine Mayo.

The Acquittal
scénario de Jules Furthman. Photographie : Silvano Balboni. Universal.
Avec Claire Windsor, Norman Kerry, Richard Travers, Barbara Bedford, Charles Wellesley.

1924 **The Signal Tower** *(le Veilleur du rail)*
scénario de James O. Spearing. Photographie : Ben Reynolds. Universal.
Avec Virginia Valli, Wallace Beery, Rockliffe Fellowes, Frankie Darro, James O. Barrows.

Butterfly *(la Papillonne)*
scénario de Olga Printzlau. Photographie : Ben Reynolds. Universal.
Avec Laura La Plante, Ruth Clifford, Kenneth Harlan, Norman Kerry, Cesare Gravina.

1925 **Smouldering Fires** *(la Femme de quarante ans)*
scénario de Sada Cowan et Howard Higgin. Photographie : Jackson Rose. Universal.

4. *Ibid.*, p. 324.

Avec Pauline Frederick, Laura La Plante, Malcolm McGregor.
The Goose Woman *(Déchéance)*
scénario de Melville Brown. Photographie : Milton Moore. Universal.
Avec Louise Dresser, Jack Pickford, Constance Bennett.
The Eagle *(l'Aigle noir)*
scénario de Hans Kraly d'après *Doubrovsky* de Pouchkine. Photographie : George Barnes. Direction artistique : William Cameron Menzies. United Artists (John W. Considine)
Avec Rudolf Valentino, Louise Dresser, Vilma Banky, Albert Conti.

1926 **Kiki** *(Kiki)*
scénario de Hans Kraly. Photographie : Oliver Marsch. First National (Joseph Schenck).
Avec Norma Talmadge, Ronald Colman, Gertrude Astor, Marc MacDermott.

1927 **Flesh and the Devil** *(la Chair et le Diable)*
scénario de Benjamin F. Glazer. Photographie : William Daniels. Direction artistique : Cedric Gibbons et Frederic Hope. MGM (Clarence Brown).
Avec Greta Garbo, John Gilbert, Lars Hanson, Barbara Kent, William Orlamond, George Fawcett.

1928 **The Trail of '98** *(la Piste de 98)*
scénario de Benjamin F. Glazer et Waldemar Young. Photographie : John Seitz. Direction artistique : Cedric Gibbons et Merrill Pye. MGM.
Avec Dolores Del Rio, Ralph Forbes, Karl Dane, Harry Carey, Tully Marschall, George Cooper.
Woman of Affairs *(Intrigues)*
scénario de Bess Meredyth d'après le roman *The Green Hat* de Michael Arlen. Photographie : William Daniels. Direction artistique : Cedric Gibbons. MGM.
Avec Greta Garbo, John Gilbert, Lewis Stone, John Mack Brown, Douglas Fairbanks Jr.

1929 **Wonder of Women**
scénario de Bess Meredyth d'après *Die Frau des Steffen Tromholt* de Hermann Sudermann. Photographie : Merritt B. Gerstad. Direction artistique : Cedric Gibbons. MGM.
Avec Lewis Stone, Leila Hyams, Peggy Wood, Sarah Padden, George Fawcett.
Navy Blues
scénario de J.-C. et Elliott Nugent. Photographie : Merritt B. Gerstad. Direction artistique : Cedric Gibbons. MGM.
Avec William Haines, Anita Page, Karl Dane, J.-C. Nugent.
Anna Christie *(Anna Christie)*
scénario de Frances Marion d'après la pièce de Eugene O'Neill. Photographie : William Daniels. Direction artistique : Cedric Gibbons. MGM.
Avec Greta Garbo, Charles Bickford, George F. Marion, Marie Dressler, James T. Mack, Lee Phelps.

1930 **Romance** *(Romance)*
scénario de Bess Meredyth et Edwin Justus Mayer. Photographie : William Daniels. Direction artistique : Cedric Gibbons. MGM.
Avec Greta Garbo, Lewis Stone, Gavin Gordon, Elliott Nugent, Florence Lake, Clara Blandick.
Inspiration *(la Belle Ténébreuse)*
scénario de Gene Markey. Photographie : William Daniels. Direction artistique : Cedric Gibbons. MGM.
Avec Greta Garbo, Robert Montgomery, Lewis Stone, Marjorie Rambeau, Judith Vosselli, Beryl Mercer.

1931 **A Free Soul** *(Ames libres)*
scénario de Becky Gardiner. Photographie : William Daniels. Direction artistique : Cedric Gibbons. MGM.
Avec Norma Shearer, Leslie Howard, Lionel Barrymore, Clark Gable, James Gleason.
Possessed *(Fascination)*
scénario de Lenore Coffee. Photographie : Oliver Marsh. MGM.
Avec Joan Crawford, Clark Gable, Wallace Ford, Skeets Gallagher.
Emma *(Emma)*
scénario de Leonard Praskins d'après une histoire de Frances Marion. Photographie : Oliver Marsh. Direction artistique : Cedric Gibbons. MGM.
Avec Marie Dressler, Richard Cromwell, Jean Hersholt, Myrna Loy, John Miljan.

1932 **Letty Lynton** *(Captive)*
scénario de John Meehan et Wanda Tuchock. Photographie : Oliver Marsh. Direction artistique : Cedric Gibbons. MGM.

1932 Avec Joan Crawford, Robert Montgomery, Nils Asther, Emma Dunn, Louise Closser Hale, Lewis Stone.
The Son-Daughter *(Dans la nuit des pagodes)*
scénario de John Goodrich, Claudine West et Leon Gordon. Photographie : Oliver Marsh. Direction artistique : Cedric Gibbons. Musique : Herbert Stothart. MGM.
Avec Helen Hayes, Ramon Novarro, Lewis Stone, Warner Oland, Ralph Morgan, H.B. Warner.

1933 **Looking Forward**
scénario de Bess Meredyth et H.M. Harwood. Photographie : Oliver Marsh. Direction artistique : Cedric Gibbons. MGM.
Avec Lionel Barrymore, Lewis Stone, Benita Hume, Elizabeth Allan, Phillips Holmes, Colin Clive.
Night Flight *(Vol de nuit)*
scénario de Oliver H.P. Garrett d'après le roman d'Antoine de Saint-Exupéry. Photographie : Oliver Marsh. Direction artistique : Cedric Gibbons. MGM.
Avec John Barrymore, Helen Hayes, Clark Gable, Lionel Barrymore, Robert Montgomery, Myrna Loy.

1934 **Sadie McKee** *(Sadie McKee)*
scénario de John Meehan. Photographie : Oliver Marsh. Direction artistique : Cedric Gibbons et Frederic Hope. Musique : Arthur Freed. MGM.
Avec Joan Crawford, Gene Raymond, Franchot Tone, Edward Arnold, Esther Ralston, Earl Owford.
Chained *(la Passagère)*
scénario de John Lee Mahin. Photographie : George Folsey. Direction artistique : Cedric Gibbons et Alexander Toluboff. Musique : Herbert Stothart. MGM (Hunt Stromberg).
Avec Joan Crawford, Clark Gable, Otto Kruger, Stuart Erwin, Una O'Connor, Akim Tamiroff, Mickey Rooney.

1935 **Anna Karenina** *(Anna Karénine)*
scénario de Clemence Dale, Salka Viertel et S. N. Behrman d'après Léon Tolstoï. Photographie : William Daniels. Direction artistique : Cedric Gibbons et Frederic Hope. MGM (David O. Selznick).
Avec Greta Garbo, Fredric March, Maureen O'Sullivan, May Robson, Constance Collier, Reginald Owen, Freddie Bartholomew.
Ah ! Wilderness *(Impétueuse Jeunesse)*
scénario de Frances Goodrich et Albert Hackett d'après la pièce de Eugene O'Neill. Photographie : Clyde De Vinna. Direction artistique : Cedric Gibbons. Musique : Herbert Stothart. MGM (Hunt Stromberg).
Avec Wallace Beery, Lionel Barrymore, Aline MacMahon, Mickey Rooney, Cecilia Parker, Eric Linden.

1936 **Wife Versus Secretary** *(Sa femme et sa dactylo)*
scénario de Norman Krasna, John Lee Mahin et Alice Duer Miller. Photographie : Ray June. Direction artistique : Cedric Gibbons. Musique : Herbert Stothart. MGM (Hunt Stromberg).
Avec Clark Gable, Jean Harlow, Myrna Loy, May Robson, George Barbier, James Stewart.
The Gorgeous Hussy *(l'Enchanteresse)*
scénario de Ainsworth Morgan et Stephen Morehouse Avery d'après le livre de Samuel Hopkins Adams. Photographie : George Folsey. Direction artistique : Cedric Gibbons. Musique : Herbert Stothart. MGM (Joseph L. Mankiewicz).
Avec Joan Crawford, Robert Taylor, Lionel Barrymore, Franchot Tone, Melvyn Douglas, James Stewart, Beulah Bondi, Louis Calhern.

1937 **Conquest** *(Marie Walewska)*
scénario de Samuel Hoffenstein, Salka Viertiel et S.N. Behrman. Photographie : Karl Freund. Direction artistique : Cedric Gibbons. MGM (Bernard H. Hyman).
Avec Greta Garbo, Charles Boyer, Reginald Owen, Alan Marshal, Henry Stephenson, Leif Erickson, Maria Ouspenskaya.

1938 **Of Human Hearts**
scénario de Bradbury Foote. Photographie : Clyde De Vinna. Direction artistique : Cedric Gibbons et Harry Oliver. Musique : Herbert Stothart. MGM (John W. Considine Jr.).
Avec Walter Huston, James Stewart, Gene Reynolds, Beulah Bondi, Guy Kibbee, Charles Coburn, John Carradine, Ann Rutherford.

Idiot's Delight *(la Ronde des pantins)*
scénario de Robert E. Sherwood d'après sa pièce. Photographie : William Daniels. Direction artistique : Cedric Gibbons. Musique : Herbert Stothart. MGM (Hunt Stromberg).
Avec Norma Shearer, Clark Gable, Edward Arnold, Charles Coburn, Joseph Schildkraut, Burgess Meredith, Laura Hope Crews.

1939 **The Rains Came** *(la Mousson)*
scénario de Philip Dunne et Julien Josephson d'après le roman de Louis Bromfield. Photographie : Arthur Miller. Musique : Alfred Newman. 20th Century-Fox (Darryl F. Zanuck).
Avec Myrna Loy, Tyrone Power, George Brent, Brenda Joyce, Nigel Bruce, Maria Ouspenskaya, Joseph Schildkraut.

1940 **Edison, the Man** *(la Vie de Thomas Edison)*
scénario de Talbot Jennings et Bradbury Foote d'après une histoire originale de Dore Schary et Hugo Butler. Photographie : Harold Rosson. Direction artistique : Cedric Gibbons. Musique : Herbert Stothart. MGM (John W. Considine Jr.)
Avec Spencer Tracy, Rita Johnson, Lynne Overman, Gene Lockhart, Henry Travers, Charles Coburn, Felix Bressart, Peter Godfrey.

Come Live with Me *(Viens avec moi)*
scénario de Patterson McNutt. Photographie : George Folsey. MGM (Clarence Brown).
Avec James Stewart, Hedy Lamarr, Ian Hunter, Verree Teasdale, Donald Meek, Barton MacLane.

1941 **They Met in Bombay** *(Rencontre à Bombay)*
scénario de Edwin Justus Mayer, Anita Loos et Leon Gordon d'après une histoire de John Kafka. Photographie : William Daniels. Direction artistique : Cedric Gibbons. Musique : Herbert Stothart. MGM (Hunt Stromberg).
Avec Clark Gable, Rosalind Russell, Peter Lorre, Reginald Owen, Jessie Ralph, Matthew Boulton.

1943 **The Human Comedy** *(Et la vie continue)*
scénario de Howard Estabrook d'après le roman de William Saroyan. Photographie : Harry Stradling. Direction artistique : Cedric Gibbons et Paul Groesse. Musique : Herbert Stothart. MGM (Clarence Brown).
Avec Mickey Rooney, Frank Morgan, James Craig, Marsha Hunt, Fay Bainter, Van Johnson, Donna Reed.

1944 **White Cliffs of Dover (The)** *(les Blanches Falaises de Douvres)*
scénario de Claudine West, Jan Lustig et George Froeschel. Photographie : George Folsey. Direction artistique : Cedric Gibbons, Randall Duell. Musique : Herbert Stothart. MGM (Sidney Franklin).
Avec Irene Dunne, Alan Marshal, Frank Morgan, Roddy McDowall, Dame May Whitty, Gladys Cooper, Elizabeth Taylor.

National Velvet *(le Grand National)*
scénario de Theodore Reeves et Helen Deutsch. Photographie : Leonard Smith (Technicolor). Direction artistique : Cedric Gibbons et Urie McCleary. Musique : Herbert Stothart. MGM (Pandro S. Berman).
Avec Mickey Rooney, Elizabeth Taylor, Donald Crisp, Anne Revere, Angela Lansbury, Juanita Quigley.

1946 **The Yearling** *(Jody et le Faon)* avec Gregory Peck, Jane Wyman et Claude Jarman Jr.

1947 **Song of Love** *(Passion immortelle)* avec Katharine Hepburn et Paul Henreid.

1949 **Intruder in the Dust** *(l'Intrus)* avec David Brian, Claude Jarman Jr. et Juano Hernandez.

1950 **To Please a Lady** *(Pour plaire à sa belle)* avec Clark Gable, Barbara Stanwyck et Adolphe Menjou.

1951 **Angels in the Outfield** avec Janet Leigh et Paul Douglas.

When in Rome avec Van Johnson et Paul Douglas.

Lone Star *(Texas)* avec Gary Cooper. Épisode de *It's a Big Country,* coréalisé par Don Hartman, John Sturges, Richard Thorpe, Charles Vidor, Don Weis et William Wellman.

1952 **Plymouth Adventure** *(Capitaine sans loi)* avec Spencer Tracy et Gene Tierney.

Frank Capra

C'est au cœur des situations quotidiennes quc l'on s'aperçoit que la réalité ne se ressemble jamais tout à fait, que là où elle semble le plus prévisible résident aussi les surprises les plus grandes. La grande leçon du burlesque américain est bien de s'être profondément immergé dans l'attirail du quotidien pour en découvrir les gouffres insondables, là où se perd le sens, là où commence le rire. L'œuvre de Capra est intimement liée à l'aventure burlesque, autant par ses débuts de gagman et par sa rencontre décisive avec Harry Langdon aux studios Mack Sennett que dans la continuité de son travail dont la cohérence ne peut s'interpréter que dans la fidélité au ressort secret du burlesque : l'excès de sens qui vient brutalement dénoncer l'irréductibilité de son manque. Le corps de Langdon ne cesse de s'immoler sur l'autel d'une réalité qui le nie, mais qui n'a aucun sens hors de lui, dont il devient le point de suture, la vivante cicatrice qui rappelle qu'il y a de la vie là où il y a la possibilité de souffrir. L'apprentissage de Capra dans l'art de mettre en scène trouve son premier accomplissement avec Harry Langdon, en travaillant à partir de son jeu et en construisant autour de celui-ci la fiction la mieux conforme à son mythe. Le monde de Capra est donc bien une invention du burlesque. Mais il y échappe en ne se confondant pas avec le jeu du comédien, dont l'intense projet devait le conduire à se mettre en scène lui-même. Capra arrache à l'univers de Langdon le sentiment de précarité où tout devient possible, qui donne au rythme de *Tramp, Tramp, Tramp* (*Plein les bottes,* 1926) la régularité chaotique que le titre traduit admirablement. Il en extrait également le refus de croire à l'opacité des choses qui ne résistent pas au passage de la lumière, au passage du jeu qui les disjoint et les sépare de cette épaisse réalité dans laquelle elles voudraient se fondre. La face lunaire de Langdon éclaire le cinéma de Capra de son irrésistible liberté.

Après un abondant travail de scénariste, Capra n'a dirigé que deux films de Langdon, mais ce sont ceux-là qui, avec *Tramp, Tramp, Tramp,* donnent au comédien-personnage toute sa densité. *The Strong Man* (*l'Athlète incomplet,* 1926) en fait l'acteur de sa propre farce. Prisonnier de guerre, il rejoue dans la paix son humiliation première en accompagnant dans ses exhibitions en Amérique celui qui lui ôta sa liberté, tout en recherchant désespérément sa marraine de guerre qu'il n'a jamais rencontrée et dont ne lui reste qu'un mauvais cliché. Prisonnier du mirage d'une identité perdue, il l'est plus profondément encore de celle qu'il ne veut pas se reconnaître à lui-même avant d'en avoir retrouvé l'image. Le comique tient tout entier dans la clôture du monde où se joue l'enfermement de Langdon, deux fois prisonnier de son ancien geôlier et de l'objet de sa quête, deux fois déplacé par rapport à l'agitation qui l'entoure, pur de l'innocence que lui donne la seule fidélité à l'image. Image préservée et d'une pureté jumelle qui apparaît dans le regard aveugle de Mary Brown. *Long Pants* (1927) joue des deux mondes séparés de l'enfance et de l'âge d'homme, à la lisière desquels se situe l'acteur burlesque toujours des deux côtés à la fois, qu'un changement de costume suffit à verser d'une farce dans l'autre, la plus infantile n'étant pas nécessairement celle qui se montre la plus proche de l'enfance.

Après le passage de Langdon, les comédiens de Capra savent ce que jouer veut dire et ne se confondent pas avec les comédies trop humaines dont ils deviennent les héros involontaires ou consentants, mais jamais complètement dupes. Ce sont bien les personnages qui prennent la mesure de ce que le jeu transforme en eux et non les acteurs qui récitent leurs rôles. La distance reste tout intérieure et sa vertu critique n'apparaît qu'au détour du plaisir qu'on y prend, dans la surprise brusquement ressentie de l'effondrement d'une illusion un moment partagée. S'il y a des effets de distanciation chez Capra, ils ont plus à voir avec ceux de Shakespeare qu'avec ceux de Brecht – eux-mêmes plus fidèles à Shakespeare qu'on ne l'a dit –, chacun de ses films se nourrissant d'une méditation sur le jeu des semblants et sur l'identité transitoire des rôles proche de l'esthétique du *Songe d'une nuit d'été,* qui veut que chaque personnage soit le sujet de la fiction d'un autre, son intime rêverie se révélant dans le miroir d'une rêverie mieux cachée encore et qui ne peut apparaître que dans un subtil dispositif de projection. C'est pourquoi la *féerie* est la figure limite de l'univers de Capra, l'écran irradescent qui décrit l'ombre portée des passions humaines et les rend clairement lisibles. Le personnage se fait miracle, le monde apparaît dans l'épure de ses possibles, travaillé par la fiction qui ne se satisfait à aucun moment du merveilleux qu'elle convoque, mais le fait agir comme le plus cinglant ressort critique. Ainsi en va-t-il de Barbara Stanwyck dans *The Miracle Woman* (1931), qui exploite la religiosité diffuse dans laquelle se réfugient les masses prêtes à la suivre pour faire de l'imposture une formidable force de protestation.

Barbara Stanwyck, de *Ladies of Leisure* (*Femmes de luxe,* 1930) à *The Miracle Woman,* a partie liée avec l'origine de la fiction. Elle semble détenir une part du secret que le metteur en scène cherche à lui faire avouer en se laissant diriger par

Les valeurs de l'Amérique domestique : Clark Gable et Claudette Colbert dans It Happened One Night (New York-Miami), *Capra, 1934.*

son personnage presque autant qu'il la dirige. Dans l'enchantement de la comédie s'insinuent avec elle le doute et la crainte, comme si l'issue, si heureuse fût-elle, devait laisser inentamée cette force étrange qui lui permet d'échapper à l'image de la star, sa beauté parfaite n'apparaissant plus que comme l'attribut secondaire de la souveraine ambiguïté distillée par son jeu. La relation de Capra à Stanwyck est à la mesure du pacte qui lie le metteur en scène à son œuvre. Plus celle-ci lui échappe, plus il repousse les limites pour la retrouver, au-delà de la contradiction transcendée par la féerie. Mais l'actrice emporte toujours plus loin le secret qui lui est confié, l'entraîne là où sa résolution risque de n'être jamais complète. Dans *The Bitter Tea of General Yen* (1933), le personnage éponyme joué par Nils Asther est-il la projection de la très puritaine Megan Davis (Barbara Stanwyck), l'image paradoxale de ce qu'elle craint et désire à la fois, ou celle-ci est-elle l'incarnation de la sanction morale qui est à l'horizon des débordements du général ? L'ambiguïté dans le jeu des acteurs est assez grande pour que l'issue reste jusqu'au bout indécidable, l'amère tasse de thé mêlant les relents douteux de la vieille Chine et de la Nouvelle-Angleterre.

Capra a placé Barbara Stanwyck au cœur du mythe que son œuvre fonde tout en cherchant à l'élucider. Son regard institue la plus pure énigme de l'œuvre de Capra : le personnage de John Doe. *Meet John Doe* (*l'Homme de la rue,* 1941) est, de tous les films de Capra, le plus douloureusement clinique, celui où les vertus positives de son propos trouvent leur fondement non illusoire, en toute lucidité, dans la colère et l'invective. Aimer Capra, c'est aller vers ce film, accepter de rencontrer ce qu'il y a de plus sombre dans son message d'espoir pour que celui-ci prenne tout son sens et se nourrisse de sa véritable force. *Meet John Doe* marque la fin des années trente comme ailleurs l'arrivée de Hitler au pouvoir. En faire le récit revient à rebrousser profondément dans cette vision de l'Amérique sûre de ses valeurs et de ses vertus démocratiques, dont l'œuvre de Capra est devenue synonyme à travers ses deux films les plus célèbres : *Mr. Deeds Goes to Town* (*l'Extravagant M. Deeds,* 1936) et *Mr. Smith Goes to Washington* (*Monsieur Smith au Sénat,* 1939). Dans l'un comme dans l'autre le héros est l'individu anonyme dont la société américaine fait un sujet à part entière, capable de se mesurer à celle-ci et d'en dénoncer les tares par la seule justesse de sa position. Tout est possible au sujet, source et principe d'une liberté que M. Deeds comme M. Smith doivent conquérir de haute lutte. Ils deviennent ainsi plus que des héros : le vivant témoignage du fondement

Convoitises : Mr. Deeds Goes to Town (l'Extravagant M. Deeds), *Capra, 1936.*

juridique de la liberté individuelle qui fait de M. Tout-le-Monde le monde tout entier. Avec *Meet John Doe,* au contraire, le sujet que la société reconnaît pour sien apparaît comme une fiction, la plus appropriée à transformer – pourvu qu'un certain système médiatique en universalise la catégorie – des individus en une masse indistincte et manipulable prête à se soumettre aveuglément à la première autorité venue. Mais la contradiction n'est qu'apparente entre la féerie sociale de *Mr. Deeds Goes to Town* et la sombre méditation de *Meet John Doe.* La continuité du propos s'assimile à la personnalité de Gary Cooper, à la part de rêve et de valeurs pragmatiques qui inscrivent l'utopie du sujet dans l'univers familier et provincial de l'Amérique. Longfellow Deeds et Long John Willoughby ont plus en commun que leurs noms excentriques, qui les situent déjà dans l'univers de l'épreuve comique – comme Don Quichotte –, prêts à révéler, par l'ingénuité qui les désigne, la perversité du monde dont ils sont innocents. Ils sont tous deux transplantés dans un monde qui leur est étranger par la fiction qui le fait exister : l'argent. Les vingt millions que Deeds hérite de son oncle ont la même odeur que les quelques dollars que Barbara Stanwyck consacre au premier venu, assez affamé pour jouer sans discuter le rôle du personnage qu'elle vient d'inventer. Quand Barbara Stanwyck et Gary Cooper se rencontrent dans *Meet John Doe,* ce sont les deux continuités de Capra qui échangent leurs déterminations, la lucidité soumise à l'immoralité du monde et l'innocence préservée, presque stupide, qui se dévisagent et se défigurent dans un combat où la femme a toute l'intelligence que confère l'acceptation du péché originel.

Journaliste au *Bulletin,* transformé en *New Bulletin* dès le premier plan du film par le nouveau propriétaire qui s'attache à faire oublier la réputation d'intégrité du journal qu'il vient d'acquérir, Ann Mitchell (Barbara Stanwyck) est menacée comme les autres membres de l'ancienne équipe rédactionnelle. Il lui faut une idée qui, surenchérissant sur la démagogie de D.B. Norton, lui préserve son poste. La machine à écrire crépite comme une mitraillette et, triomphante, la journaliste sort de son bureau une lettre à la main, signée John Doe. Celle-ci annonce le prochain suicide public de son auteur qui, face au malheur du monde, n'a plus de force que pour cette dénonciation ultime. Publiée, la lettre provoque aussitôt un vaste mouvement de compassion dont le rythme soutenu des rééditions permet de mesurer l'ampleur, assurant à la jeune journaliste la reconnaissance durable de la direction du *New Bulletin.* Les lettres de John Doe à la une du quotidien tiennent les lecteurs en haleine jusqu'au moment où le personnage prend une telle consistance qu'il devient impossible de le dérober plus longtemps à la curiosité du public. Il faut donc trouver John Doe, trouver quelqu'un d'assez déshérité pour accepter de jouer ce rôle. Et c'est un ancien joueur de base-ball, devenu clochard sans avoir jamais fait la gloire d'une grande équipe, qui, affamé, et sans bien comprendre ce qu'on attend de lui, accepte de rentrer dans la peau du personnage dont il a tous les attributs sans en partager pour autant le sens tragique. Car John Doe n'est pas précisément malheureux. Ou plutôt il n'a aucune représentation de son malheur. Il sait qu'il a faim quand il a faim mais reste libre d'être ce qu'il est. L'absolue cruauté de la scène où, dans la salle de rédaction, Barbara Stanwyck s'aperçoit qu'il est exactement l'homme qu'elle recherche à la manière dont il se précipite sur le malheureux repas qui scelle son destin est l'exacte antithèse des quelques notes du saxophone de M. Deeds apprenant qu'il vient d'hériter de vingt millions de dollars. Les figures conventionnelles de la féerie sociale dont Capra sait jouer avec tant de légèreté trouvent dans *Meet John Doe* tout leur poids de sens. Ce qui est dit en mineur dans *Mr. Deeds* résonne ici d'un accent supérieur,

Toutes ses femmes : James Stewart dans Mr. Smith Goes to Washington (Monsieur Smith au Sénat), *Capra, 1939.*

sans aucun sauvetage possible, le comique n'étant que le contrepoint permettant de libérer la tension aux moments les plus lourdement chargés. Walter Brennan, compagnon d'infortune de Long John Willoughby, ironise les situations et les rend supportables en les restituant dans l'univers de la fable ; mais si Capra veut bien, le temps d'un sourire, nous faire douter du pire, il n'est aucun moyen d'y échapper complètement.

John Doe devient une célébrité, un héros, l'homme qui incarne profondément le sentiment de la crise dont sont victimes les classes moyennes. Pur symptôme, il est le représentant idéal des hantises qui n'osent pas dire leur nom et qui peuvent enfin s'objectiver dans leur représentant, celui qui se désigne pour la catastrophe et dont toute la légitimité tient à l'affirmation du suicide comme seul devenir possible. Capra analyse avec une âpre précision le vertige autodestructeur qui saisit les classes moyennes, dont la crise financière a détruit la patiente épargne, donnant en 1941 la plus lucide et la plus lumineuse des leçons d'histoire. Les fascismes européens n'ont jamais promis autre chose que la mort. Donner une dimension épique aux échecs individuels et entraîner dans une catastrophe collective les renoncements et les abandons privés revenait à offrir aux employés, aux boutiquiers et aux rentiers de la république de Weimar, ruinés par l'inflation, la transcendance du pire comme seule chance de salut.

L'annonce de son prochain suicide confère à John Doe une identité nouvelle. Se désigner comme un être pour la mort suffit à lui assurer la reconnaissance des masses. Capra n'hésite pas à décrire au plus près ce vertige nauséeux partagé par l'Europe et l'Asie et dont l'Amérique n'est pas protégée. Conséquent dans sa démonstration politique, il donne à D.B. Norton des traits empruntés au fascisme allemand. Sa milice privée, dont il ne se lasse pas de voir évoluer les brigades motocyclistes, dit assez clairement le rôle de la mise en scène dans la manipulation des masses. Mais Capra ne se laisse pas aller aux facilités de l'allégorie – la ressource des esprits stériles, disait Diderot. Ses personnages figurent ce qui est incompréhensible pour la plupart des analystes politiques, qui sont ses contemporains, sans que jamais son discours se réduise aux termes de la métaphore. En cela il est plus dialecticien que Brecht n'a réussi à l'être. La relation de John Doe à D.B. Norton n'est pas directe. L'un n'est pas simplement la marionnette de l'autre, l'esclave de sa maîtrise, l'agent de ses ambitions. John Doe est aussi, solidairement, l'invention des masses sur lesquelles Norton n'a de prise que par la médiation d'une fiction qui a sa propre force et dont l'autonomie ne peut être réduite. Rien

Le sujet en procès : James Stewart dans Mr. Smith Goes to Washington.

n'est joué d'avance. Les ambitions de D.B. Norton se révèlent bien résistibles ; il suffit que le rôle de John Doe change de sens. Mais a-t-il vraiment la possibilité de décevoir au point de ne pas se suicider ? L'ultime sauvetage de John Doe, au moment où il va faire le geste décisif, laisse planer quelque doute sur l'optimisme de Capra...

Le sentiment de liberté que nous livre l'œuvre de Capra et qui nous la rend si chère tient dans sa lutte constante contre la mortelle fiction de la masse au nom de laquelle les plus grands criminels passent facilement pour les sauveteurs de l'humanité. Mais loin de nous délivrer d'une fiction par une autre qui en est son secret corollaire, Capra ne fait pas de l'individu la source et le fondement de l'autonomie du sujet. L'individu y apparaît au contraire comme la fiction dont la masse a besoin pour croire en son pouvoir, aussi dangereuse et mortelle pour le sujet que l'étouffante abstraction collective. Faire entendre le « cri de révolte de l'individu écrasé par la civilisation de masse, la production de masse, la pensée de masse, l'éducation de masse, la politique de masse, la richesse de masse, le conformisme de masse[1] », c'est le mettre dans la bouche de quelqu'un qui refuse de se réconcilier avec le rôle

1. *The Name above the Title. Hollywood Story. Autobiographie,* Stock, 1971, p. 86.

que l'histoire lui destine. Hériter de vingt millions de dollars fait de M. Deeds une fiction, la proie facile des journalistes qui peuvent inventer sa vie, la raconter sans qu'il ait aucune part dans les récits que l'on fait de lui, l'individu rêvé que toute la société américaine figure dans ses fantasmes. Transformer cette fortune abstraite en vaches et en acres de bonne terre pour les paysans ruinés revient au contraire à aliéner cette individualité théorique – dont on reconnaît seulement la valeur juridique en essayant de le traîner devant les tribunaux pour le faire interdire – et à se déclarer libre d'une subjectivité aberrante et triomphante assez forte pour ériger des valeurs que tout dans la société contredit.

La liberté du sujet, son irrépressible sentiment de révolte font de l'œuvre de Capra la part inaliénable d'espoir que la société américaine a su produire dans l'exercice d'une lucidité sans compromis ni concessions.

Filmographie

1922 **Fultah Fisher Boarding House**
scénario de Walter Montague d'après un poème de Rudyard Kipling. Photographie : Roy Wiggins. Fireside Productions, Inc. (Walter Montague).

1926 **Tramp, Tramp, Tramp** *(Plein les bottes)*
scénario de Frank Capra. Direction : Harry Edwards. First National Pictures.
Avec Harry Langdon et Joan Crawford.

The Strong Man *(l'Athlète incomplet)*
scénario de Frank Capra, Hal Conklin, Robert Eddy. Photographie : Elgin Lessley, Glenn Kershner. First National Pictures (The Harry Langdon Corporation).
Avec Harry Langdon, Gertrude Astor, William V. Mong, Robert McKim.

1927 **Long Pants** *(Sa dernière culotte)*
scénario de Arthur Ripley. First National Pictures (The Harry Langdon Corporation).
Avec Harry Langdon, Alma Bennett, Gladys Rockwell, Betty Francisco.

For the Love of Mike *(l'Homme le plus laid du monde)*
scénario de John Morosso. First National Pictures (Robert Kane).
Avec Ford Sterling, George Sidney, Ben Lyon, Claudette Colbert.

1928 **That Certain Thing**
scénario de Elmer Harris. Photographie : Joseph Walker. Columbia Pictures (Harry Cohn).
Avec Viola Dana, Ralph Graves, Burr McIntosch.

So This Is Love
scénario de Elmer Harris et Rex Taylor. Photographie : Ray June. Columbia Pictures.
Avec Shirley Mason et Buster Collier.

The Matinee Idol *(Matinée à Broadway)*
scénario de Elmer Harris. Photographie : Philip Tannura. Columbia Pictures.
Avec Bessie Love et Johnny Walker.

The Way of the Strong
scénario de Peter Milne. Photographie : Ben Reynolds. Columbia Pictures.
Avec Mitchell Lewis, Alice Day et Margaret Livingstone.

Say It with Sables
scénario de Dorothy Howell. Photographie : Joseph Walker. Columbia Pictures.
Avec Helene Chadwick et Francis X. Bushman.

Submarine *(l'Épave vivante)*
scénario de Dorothy Howell d'après une histoire de Norman Springer. Photographie : Joseph Walker. Columbia Pictures.

Avec Jack Holt, Dorothy Revier, Ralph Graves, Clarence Burton.
The Power of the Press
scénario de Sonya Levien et Ken Thompson. Photographie : Chet Lyons, Ted Tetzlaff. Columbia Pictures.
Avec Douglas Fairbanks Jr. et Jobyna Ralston.

1929 **The Younger Generation**
scénario de Sonya Levien d'après une histoire de Fannie Hurst. Photographie : Ted Tetzlaff. Columbia Pictures.
Avec Jean Hersholt, Lina Basquette, Ricardo Cortez, Rex Lease.
Flight
scénario de Howard J. Green d'après une histoire de Ralph Graves. Photographie : Elmer Dyer, Joe Novak et Joseph Walker. Columbia Pictures.
Avec Jack Holt, Ralph Graves, Lila Lee, Alan Roscoe, Harold Goodwin.

1930 **Ladies of Leisure** *(Femmes de luxe)*
scénario de Jo Swerling d'après une pièce de Milton Herbert Gropper. Photographie : Joseph Walker. Columbia Pictures.
Avec Barbara Stanwyck, Ralph Graves, Lowell Sherman, Marie Prevost.
Rain or Shine
scénario de Jo Swerling et Dorothy Howell d'après la pièce de James Gleason. Photographie : Joseph Walker. Columbia Pictures.
Avec Joe Cook, Louise Fazenda, Joan Peers, William Collier Jr., Tom Howard, David Chasen, Alan Roscoe, Clarence Muse.

1931 **Dirigible**
scénario de Jo Swerling et Dorothy Howell d'après une histoire du Lt. Commander F.W. Wead. Photographie : Joe Wilbur, Elmer Dyer. Columbia Pictures (Harry Cohn).
Avec Jack Holt, Ralph Graves, Fay Wray, Hobart Bosworth, Roscoe Karns, Harold Goodwin, Clarence Muse, Alan Roscoe.
The Miracle Woman
scénario de Jo Swerling et Dorothy Howell d'après la pièce *Bless You Sister* de John Meehan et Robert Riskin. Photographie : Joseph Walker. Columbia Pictures.
Avec Barbara Stanwyck, David Manners, Sam Hardy, Beryl Mercer, Russell Hopton, Charles Middleton.
Platinum Blonde
scénario de Dorothy Howell d'après l'adaptation par Jo Swerling de l'histoire de Harry Chandlee et Douglas Churchill. Photographie : Joseph Walker. Columbia Pictures.
Avec Loretta Young, Robert Williams, Jean Harlow, Louise Closser Hale, Donald Dillaway, Reginald Owen, Walter Catlett.

1932 **Forbidden**
scénario de Frank Capra et Jo Swerling. Photographie : Joseph Walker. Columbia Pictures.
Avec Barbara Stanwyck, Adolphe Menjou, Ralph Bellamy, Dorothy Peterson, Charlotte V. Henry.
American Madness *(la Ruée)*
scénario de Robert Riskin. Photographie : Joseph Walker. Columbia Pictures.
Avec Walter Huston, Pat O'Brien, Kay Johnson, Constance Cummings, Gavin Gordon, Robert Ellis, Burton Churchill.

1933 **The Bitter Tea of General Yen**
scénario de Edward Paramore, d'après un roman de Grace Zaring Stone. Columbia Pictures (Frank Capra).
Avec Barbara Stanwyck, Nils Asther, Gavin Gordon, Walter Connolly, Toshia Mori, Lucien Littlefield, Richard Loo.
Lady for a Day
scénario de Robert Riskin d'après l'histoire *Madame La Gimp* de Damon Runyon. Photographie : Joseph Walker. Direction artistique : Stephen Goosson. Columbia Pictures.
Avec Warren William, May Robson, Guy Kibbee, Glenda Farrell, Ned Sparks, Jean Parker, Walter Connolly, Barry Norton.

1934 **It Happened One Night** *(New York-Miami)*
scénario de Robert Riskin d'après une histoire de Samuel Hopkins Adams, *Night Bus.* Photographie : Joseph Walker. Direction artistique : Stephen Goosson. Musique : Louis Silvers. Columbia Pictures (Harry Cohn).
Avec Clark Gable, Claudette Colbert, Roscoe Karns, Walter Connolly, Alan Hale, Ward Bond, Eddy Chandler, Jameson Thomas, Wallis Clark.

1934 **Broadway Bill**
scénario de Robert Riskin d'après une histoire de Mark Hellinger. Photographie : Joseph Walker. Columbia Pictures.
Avec Warner Baxter, Myrna Loy, Walter Connolly, Douglass Dumbrille, Helen Vinson, Raymond Walburn, Lynne Overman, Clarence Muse.

1936 **Mr. Deeds Goes to Town** *(l'Extravagant M. Deeds)*
scénario de Robert Riskin d'après l'histoire *Opera Hat* de Clarence Budington Kelland. Photographie : Joseph Walker. Direction artistique : Stephen Goosson. Columbia Pictures (Frank Capra).
Avec Gary Cooper, Jean Arthur, George Bancroft, Lionel Stander, Douglass Dumbrille, Raymond Walburn, Margaret Matzenauer, H. B. Warner, Warren Hymer, Muriel Evans, Ruth Donnelly.

1937 **Lost Horizon** *(Horizons perdus)*
scénario de Robert Riskin d'après le roman de James Hilton. Photographie : Joseph Walker. Direction artistique : Stephen Goosson. Décors : Bob Johnston. Musique : Dimitri Tiomkin. Columbia Pictures (Frank Capra).
Avec Ronald Colman, Jane Wyatt, Edward Everett Horton, John Howard, Thomas Mitchell, Margo, Isabel Jewell, H. B. Warner, Sam Jaffe, Hugh Buckler, John Miltern.

1938 **You Can't Take It With You** *(Vous ne l'emporterez pas avec vous)*
scénario de Robert Riskin d'après la pièce de George S. Kaufman et Moss Hart. Photographie : Joseph Walker. Direction artistique : Stephen Goosson. Musique : Dimitri Tiomkin. Columbia (Frank Capra).
Avec Jean Arthur, Lionel Barrymore, James Stewart, Edward Arnold, Mischa Auer, Ann Miller, Spring Byington, H. B. Warner.

1939 **Mr. Smith Goes to Washington** *(Monsieur Smith au Sénat)*
scénario de Sidney Bushman d'après le roman de Lewis R. Foster. Photographie : Joseph Walker. Direction artistique : Lionel Banks. Musique : Dimitri Tiomkin. Columbia (Frank Capra).
Avec Jean Arthur, James Stewart, Claude Rains, Edward Arnold, Guy Kibbee, Thomas Mitchell, Eugene Pallette, Beulah Bondi, H. B. Warner, Harry Carey, Porter Hall.

1941 **Meet John Doe** *(l'Homme de la rue)*
scénario de Robert Riskin d'après une histoire de Richard Connell et Robert Presnell. Photographie : George Barnes. Direction artistique : Stephen Goosson. Musique : Dimitri Tiomkin. Frank Capra Productions/Warner Bros.
Avec Gary Cooper, Barbara Stanwyck, Edward Arnold, Walter Brennan, Spring Byington, James Gleason, Gene Lockhart, Rod La Rocque, Irving Bacon, Regis Toomey.

1942 **Prelude to War.**

1943 **The Nazis Strike.**
Divide and Conquer.
The Battle of Britain.

1944 **The Negro Soldier in World War II.**
The Battle of Russia.
The Battle of China.
Tunisian Victory.
Know Your Ally : Britain.
Arsenic and Old Lace *(Arsenic et Vieilles Dentelles)*
scénario de Julius et Philip Epstein d'après la pièce de Joseph Kesserling. Photographie : Sol Polito. Directeur artistique : Max Parker. Musique : Max Steiner. Frank Capra Productions.
Avec Gary Grant, Priscilla Lane, Raymond Massey, Jack Carson, Edward Everett Horton, Peter Lorre, James Gleason, Josephine Hull, Jean Adair, John Alexander.

1945 **War Comes to America.**
Know Your Enemy : Germany.
Know Your Enemy : Japan.
Two Down, One to Go.

1946 **It's a Wonderful Life** *(La vie est belle)* avec James Stewart et Donna Reed.

1948 **State of the Union** *(l'Enjeu)* avec Spencer Tracy et Katharine Hepburn.
Riding High *(Jour de chance)* avec Bing Crosby et Coleen Gray.

1951 **Here Comes the Groom** *(Si l'on mariait papa !)* avec Bing Crosby et Jane Wyman.

1956 **Our Mr. Sun** avec Frank Baxter et Eddie Albert.

1957 **Hemo The Magnificent** avec Frank Baxter et Richard Carlson.
The Strange Case of the Comic Rays avec Frank Baxter et Richard Carlson.

1958 **The Unchained Goddess** avec Richard Carlson et Frank Baxter.

1959 **A Hole in the Head** *(Un trou dans la tête)* avec Frank Sinatra, Edward G. Robinson et Eleanor Parker.

1961 **Pocketful of Miracles** *(Milliardaire pour un jour)* avec Glenn Ford et Bette Davis.

1964 **Reaching for the Stars.**

Charlie Chaplin

L'œuvre de Chaplin répond à une nécessité si impérieuse que rien n'y échappe à l'analyse. Chaque étape de son travail consomme celle qui précède jusque dans ses implications les plus extrêmes. Toujours Chaplin repousse les limites de l'infranchissable contradiction dont il a lui-même posé les termes, les films s'espaçant de plus en plus, dès les années vingt, pour mieux relever le défi d'un propos qui ne peut atteindre ce qu'il vise que dans l'ascèse du plaisir de tourner.

Avec *A Woman of Paris* (*l'Opinion publique,* 1923), Chaplin passe de l'autre côté, sur le versant le plus sombre du mythe qu'il a forgé, du côté des bourreaux et non plus des victimes, là où le rire n'est plus figure de résistance mais cri de douleur que l'on déguise au mieux d'une grimace. Sous le personnage de Charlot le déshérité apparaissent les conditions de l'oppression et, par un troublant glissement d'image, le Revel de l'Opinion publique apparaît comme l'autre de Charlot, son « jumeau sombre » comme aurait dit Faulkner. Adolphe Menjou a la même souplesse, la même élégance dans les gestes et dans la démarche que Chaplin ; son regard porte aussi loin le désespoir qui le tient, mais sans compassion ni rémission, dans l'oubli des autres et le refus de soi-même[1].

Poursuivant la conversion du personnage de Charlot, Chaplin atteint la négativité que transcendait son jeu, exhibant la marionnette sous l'homme pour mieux dénoncer l'histrion qui défigure l'Histoire. En conservant dans *The Great Dictator* (*le Dictateur,* 1940) la fameuse petite moustache inventée « après beaucoup de recherches » parce qu'elle lui « semblait risible »[2] et devenue, par la force des choses, le « plus bel ornement d'un comédien qui n'a même pas l'avantage d'être comique[3] », Chaplin cite explicitement le personnage de Charlot, le mobilise dans un combat où celui-ci n'est plus que la trace sensible d'une liberté recouverte d'un uniforme qui ne

1. Voir, à propos de *l'Opinion publique,* le dossier de *Cinématographe,* n° 64, janvier 1981.
2. « Le dictateur », article publié dans *Voilà,* n° 422, 21 avril 1939 ; retrouvé par Claude Gauteur et repris dans *la Revue du Cinéma,* n° 313, janvier 1977.
3. *Ibid.*

la soumet pas. Le grotesque vient dire l'indicible horreur et se mesurer au temps où le criminel est le type humain que les foules se donnent en modèle. Poussant dans ses conséquences dernières la transformation de Charlot en un personnage qui interprète l'époque tout entière, Chaplin dessine la figure limite de M. Verdoux. Assassin attentif aux bonnes manières, capable des émotions les plus rares et des sentiments les plus tendres, il est, plus qu'un monstre, une énigme vivante, qui ne peut être réduite par de trop faciles réponses et auprès de laquelle le dictateur ménage encore le recours au rire qui ici s'étrangle et condamne l'implacable nécessité qui fait du plus grand criminel un être parfaitement adapté à son temps.

L'immense notoriété de Chaplin dans les années vingt-trente, la présence de Charlot comme figure culturelle dominante, traversant la littérature surréaliste, fondant le renouvellement de la pratique théâtrale chez Meyerhold comme chez Brecht et servant de référence inaugurale au jeune cinéma soviétique, condamnent le metteur en scène et l'acteur à une entreprise à proprement parler philosophique où Charlot, sujet du passage douloureux de la petite bourgeoisie immobile et rentière dans le siècle nouveau, se laisse emporter par le mouvement accéléré de la circulation des marchandises et se retrouve déphasé par ce changement de vitesse qui fait paraître sa démarche incongrue et sa redingote d'un autre âge. Approfondissant les déterminations de son personnage, Chaplin va jusqu'à en faire, dans *City Lights* (*les Lumières de la ville,* 1931) et *Modern Times* (*les Temps modernes,* 1936), le sujet de toutes les contradictions de son temps, jusqu'à celle du prolétaire qui lui était pourtant jusque-là tout à fait étrangère. Cette dérive philosophique du personnage de Charlot, portant la charge trop lourde de l'interprétation d'une époque qui digère mal les conflits qu'elle génère et dont la montée des fascismes traduit l'ampleur de la crise, conduit Chaplin à défigurer son personnage, à reformuler ses traits dans d'autres qui se mesurent à l'époque et prennent ses oripeaux qui ne sont pas moins grotesques – mais plus tristes – que ceux du vagabond traînant ses guêtres d'un siècle qui n'est plus dans un autre où il n'a pas sa place. Les dernières apparitions de Charlot confinent au symbolique. Au lieu de vivre et de souffrir par la puissance critique du jeu dont la formidable capacité d'analyse décape les semblants de réalité qui masquent tout ce qui n'est pas réglé dans la vie sociale, Charlot se met à refléter le dysfonctionnement de celle-ci. Plus qu'un souffre-douleur qui nous livre l'indicible plaisir de souffrir à notre place, Charlot se met à intérioriser puis à expliciter la représentation de la société dont il est, si difficilement et à travers tant d'épreuves, le contemporain. Or la force de Charlot vient d'ailleurs, de son refus de prendre la moindre part au monde qui l'entoure et le cerne sans jamais pourtant le tenir prisonnier car le jeu est souveraine liberté que rien jamais n'entrave. La perfection scénique des quatre dernières apparitions de Charlot, de *The Gold Rush* (*la Ruée vers l'or,* 1925) à *Modern Times,* a aussi la lourdeur des grandes constructions scénaristiques aux ambitions intrinsèques qui délimitent l'espace du jeu et limitent la part de l'improvisation, faisant de Charlot l'interprétant des situations du film jusqu'à l'ériger en vivant symbole de l'époque. Élie Faure, dont l'intelligence du cinématographe est une des plus lumineuses des années vingt, a su parfaitement définir l'ultime enjeu du personnage de Charlot : « Charlot pense, si l'on me permet cet adverbe effroyable, cinématographiquement. Charlot ne peut se délivrer de sa pensée qu'en lui donnant le corps sensible où le hasard lui en fit situer le symbole[4]. » Cette délivrance est devenue dans les années trente si douloureuse que le corps de Charlot se transforme irrésistiblement en son double, le grand Dictateur, Verdoux.

Ce que Chaplin appelle sa « responsabilité » dans une conscience aiguë de l'autonomie du symbole fait que Charlot, dans les années vingt, n'appartient plus tout à fait à Chaplin. Il avoue à un reporter du *Petit Parisien* le 20 février 1931 : « A vrai dire, cette figure qui me ressemble comme un frère, mais qui n'est pas moi, m'est une terrible responsabilité[5]. » Il comprend trop bien, trop intimement, ce que cela veut dire pour prendre le risque d'un quelconque affadissement du personnage, dont le rythme est, par ailleurs, étroitement solidaire de celui du cinéma muet. Il remet la petite moustache dans sa boîte d'argent pour mieux préserver une œuvre qui a besoin du secret, de cette transitivité du jeu qui va de pair avec la production de courts métrages burlesques où le gag détermine l'explosion du sens sans jamais le restreindre ni chercher à en définir ou à en accompagner la portée.

Singulièrement, Charlot est presque plus présent dans *le Dictateur* et dans *Monsieur Verdoux* (1947) que dans les films immédiatement précédents où il apparaît pourtant, selon toutes ses caractéristiques, comme la forme pure, hautement symbolique, qu'il est devenu. L'acteur des *Lumières de la ville,* pleinement maître d'un registre qui entraîne dans sa mobilité un scénario qui suit sa propre logique, enchante chaque

4. Élie Faure, *Fonction du cinéma,* Paris, Denoël-Gonthier, coll. « Médiations », p. 39 ; repris de l'*Arbre d'Éden,* Crès, 1922.
5. Cité par Pierre Leprohon dans *Charlie Chaplin,* Paris, Éd. Jacques Melot, 1946.

L'acteur responsable devant l'histoire : Chaplin dans The Great Dictator (le Dictateur), *Chaplin, 1940.*

moment du film sans échapper pour autant aux contraintes du récit : faire sens selon ce que détermine l'histoire et non plus seulement selon ce que découvre le jeu, comme dans les « shorts » à l'imprescriptible liberté. Malgré des moments de grâce, Charlot perd de son extrême mutabilité. Et c'est contre le récit que Chaplin change de plan dans des scènes aussi féeriques que la célèbre danse des petits pains de *la Ruée vers l'or,* où l'invention burlesque reprend tous ses droits.

L'acteur du *Dictateur* et de *Monsieur Verdoux* recèle la possibilité d'un dédoublement du sens qui donne à ces deux films toute leur capacité critique. Que le fascisme n'est autre qu'un système de représentation qui accumule des signes sans nécessité pour mieux assurer l'intimidation de ceux qui en subissent l'effet, qu'il ne repose que sur un ensemble de syllogismes conduisant à la guerre généralisée et à la solution finale sous les apparences d'une rationalité qui n'appartient qu'au discours, Chaplin l'a compris mieux que quiconque, aussi clairement que Brecht, mais en trouvant d'autres moyens de le dire. Ce dont Brecht était conscient, qui voyait dans l'œuvre de Chaplin l'ascèse d'une lucidité dont le jeu était le premier principe de découverte que devait précisément permettre d'atteindre, par des voies plus analytiques, le théâtre dialectique, celui où la fonction didactique pourrait enfin s'effacer devant le seul travail du jeu. Mais Chaplin ne formule pas son analyse, comme nous le faisons, pour qu'elle soit, hors de son lieu, pleinement intelligible ; il l'inscrit dans la relation qu'il faut qualifier de dialectique entre l'image d'Hitler et celle de Charlot, le pivot de cette dialectisation étant l'accessoire de théâtre par excellence, le postiche, la fameuse petite moustache que le peintre en bâtiment a dû avoir beaucoup de mal à continuer à porter après avoir vu comme elle allait bien au barbier juif. La moustache est immédiatement le trait d'identification majeur, et d'Hitler et de Charlot, ce qui irrésistiblement établit, entre le petit bourgeois prolétarisé en melon et redingote et celui qui n'est encore – au moment où Chaplin conçoit son film – que le chancelier Hitler avec lequel on négocie et croit pouvoir s'entendre, une équivalence assez troublante pour que l'origine du fascisme apparaisse pour ce qu'elle est : l'issue catastrophique d'une crise qui a rejeté une partie de la société hors de toute légitimité, la soumettant du même coup aux entreprises de légitimation les plus artificielles et les plus meurtrières.

L'intellectualisation du propos de Chaplin n'en épuise cependant pas – loin s'en faut – la profondeur, car son *Dictateur*

Un criminel si parfaitement honnête : Chaplin dans le rôle de Monsieur Verdoux, *Chaplin, 1947.*

est une nécessité qui vient par hasard : l'invention de la passivité qu'il rencontre en se racontant l'histoire dont il devient le premier rôle. Son image ne se révèle que dans l'eau calme où il se contemple. Un tourbillon suffirait à la faire disparaître, mais celui-ci ne vient pas. La fable est puissante et impérative : résistez à Hitler avant qu'il ne soit trop tard, dégonflez la baudruche avant qu'elle ne soit hors d'atteinte et que vous ne la preniez pour un astre nouveau. Quand on pense à la situation des États-Unis à la veille de la guerre, à ses difficultés à comprendre ce qui se passait en Europe et à la part de responsabilité qui y était la sienne avec l'héritage du président Wilson, on prend mieux la mesure du coup de tonnerre du film de Chaplin, qui, brutalement, confronte les Américains à une réalité qu'ils ne veulent pas voir et qu'ils n'accepteront vraiment qu'après le traumatisme de Pearl Harbor.

Orson Welles est, comme Charlie Chaplin, saisi, au lendemain de la Seconde Guerre mondiale, par l'ampleur de ce qui n'est pas réglé, par la manière dont les responsabilités du nazisme ont été escamotées pour cause de confrontation Est/Ouest et de guerre froide. Si Welles évoque avec Chaplin le destin d'un personnage comme Landru, petit bourgeois heureux et bien intégré, bon père et bon époux, collectionnant les meurtres sans ressentir ni compassion ni regret, il s'attache à cerner pour sa part le destin d'un criminel nazi, à la recherche d'une fable plus conforme à son univers, où le sinistre grotesque de la situation qui le fascinait n'a plus aucune part[6]. Chaplin ne craint pas l'énormité de la fable dont Welles lui soumet le thème. Il pousse le traitement du détail jusqu'aux plus grands raffinements de caractérisation psychologique, faisant de Verdoux un dandy – mais sans goût de la montre excessif – cultivant les signes de la plus parfaite conformité sociale, trouvant entre son foyer, où son attention n'est jamais en défaut, et ses vies parallèles, qui toutes se terminent par un meurtre, l'équilibre parfait, la souveraine paix qui permet de vivre heureux dans un monde en guerre, dans un monde qui prône le cloisonnement le plus étanche entre la sphère du privé où règne le système de valeurs qui se suffit à lui-même et celle de l'extérieur qui cherche dans la terreur et bientôt dans ce que l'on appellera l'« équilibre de la terreur » les voies d'un sauvetage équivoque. Quel est le prix de la tranquillité américaine, de cet univers préservé dont d'étroites relations familiales cernent les quatre coins définissant l'espace d'une prospérité que l'intrusion du dehors ne doit pas venir entamer ? Les meurtres de M. Verdoux et la charge comique irrésistible de chacune des situations où il se trouve ne seraient que figures burlesques particulièrement élaborées et réussies si M. Verdoux n'était par ailleurs un modèle de vertu domestique. Chaplin est allé trop loin, et ni la critique ni le public américain ne lui ont pardonné d'établir une relation si étroite entre le bonheur privé, sa morale autarcique, et une existence parfaitement criminelle. D'autant plus en ces temps de crispation et d'isolement, alors que, après avoir libéré l'Europe et vaincu le Japon par la sanction nucléaire, l'Amérique se replie sur ses valeurs traditionnelles et recherche, dans une morale du microcosme familial plus que de l'individu, la justification et la contrepartie de sa domination sur le monde, comme les Romains du temps d'Auguste qui exaltaient la « dignitas » de leur vie domestique alors même que leur prospérité dépendait de leur commerce et de leurs conquêtes extérieures. Chaplin met le doigt sur la contradiction majeure de l'Amérique : avoir conquis le monde sous l'empire d'une morale qui ne dépasse pas le seuil de la maison du citoyen américain.

6. Il s'agit de *The Stranger* (*le Criminel,* 1946). Voir, à son propos, *le Cinéma américain. Les années cinquante,* Paris, Éd. du Seuil, coll. « Point-Virgule », 1984, p. 235-239.

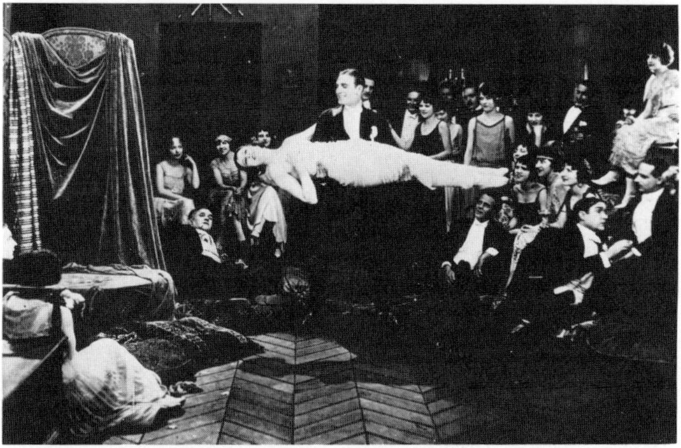

A Woman of Paris (l'Opinion publique), *Chaplin, 1923.*

A aucun moment Verdoux ne se sent en quoi que ce soit coupable. Peut-il être condamné pour n'avoir rien su opposer que son bonheur privé à un monde où l'exercice du crime permet de prendre ses aises ?

Filmographie

L'abondante filmographie de Charlie Chaplin ne pouvant ici trouver sa place, on se référera aux travaux très complets de Jean Mitry, son attentif historiographe, ainsi qu'à la filmographie publiée dans l'*Anthologie du cinéma* par Maurice Bessy (*l'Avant-scène,* t. X, p. 277-312, Paris, 1979). Ne sont mentionnés ici que les films tournés par Chaplin à partir de *A Woman of Paris* (1923), qui marque une rupture décisive dans son œuvre.

1923 **A Woman of Paris** *(l'Opinion publique)*
scénario de Charles Chaplin. Photographie : Rollie Totheroth et Jack Wilson. Direction artistique : Charles Hall. United Artists.
Avec Edna Purviance, Adolphe Menjou, Carl Miller, Lydia Knott, Charles French, Clarence Geldert, Betty Morissey.

1925 **The Gold Rush** *(la Ruée vers l'or)*
scénario de Charles Chaplin. Photographie : Rollie Totheroth et Jack Wilson. Direction artistique Charles Hall. United Artists.
Avec Charles Chaplin, Georgia Hale, Mack Swain, Tom Murray, Henry Bergman, Betty Morissey.

1927 **The Circus** *(le Cirque)*
scénario de Charles Chaplin. Photographie : Rollie Totheroth, Jack Wilson et Mark Marklatt. Direction artistique : Charles Hall et William Hinckley. Musique : Charles Chaplin. United Artists.
Avec Charles Chaplin, Merna Kennedy, Betty Morissey, Harry Crocker, Allan Garcia, Henry Bergman.

1931 **City Lights** *(les Lumières de la ville)*
scénario de Charles Chaplin. Photographie : Rollie Totheroth, Gordon Pollock et Mark Marklatt. Direction artistique : Charles Hall. Musique : Charles Chaplin. United Artists.
Avec Charles Chaplin, Virginia Cherrill, Harry Myers, Hank

1931 Mann, Florence Lee, Allan Garcia, Eddie Baker, Henry Bergman.

1936 **Modern Times** *(les Temps modernes)*
scénario de Charles Chaplin. Photographie : Rollie Totheroth et Ira Morgan. Direction artistique : Charles Hall et Russell Spencer. Musique : Charles Chaplin. United Artists.
Avec Charles Chaplin, Paulette Goddard, Hank Mann, Henry Bergman, Chester Conklin, Stanley Sanford.

1940 **The Great Dictator** *(le Dictateur)*
scénario de Charles Chaplin. Photographie : Rollie Totheroth et Karl Struss. Direction artistique : Russell Spencer. Musique : Charles Chaplin. United Artists.
Avec Charles Chaplin, Jack Oakie, Reginald Gardiner, Billy Gilbert, Henry Daniell, Grace Hayle, Paulette Goddard, Carter de Haven, Emma Dunn, Maurice Moscovitch, Hank Mann.

1947 **Monsieur Verdoux** *(Monsieur Verdoux)*
scénario de Charles Chaplin sur une idée d'Orson Welles. Réalisateur associé : Robert Florey. Photographie : Rollie Totheroth, Curt Courant et Wallace Chewing. Direction artistique : John Beckman. Musique : Charles Chaplin. United Artists.
Avec Charles Chaplin, Mady Correll, Allison Roddan, Robert Lewis, Audrey Betz, Martha Raye, Isobel Elsom, Margaret Hoffman, Ada-May, Helen Heigh, Marjorie Bennett, Marilyn Nash.

1952 **Limelight** *(les Feux de la rampe)*
scénario de Charles Chaplin. Photographie : Rollie Totheroth et Karl Struss. Direction artistique : Eugène Lourié. Assistant réalisateur : Robert Aldrich. Musique et chorégrahie : Charles Chaplin. United Artists.
Avec Charles Chaplin, Claire Bloom, Sydney Chaplin, Nigel Bruce, Norman Lloyd, Buster Keaton, Marjorie Bennett, Wheeler Dryden, Barry Bernard, Stapleton Kent.

1957 **A King in New York** *(Un roi à New York)*
scénario de Charles Chaplin. Photographie : Georges Périnal. Direction artistique : Alan Harris. Musique : Charles Chaplin. Attica Film Company.
Avec Charles Chaplin, Dawn Addams, Olivier Johnston, Michaël Chaplin, Maxime Audley, Jerry Desmond, Phil Brown.

1967 **The Countess from Hong Kong** *(la Comtesse de Hong Kong)*
scénario de Charles Chaplin. Photographie : Arthur Ibbeton (Technicolor). Direction artistique : Bob Cartwright. Musique : Charles Chaplin. United Artists.
Avec Sophia Loren, Marlon Brando, Sydney Chaplin, Tippi Hedren, Margaret Rutherford, Patrick Cargill, Geraldine Chaplin, Michael Medwin, Oliver Johnson, John Paul, Charles Chaplin.

Michael Curtiz

Quand les frères Warner s'intéressent à lui, Mihaly Kertesz est un metteur en scène célèbre en Europe qui a déjà derrière lui au moins deux carrières : la première en Hongrie, où il tourne près de cinquante films entre 1912 et 1919, la seconde, porteuse de sa notoriété internationale, à Vienne, foyer intellectuel déclinant d'un empire démantelé où le cinéma se nourrit de la riche expérience des autres arts, cultivant les superproductions historiques faisant appel aux décorateurs de théâtre et d'opéra, comme pour *Die Slavenkönigin* qui, en 1925, connaît un immense succès.

Dans les années vingt les frères Warner cherchent à étendre les activités de leur studio spécialisé dans le traitement de sujets

Photomontage : Spencer Tracy et l'équipe de tournage de 20 000 Years in Sing Sing (20 000 Ans sous les verrous), *Curtiz, 1933.*

sociaux ou dans les exploits, conçus par Darryl F. Zanuck, d'un comédien peu exigeant, le chien Rin-Tin-Tin. L'arrivée de Lubitsch, grande star européenne, marque avec un particulier éclat les nouvelles ambitions du studio. Une fois réussi le pari de la comédie brillante, Jack Warner cherche à concurrencer Cecil B. DeMille dont les *Dix Commandements* imposent un genre auquel il restera fidèle jusqu'à la fin de sa vie : le grand spectacle biblique où les lieux communs de la religiosité américaine s'exaltent dans des chromos grandiloquents et compassés. Le seul moyen de se situer d'emblée sur le même plan et de proposer au public une œuvre qui n'apparaisse pas comme une pâle copie de celle qu'il vient de consacrer est d'aller chercher les talents là où ils sont : en Europe, à Vienne qui a inventé le « kitsch » et qui se trouve donc bien placée pour relever le défi du mauvais goût. Kertesz paraît tout désigné pour s'engager dans une telle entreprise, et Jack Warner trouve les arguments qui incitent le Hongrois à prendre la route d'un second exil.

Pour faire pièce aux *Dix Commandements,* c'est *l'Arche de Noé* qui l'attend à Hollywood, mais il ne se consacre pas immédiatement au grand œuvre, se familiarisant d'abord avec les « métiers » du studio qu'il saura par la suite utiliser avec une telle précision que certains croiront discerner en lui un tempérament de chef de production plutôt que de metteur en scène. Curtiz sait s'entourer et faire confiance. Sa maîtrise légendairement approximative de l'anglais l'oblige à s'appuyer sur ses assistants, puis sur des « dialogues directors », dans ses relations avec les acteurs. Mais, plus profondément, il semble que les intermédiaires qu'il se donne soient là pour préserver sa vue d'ensemble, sa haute conscience du rythme de l'œuvre, auxquelles chaque acteur doit se plier, quel que soit son talent, celui-ci ne pouvant se révéler vraiment qu'en se soumettant au génie propre du film. La réputation de dureté, d'extrême exigence vis-à-vis des acteurs, rarement gratifiés d'un encouragement ou d'un compliment, a été particulièrement entretenue par ceux, parmi les plus grands, qu'il a découverts et rendus célèbres et qui ont toujours nourri à son endroit un curieux complexe d'infériorité. Errol Flynn, dont il construisit le personnage avant que n'en hérite Raoul Walsh, Bette Davis, qui ne supportait pas d'être traitée comme n'importe quelle autre personne présente sur le plateau, ont tous deux atteint le meilleur d'eux-mêmes sans se départir d'un sourd ressentiment. Mais Curtiz n'avait cure de la susceptibilité d'acteurs dont la fragilité l'irritait, préférant s'appuyer sur certains des piliers de la Warner peu enclins aux états d'âme comme Humphrey Bogart ou James Cagney.

Errol Flynn, l'irrésistible : Captain Blood (Capitaine Blood), *Curtiz, 1935.*

Plus qu'aucune autre, l'œuvre de Michael Curtiz est à l'image de celle de la Warner Bros. Avec LeRoy, Dieterle et Walsh, il contribue à donner sa véritable identité au studio. Rien n'entame sa constance et sa régularité : soutenant un rythme de travail à proprement parler effréné, commençant dans la soirée un film après en avoir terminé un autre le matin. L'étendue de sa filmographie témoigne de sa formidable capacité de travail.

Après *Noah's Ark* (1929) qui, en introduisant un contrepoint contemporain par une référence au premier conflit mondial, s'éloigne du genre imposé par DeMille, Curtiz accepte les scénarios les plus divers, passant presque indifféremment de la comédie sentimentale au film noir. L'éclectisme de ses choix rend d'autant plus troublante l'unité de son propos dont le profond pessimisme résiste aux conventions les plus souriantes. Les scénarios de la Warner lui conviennent, quelles que soient parfois leurs lourdeurs ou leurs faiblesses, car ils ont presque toujours la vertu essentielle d'être profondément inscrits dans un contexte dont la véracité est intrinsèquement porteuse d'une densité suffisante pour rendre supportables les lieux communs narratifs les plus éculés. *The Strange Love of Molly Louvain* (*l'Étrange Passion de Molly Louvain,* 1932) est, au-delà des passages obligés qui en font un parfait mélodrame, l'occasion d'aller au cœur des mythologies de la société urbaine, dans l'ombre des personnages saisis par l'amour qui illumine pour un moment leur part de nuit.

Pour Curtiz, la représentation est cruauté, violence faite à la réalité pour rendre la monstration possible, tout en réveillant les monstres qu'elle recèle. L'un de ses films préférés, *The Mad Genius* (*le Génie fou,* 1931), résume toute sa poétique. Un marionnettiste, ancien danseur victime d'un accident et depuis lors boiteux, élève un jeune homme dans le but d'en faire un danseur étoile. Une femme survient qui tout menace. Il en provoque accidentellement la mort pendant que triomphe son protégé qui ne la lui pardonnera pas. La composition du personnage de John Barrymore mêle cruauté et compassion dans une alchimie étrange à laquelle le public de l'époque réagit fort mal, Curtiz ne pouvant s'empêcher de joindre à l'aura négative de ce personnage son attachement pour celui-ci, dans lequel il pensait avoir mis beaucoup de lui-même. Bien d'autres scènes dans ses films révèlent l'âpreté du thème de la représentation et sa cruauté. L'une des plus violentes est sans doute la scène de provocation sexuelle dans *Cabin in the Cotton* (*Ombres vers le Sud,* 1932) où Bette Davis, fille d'un riche planteur, se déshabille devant Richard Barthelmess, l'un des employés de son père, sans s'offrir à lui.

James Cagney, l'insupportable : Angels with Dirty Faces (les Anges aux figures sales), *Curtiz, 1938.*

Les films d'épouvante sont pour Curtiz l'occasion d'aller jusqu'au bout des délices ambiguës de la monstration, non sans humour et dérision pour les références en lambeaux de l'esprit « Mitteleuropa » qu'on se plaisait à lui associer. *Doctor X* (*Docteur X,* 1932) et surtout *The Mystery of the Wax Museum* (*Masques de cire,* 1933), avec Lionel Atwill et Fay Wray, comptent parmi les classiques du genre. La figure de cire est, au passage, une métaphore particulièrement sensible de la relation cannibale du créateur à son œuvre. Le sculpteur a besoin de figures vivantes pour pouvoir les figer dans une expression parfaite, pour atteindre cette représentation rigoureusement fidèle dont il rêve. L'apparition du Technicolor flamboyant renforce l'agression rétinienne qui associe l'épouvante à l'insupportable plaisir du trop-voir, à la sidération d'un regard submergé par des images sans horizon ni référence. Curtiz retient cette leçon pour des films qui, à première vue, sont très éloignés de l'esthétique de l'épouvante, mais qui semblent en réalité en adapter les effets pour constamment ménager des surprises plus heureuses.

La réussite de ses films d'aventure tient à cette capacité de surprendre, par de brusques accélérations de rythme, liées à des retournements de situation. La rencontre, pendant le tournage de *The Case of the Curious Bride* (1935), avec un jeune comédien australien allait introduire dans l'écriture de Curtiz l'élément le mieux conforme à son rythme. Le hasard faisant bien les choses, Robert Donat, malade, doit renoncer à jouer dans *Captain Blood* (*Capitaine Blood,* 1935), adapté en vue de sa prestation. Curtiz impose, malgré les réticences du studio, son acteur australien : Errol Flynn, et une très jeune débutante : Olivia de Havilland. La présence physique d'Errol Flynn renvoie au magasin des accessoires les techniques attachées aux rôles d'aventurier, se situant d'emblée dans la continuité de Douglas Fairbanks dont il a la vivacité, l'ironie et la souplesse. L'intelligence de Curtiz est de donner à Flynn l'impression qu'il ne le dirige pas, réglant pour lui toute la machinerie qui lui permet de prendre son envol sans essayer à toute force de lui imposer une dramaturgie contraire à ce que son corps peut inventer sur le plateau. Il faut un scénario particulièrement confus et mal écrit, tel celui de *The Charge of the Light Brigade* (*la Charge de la brigade légère,* 1936), pour étouffer le génie de Flynn. Curtiz sait, après cette expérience malheureuse qui n'entamera pourtant pas le mythe naissant de Flynn, lui éviter de tels rendez-vous manqués avec la figure héroïque dont il dessine, de film en film, les contours, jusqu'à l'apothéose de *The Adventures of Robin Hood* (*les Aventures de Robin des Bois,* 1938). Commencé par William Keighley, le film a conservé de la version initiale les scènes de la forêt de Sherwood, mais celles-ci parurent trop languissantes à Jack Warner pour ne pas faire appel à celui qui avait le secret du rythme et qui sut effectivement donner au film toute la légèreté qui en fit le durable succès.

Du *Captain Blood* à *Robin Hood,* les films, brillants, illuminés par la présence d'Errol Flynn, sont empreints d'une jubilation accessoire qui est l'antithèse exacte de la sombre inspiration de l'œuvre de Curtiz, celle de *20 000 Years in Sing Sing* (*20 000 Ans sous les verrous,* 1933), pur mélodrame qui voit le sacrifice de Spencer Tracy endossant par amour la responsabilité d'un crime qu'il n'a pas commis. Sans accommodement ni compromis, la linéarité du film rompt avec le sens de l'ellipse du metteur en scène pour cerner au plus près les figures implacables et mortelles de la passion.

Cette pureté de style atteint – au-delà de la réussite d'un des plus beaux films noirs de la Warner, illustrant idéalement les grandes constantes du studio : *Angels with Dirty Faces* (*les Anges aux figures sales,* 1938) – sa plus haute expression dans deux films très différents : *The Sea Wolf* (*le Vaisseau fantôme,* 1941) et le très justement célèbre *Casablanca* (1943).

Patric Knowles, Olivia de Havilland et Errol Flynn dans Four's a Crowd, *Curtiz, 1938.*

The Sea Wolf, adapté de Jack London par Robert Rossen, est, comme l'univers de la prison, l'épreuve d'un monde clos, où les êtres se retrouvent face à eux-mêmes, « imbéciles et nus », en proie aux valeurs incertaines par lesquelles ils inventent leur humanité. Face à Edward G. Robinson, Curtiz impose un couple d'acteurs aux antipodes d'Errol Flynn et d'Olivia de Havilland, qui, dans les années cinquante, portera la déchirure d'une génération chez Ray, Huston et Rossen – metteur en scène. John Garfield et Ida Lupino sont pétris d'une irrépressible révolte qui fait de leur amour la force souveraine des iniquités humaines. Mais ne sommes-nous pas déjà là dans l'œuvre de Rossen[1] ?

La fascination entêtante exercée par *Casablanca* ne peut être réduite à l'un ou l'autre des ingrédients qui font la réussite du film. Le jeu d'Humphrey Bogart, parfaitement équilibré entre le renoncement et la douleur, et la beauté lyrique d'Ingrid Bergman ne suffisent pas à expliquer le charme de cette fiction tout en lieux communs. Le secret est ailleurs, dans l'insistance sur les figures et les situations les plus prévisibles d'où surgit, en corollaire de la répétition, l'irrésistible nostalgie, l'irrépres-

1. Cf. *le Cinéma américain. Les années cinquante,* Paris, Éd. du Seuil, coll. « Point-Virgule », 1984, p. 195, 202.

sible mélancolie dont l'évocation culmine avec l'arrivée de Bergman au moment où Bogart se laisse aller à écouter la mélodie qui lui est associée. On ne sait plus, du métier de Curtiz ou de sa sincérité, ce qui travaille le plus étroitement ces images, la lucidité de l'un n'étant pas nécessairement en contradiction avec l'adhésion de l'autre à l'ironie des sentiments.

Filmographie

1926 **The Third Degree** avec Jason Robards Sr., Dolores Costello.

1927 **A Million Bid** avec Dolores Costello et Warner Oland.
Good Time Charley avec Warner Olan et Helene Costello.
The Desired Woman *(le Crime du soleil)* avec Irene Rich.

1928 **Tenderloin** avec Conrad Nagel et Dolores Costello.

1929 **Noah's Ark** *(l'Arche de Noé)*
scénario de Anthony Coldeway d'après une histoire de Darryl F. Zanuck. Photographie : Hal Morh et Barney McGill. Warner Bros.
Avec Dolores Costello, George O'Brien, Noah Beery Sr., Louise Fazenda, Guinn Williams, Paul MacAllister.
Glad Rag Doll *(Poupée de chiffons)*
scénario de Graham Baker d'après une histoire de Harvey Gates. Photographie : Byron Haskin. Warner Bros.
Avec Dolores Costello, Ralph Graves, Audrey Ferris, Albert Grant, Maude Turner Gordon, Claude Gillingwater.
Madonna of Avenue A *(la Madone de l'avenue)*
scénario de Ray Doyle d'après une histoire de Mark Canfield. Photographie : Byron Haskin. Warner Bros.
Avec Dolores Costello, Grant Withers, Douglas Gerrard, Louise Dresser, Otto Hoffman, William Russel.
Hearts in Exile *(Cœurs en exil)*
scénario de Harvey Gates. Photographie : Bill Reese. Musique : Howard Jackson. Warner Bros.
Avec Dolores Costello, Grant Withers, James Kirkwood, David Torrence, Olive Tell, Tom Dugan.
The Gamblers *(les Joueurs)*
scénario de J. Grubb Alexander d'après une histoire de Charles Klein. Photographie : William Reese. Warner Bros.
Avec H. B. Warner, Lois Wilson, Jason Robards Sr., George Fawcett, Johnny Arthur.

1930 **Mammy** *(Mammy)*
scénario de L. G. Rigby. Photographie : Barney McGill. Musique : Irving Berlin. Warner Bros.
Avec Al Jolson, Lowell Sherman, Lois Moran, Hobart Bosworth, Ray Cooke, Louise Dresser.
Under a Texas Moon *(Sous le soleil du Texas)*
scénario de Joseph Jackson et Raymond Griffith, d'après Stewart Edouard White. Photographie : William Reese. Musique : Ray Perkins. Warner Bros.
Avec Frank Fay, Raquel Torres, Myrna Loy, Armida, Noah Beery Sr.
The Matrimonial Bed
scénario de Seymour Hicks et Harvey Thew. Photographie : Dev Jennings. Warner Bros.
Avec Lilyan Tashman, Frank Fay, Florence Eldridge, James Gleason, Beryl Mercer, Vivian Oakland.
Bright Lights
scénario de Humphrey Pearson. Photographie : Lee Garmes. Musique : Leo Forbstein. Warner Bros.
Avec Dorothy Mackaill, Frank Fay, Noah Beery Sr., Inez Courtney, Eddie Nugent, Daphne Pollard.
River's End
scénario de Charles Kenyon d'après une histoire de James Oliver Curwood. Photographie : Robert Kurrle. Warner Bros.
Avec Charles Bickford, Evilyn Knapp, J. Farrell MacDonald, Walter McGrail, Zasu Pitts.

1931 **God's Gift to Women**
scénario de Joseph Jackson et Raymond Griffith d'après la pièce *The Devil Was Sick* de Jane Hinton.

Photographie : Robert Kurrle, Warner Bros.
Avec Joan Blondell, Frank Fay, Laura La Plante, Arthur Edmund Carewe, Charles Winninger, Alan Mowbray.

A Soldier's Plaything
scénario de Perny Vekroff d'après une histoire de Vina Delmar. Photographie : J. O. Taylor. Warner Bros.
Avec Lotti Loder, Harry Langdon, Ben Lyon, Jean Hersholt, Noah Beery Sr., Fred Kohler.

The Mad Genius *(le Génie fou)*
scénario de J. G. Alexander et Harvey Thew d'après la pièce *The Idol* de Martin Brown. Photographie : Barney McGill. Direction artistique : Anton Grot. Warner Bros.
Avec John Barrymore, Marian Marsh, Donald Cook, Carmel Myers, Charles Butterworth, André Luguet, Boris Karloff.

1932 **The Woman from Monte Carlo** *(la Dame de Monte-Carlo)*
scénario de Harvey Thew d'après une histoire de Claude Farrere et Lucien Nepoty. Photographie : Ernest Haller. Warner Bros.
Avec Lil Dagover, Walter Huston, Warren William, John Wray, Robert Warwick, Ben Hendricks.

Alias the Doctor
coréalisé par Lloyd Bacon. Scénario de Houston Branch et Charles Kenyon. Photographie : Barney McGill. Warner Bros.
Avec Richard Barthelmess, Marian Marsh, Lucille La Verne, Norman Foster, Adrienne Dore, Oscar Apfel.

The Strange Love of Molly Louvain *(l'Étrange Passion de Molly Louvain)*
scénario de Erwin Gelsey et Brown Holmes d'après la pièce *Tinsel Girl* de Maurine Watkins. Photographie : Robert Kurrle. Warner Bros.
Avec Ann Dvorak, Lee Tracy, Richard Cromwell, Guy Kibbee, Leslie Fenton, Frank McHugh.

Doctor X *(Docteur X)*
scénario de Earl Baldwin et Robert Tasker. Photographie : Ray Rennahan et Richard Tower. Direction artistique : Anton Grot. Warner Bros.
Avec Lionel Atwill, Lee Tracy, Fay Wray, Preston Foster, John Wray, Leila Bennett.

Cabin in the Cotton *(Ombres vers le sud)*
coréalisé par William Keighley. Scénario de Paul Green d'après le roman de Harry Harrison Kroll. Photographie : Barney McGill. Warner Bros. (Jack Warner).
Avec Bette Davis, Richard Barthelmess, Dorothy Jordan, Henry B. Walthall, Berton Churchill, Walter Percival.

1933 **20 000 Years in Sing Sing** *(20 000 Ans sous les verrous)*
scénario de Wilson Mizner et Brown Holmes d'après le livre de Warden Lewis E. Lawes. Photographie : Barney McGill. Direction artistique : Anton Grot. Warner Bros. (Robert Lord).
Avec Spencer Tracy, Bette Davis, Lyle Talbot, Sheila Terry, Louis Calhern, Arthur Byron.

The Mystery of the Wax Museum *(Masques de cire)*
scénario de Don Mullaly et Carl Erickson d'après une histoire de Charles Beldes. Photographie : Ray Rennahan. Direction artistique : Anton Grot. Warner Bros.
Avec Lionel Atwill, Fay Wray, Glenda Farrell, Allen Vincent, Holmes Herbert, Frank McHugh.

The Keyhole *(le Trou de la serrure)*
scénario de Robert Presnell. Photographie : Barney McGill. Warner Bros.
Avec Kay Francis, George Brent, Glenda Farrell, Allen Jenkins, Monroe Owsley, Helen Ware.

Private Detective 62 *(Détective privé)*
scénario de Rian James d'après une histoire de Raoul Whitfield. Photographie : Tony Gaudio. Direction artistique : Jack Okey. Warner Bros.
Avec William Powell, Ruth Donnelly, Margaret Lindsay, Gordon Westcott, James Bell, Arthur Byron.

Goodbye Again
scénario de Ben Markson. Photographie : George Barnes. Warner Bros.
Avec Warren William, Genevieve Tobin, Helen Chandler, Wallace Ford, Hobart Cavanaugh, Hugh Herbert.

The Kennel Murder Case *(Meurtre au chenil)*
scénario de Robert N. Lee et Peter Milne. Photographie : William

1933 Reese. Direction artistique : Jack Okey. Warner Bros.
Avec William Powell, Mary Astor, Eugene Pallette, Ralph Morgan, Helen Vinson, Etienne Girardot.

1934 **Mandalay** *(Mandalay)*
scénario de Austin Parker et Charles Kenyon d'après une histoire de Paul Hervey Fox. Photographie : Tony Gaudio. Direction artistique : Anton Grot. Warner Bros. (Robert Presnell).
Avec Kay Francis, Ricardo Cortez, Warner Oland, Lyle Talbot, Ruth Donnelly, Shirley Temple, Reginald Owen.

British Agent *(Agent britannique)*
scénario de Laird Doyle d'après les mémoires de Bruce Lockhart. Photographie : Ernest Haller. Direction artistique : Anton Grot. Musique : Leo Forbstein. Warner Bros. (Henry Blanke et Robert Presnell).
Avec Leslie Howard, Kay Francis, Irving Pichel, J. Carroll Naish, William Gargan, Philip Reed.

Jimmy the Gent
scénario de Bertram Millhauser. Photographie : Ira Morgan. Direction artistique : Esdras Hartley. Warner Bros. (Jack Warner).
Avec James Cagney, Bette Davis, Alice White, Allen Jenkins, Arthur Hohl, Alan Dinehart, Mayo Methot.

The Key *(la Clé)*
scénario de Laird Doyle. Photographie : Ernest Haller. Direction artistique : Robert Haas. Warner Bros. (Robert Presnell).
Avec Edna Best, William Powell, Colin Clive, Maxime Doyle, Donald Crisp, Hobart Cavanaugh.

1935 **Black Fury** *(Furie noire)*
scénario de Abem Finkel et Carl Erickson. Photographie : Byron Haskin. Direction artistique : John J. Hughes. Warner Bros. (Robert Lord).
Avec Paul Muni, William Gargan, Tully Marshall, Karen Morley, Mae Marsh, Barton MacLane, J. Carroll Naish.

The Case of the Curious Bride
scénario de Brown Holmes et Tom Reed d'après le roman de Earle Stanley Gardner. Photographie : David Abel. Direction artistique : Carl Jules Weyl et Anton Grot. Musique : Bernard Kaun. Warner Bros. (Harry Joe Brown).
Avec Warren William, Margaret Lindsay, Donald Woods, Claire Dodd, Allen Jenkins, Philip Reed, Barton MacLane.

Front Page Woman *(Sixième Édition)*
scénario de Laird Doyle, Roy Chanslor et Lillie Hayward. Photographie : Tony Gaudio. Direction artistique : John Hughes. Musique : Heinz Roemheld. Warner Bros. (Samuel Bischoff).
Avec Bette Davis, George Brent, June Martel, Joseph Crehan, Roscoe Karns, Dorothy Dare.

Little Big Shot
scénario de Jerry Wald. Photographie : Tony Gaudio. Warner Bros. (Samuel Bischoff).
Avec Sybil Jason, Glenda Farrell, Robert Armstrong, Edward Everett Horton, Edgar Kennedy.

Captain Blood *(Capitaine Blood)*
scénario de Casey Robinson d'après le roman de Rafael Sabatini. Photographie : Hal Mohr. Direction artistique : Anton Grot. Warner Bros. (Harry Joe Brown).
Avec Errol Flynn, Olivia de Havilland, Lionel Atwill, Basil Rathbone, Ross Alexander, Henry Stephenson.

1936 **The Charge of the Light Brigade** *(la Charge de la brigade légère)*
scénario de Michel Jakoby et Rowland Leigh. Photographie : Sol Polito. Direction artistique : John Hughes. Musique : Max Steiner. Warner Bros. (Hal B. Wallis et Samuel Bischoff).
Avec Errol Flynn, Olivia de Havilland, Patrick Knowles, Henry Stephenson, Nigel Bruce, David Niven, Donald Crisp.

1937 **Stolen Holiday**
scénario de Casey Robinson. Photographie : Sid Hickox. Direction artistique : Anton Grot. Warner Bros. (Harry Joe Brown).
Avec Kay Francis, Claude Rains, Ian Hunter, Alison Skipworth, Alexander d'Arcy, Walter Kingsford.

Kid Galahad *(le Dernier Round)*
scénario de Seton I. Miller d'après le roman de Francis Wallace. Photographie : Tony Gaudio. Direction artistique : Carl Jules Weyl. Musique : Heinz Roemheld et Max Steiner. Warner Bros. (Hal B. Wallis).

Avec Wayne Morris, Edward G. Robinson, Bette Davis, Humphrey Bogart, Jane Bryan, Harry Carey, Soledad Jiminey.

Mountain Justice *(Justice des montagnes)*
scénario de Norman Reilly Raine. Photographie : Ernest Haller. Direction artistique : Max Parker. Warner Bros.
Avec Josephine Hutchinson, George Brent, Robert McWade, Robert Barrat, Mona Barrie, Edwin Pawley, Margaret Hamilton.

The Perfect Specimen *(Un homme a disparu)*
scénario de Norman Reilly Raine, Lawrence Riley, Brewster Morse et Fritz Falkenstein. Photographie : Charles Rosher. Direction artistique : Robert Haas. Musique : Heinz Roemheld. Warner Bros. (Hal B. Wallis et Harry Joe Brown).
Avec Errol Flynn, Joan Blondell, Hugh Herbert, Dick Foran, Beverly Roberts, Edward Everett Horton.

1938 **Gold Is Where You Find It** *(la Bataille de l'or)*
scénario de Warren Duff et Robert Buckner d'après une histoire de Clements Ripley. Photographie : Sol Polito. Direction artistique : Ted Smith. Musique : Max Steiner. Warner Bros. (Hal B. Wallis).
Avec Errol Flynn, Olivia de Havilland, Claude Rains, Margaret Lindsay, John Litel, Marcia Ralston.

The Adventures of Robin Hood *(les Aventures de Robin des Bois)*
coréalisé par William Keighley. Scénario de Norman Reilly Raine et Seton I. Miller. Photographie : Tony Gaudio et Sol Polito. Direction artistique : Carl Jules Weyl. Musique : Erich Wolfgang Korngold. Warner Bros. (Hal B. Wallis).
Avec Errol Flynn, Olivia de Havilland, Basil Rathbone, Claude Rains, Patric Knowles, Alan Hale, Eugene Pallette.

Four Daughters *(Rêves de jeunesse)*
scénario de Julius J. Epstein et Lenore Coffee d'après le roman *Sister Act* de Fannie Hurst. Photographie : Ernest Haller. Direction artistique : John Hughes. Musique : Max Steiner. Warner Bros. (Hal B. Wallis).
Avec Claude Rains, Jeffrey Lynn, John Garfield, Frank McHugh, May Robson, Rosemary Lane, Lola Lane, Priscilla Lane, Gale Page.

Four's a Crowd *(Quatre au paradis)*
scénario de Casey Robinson et Sig Herzig d'après le roman *All Rights Reserved* de Wallace Sullivan. Photographie : Ernest Haller. Musique : Heinz Roemheld. Warner Bros. (David Lewis).
Avec Errol Flynn, Olivia de Havilland, Rosalind Russell, Patric Knowles, Walter Connolly, Hugh Herbert.

Angels with Dirty Faces *(les Anges aux figures sales)*
scénario de John Wexley et Warren Duff. Photographie : Sol Polito. Direction artistique : Robert Haas. Musique : Max Steiner. Warner Bros. (Samuel Bischoff).
Avec James Cagney, Pat O'Brien, Humphrey Bogart, Ann Sheridan, George Bancroft, Bobby Halop.

1939 **Dodge City** *(les Conquérants)*
scénario de Robert Buckner. Photographie : Sol Polito (Technicolor). Direction artistique : Ted Smith. Musique : Max Steiner. Warner Bros. (Robert Lord).
Avec Errol Flynn, Olivia de Havilland, Ann Sheridan, Bruce Cabot, Frank McHugh, Alan Hale, John Litel.

Daughters Courageous *(Filles courageuses)*
scénario de Julius J. et Philip G. Epstein. Photographie : James Wong Howe. Musique : Max Steiner. Warner Bros. (Hal B. Wallis et Henry Blanke).
Avec Claude Rains, John Garfield, Jeffrey Lynn, Fay Bainter, Donald Crisp, Gale Page, Lola Lane, Priscilla Lane, Rosemary Lane.

The Private Lives of Elizabeth and Essex *(la Vie privée d'Élisabeth et d'Essex)*
scénario de Norman Reilly Raine et Aeneas MacKenzie d'après la pièce de Maxwell Anderson, *Elizabeth the Queen.* Photographie : Sol Polito et W. Howard Greene (Technicolor). Direction artistique : Anton Grot. Musique : Erich Wolfgang Korngold. Warner Bros. (Hal B. Wallis).
Avec Bette Davis, Errol Flynn, Olivia de Havilland, Donald Crisp, Alan Hale, Vincent Price, Henry Daniell.

1939 **Four Wives** *(Quatre Épouses)*
scénario de Julius J. et Philip G. Epstein. Photographie : Sol Polito. Warner Bros. (Hal B. Wallis).
Avec Claude Rains, Priscilla Lane, Rosemary Lane, Lola Lane, Jeffrey Lynn, Eddie Albert.

1940 **Virginia City** *(la Caravane héroïque)*
scénario de Robert Buckner. Photographie : Sol Polito. Musique : Max Steiner. Direction artistique : Ted Smith. Warner Bros. (Robert Fellows).
Avec Errol Flynn, Miriam Hopkins, Randolph Scott, Humphrey Bogart, Frank McHugh, Guinn Williams.

The Sea Hawk *(l'Aigle des mers)*
scénario de Howard Koch et Seton I. Miller. Photographie : Sol Polito. Direction artistique : Anton Grot. Musique : Erich Wolfgang Korngold. Warner Bros. (Jack Warner, Hal B. Wallis et Henry Blanke).
Avec Errol Flynn, Brenda Marshall, Claude Rains, Donald Crisp, Flora Robson, Gilbert Roland, Alan Hale.

1941 **Santa Fe Trail** *(la Piste de Santa Fe)*
scénario de Robert Buckner. Photographie : Sol Polito. Direction artistique : John Hughes. Musique : Max Steiner. Warner Bros. (Jack Warner et Robert Fellows).
Avec Errol Flynn, Olivia de Havilland, Ronald Reagan, Van Heflin, Raymond Massey, Alan Hale, Gene Reynolds, Guinn Williams.

The Sea Wolf *(le Vaisseau fantôme)*
scénario de Robert Rossen d'après l'histoire de Jack London. Photographie : Sol Polito. Musique : Erich Wolfgang Korngold. Warner Bros. (Henry Blanke).
Avec Edward G. Robinson, Ida Lupino, John Garfield, Gene Lockhart, Barry Fitzgerald, Alexander Knox.

Dive Bomber
scénario de Frank Wead et Robert Buckner. Photographie : Bert Glennon et Winton C. Hoch (Technicolor). Direction artistique : Robert Haas. Musique : Max Steiner. Warner Bros. (Robert Lord).
Avec Errol Flynn, Fred MacMurray, Ralph Bellamy, Alexis Smith, Robert Armstrong, Herbert Anderson, Regis Toomey.

1942 **Captains of the Clouds** *(les Chevaliers du ciel)*
scénario de Arthur T. Horman, Richard Macaulay et Norman Reilly Raine. Photographie : Sol Polito et Winton C. Hoch (Technicolor). Musique : Max Steiner. Warner Bros. (William Cagney).
Avec James Cagney, Dennis Morgan, Brenda Marshall, Alan Hale, George Tobias, Clem Bevans, Russell Arms, Reginald Gardiner.

Yankee Doodle Dandy *(la Parade de la gloire)*
scénario de Robert Buckner et Edmund Joseph. Photographie : James Wong Howe. Direction artistique : Carl Jules Weyl. Musique : George M. Cohan. Warner Bros. (William Cagney).
Avec James Cagney, Walter Huston, Joan Leslie, Richard Whorf, Jeanne Cagney, Irene Manning.

1943 **Casablanca** *(Casablanca)*
scénario de Julius J. et Philip G. Epstein d'après une pièce de Murray Burnett et Joan Alison. Photographie : Arthur Edeson. Direction artistique : Carl Jules Weyl. Musique : Max Steiner. Warner Bros. (Hal B. Wallis).
Avec Humphrey Bogart, Ingrid Bergman, Paul Henreid, Claude Rains, Conrad Veidt, Peter Lorre, Dooley Wilson, Sydney Greenstreet.

Mission to Moscow
scénario de Howard Koch d'après les mémoires de l'ambassadeur Joseph Davies. Photographie : Bert Glennon. Direction artistique : Carl Jules Weyl. Musique : Max Steiner. Warner Bros.
Avec Walter Huston, Ann Harding, Oscar Homolka, George Tobias, Gene Lockhart, Henry Daniell, Frieda Inescourt.

This Is the Army
scénario de Casey Robinson. Photographie : Bert Glennon et Sol Polito. Direction artistique : Lt. John Koenig. Musique : Irving Berlin. Warner Bros. (Jack Warner et Hal Wallis).
Avec George Murphy, Joan Leslie, George Tobias, Alan Hale, Charles Butterworth, Dolores Costello.

1944 **Passage to Marseille**
scénario de Casey Robinson et James Norman Hall. Photographie : James Wong Howe. Direc-

tion artistique : Carl Jules Weyl. Musique : Max Steiner. Warner Bros. (Hal Wallis).
Avec Humphrey Bogart, Michèle Morgan, Claude Rains, Sydney Greenstreet, Philip Dorn, Peter Lorre, George Tobias.
Janie
scénario de Charles Hoffman et Agnes Christine Johnston. Photographie : Carl Guthrie. Direction artistique : Robert Haas. Musique : Heinz Roemheld. Warner Bros. (Alex Gottlieb).
Avec Joyce Reynolds, Robert Hutton, Edward Arnold, Ann Harding, Robert Benchley, Ruth Tobey, Virginia Patton.

1945 **Roughly Speaking**
scénario de Louise Randall Pierson. Photographie : Joseph Walker. Direction artistique : Robert Haas. Musique : Max Steiner. Warner Bros. (Henry Blanke).
Avec Rosalind Russell, Jack Carson, Alan Hale, Donald Woods, Robert Hutton, Jean Sullivan, Andrea King.
Mildred Pierce *(Mildred Pierce)*
scénario de Ranld MacDougall et Catherine Turney d'après le roman de James M. Cain. Photographie : Ernest Haller. Direction artistique : Anton Grot. Musique : Max Steiner. Warner Bros. (Jerry Wald).
Avec Joan Crawford, Jack Carson, Zachary Scott, Ann Blyth, Bruce Bennett, Eve Arden, Jo Ann Marlowe.

1946 **Night and Day** avec Cary Grant.

1947 **Life with Father** avec Edmund Gwenn et ZaSu Pitts.
The Unsuspected avec Claude Rains.

1948 **Romance on the High Seas** avec Doris Day et Jack Carson.

1949 **My Dream Is Yours** avec Doris Day et Jack Carson.
Flamingo Road avec Joan Crawford et Zachary Scott.
The Lady Takes a Sailor avec Jane Wyman et Dennis Morgan.

1950 **Young Man with a Horn** avec Kirk Douglas et Lauren Bacall.
Bright Leaf *(le Roi du tabac)* avec Gary Cooper, Lauren Bacall et Patricia Neal.
The Breaking Point avec John Garfield et Patricia Neal.

1951 **Jim Thorpe-All American** avec Burt Lancaster.
Force of Arms avec William Holden et Nancy Olson.

1952 **I'll See You in My Dreams** avec Danny Thomas et Doris Day.
The Story of Will Rogers avec Will Rogers Jr. et Jane Wyman.

1953 **The Jazz Singer** avec Danny Thomas et Peggy Lee.
Trouble along the Way avec John Wayne et Donna Reed.

1954 **The Boy from Oklahoma** avec Will Rogers Jr. et Nancy Olson.
The Egyptian *(l'Égyptien)* avec Jean Simmons et Victor Mature.
White Christmas avec Bing Crosby et Danny Kaye.

1955 **We're No Angels** *(la Cuisine des anges)* avec Humphrey Bogart, Peter Ustinov, Joan Bennet et Aldo Ray.

1956 **The Scarlet Hour** avec Tom Tryon et Carol Omhart.
The Vagabond King avec Oreste et Kathryn Grayson.
The Best Things in Life Are Free avec Gordon MacRae et Ernest Borgnine.

1957 **The Helen Morgan Story** avec Ann Blyth et Paul Newman.

1958 **The Proud Rebel** avec Alan Ladd et Olivia de Havilland.
King Creole avec Elvis Presley.

1959 **The Hangman** avec Robert Taylor.
The Man in the Net avec Alan Ladd et Carolyn Jones.

1960 **The Adventures of Huckleberry Finn** avec Tony Randall et Eddie Hodges.
A Breath of Scandal avec Sophia Loren et John Gavin.

1961 **Francis of Assisi** avec Bradford Dillman.

1962 **The Comancheros** *(les Comancheros)* avec John Wayne.

Cecil B. deMille

Cecil B. DeMille

Cecil B. DeMille a-t-il vraiment existé ? On pourrait en douter tant ce nom aux précieuses inflexions et au sémantisme nombreux évoque irrésistiblement les traits d'un personnage de fiction. Il faut dire que DeMille y a mis du sien, concevant son œuvre comme un monument érigé à sa propre gloire, un mausolée dont il aurait été l'architecte, où, l'œuvre achevée, il aurait pu trouver le repos, grand prêtre immortel toujours renaissant dans la célébration du culte nouveau. Très vite il s'est pris pour le cinéma lui-même. Cofondateur, avec Jesse Lasky, de la Lasky Feature Play Company devenue en 1914, avec l'apport d'Adolph Zukor, la Famous Players Lasky Corporation, ancêtre de la Paramount, sa fonction de « director » lui donne tout pouvoir sur l'orientation artistique du studio. Avant d'être metteur en scène il se doit de fonder l'univers de représentation du studio, de lui donner sa cohérence, son épaisseur, afin que, de film en film, l'imagerie fasse un imaginaire et qu'un public se constitue qui ne puisse rien vouloir d'autre.

DeMille a toujours affirmé ne viser qu'un seul public : le plus grand, celui sur lequel on peut miser gros et qui vous ramène cent dollars quand on lui en lance un. Et rares furent ses échecs. Son génie est avant tout idéologique : la capacité de mettre en œuvre un système de représentation qui, de film en film, quel que soit le matériau traité, impose les mêmes figures, toujours reconnaissables et toujours prévisibles. Mais quel était donc le système lui assurant de si constantes réussites ? Avant tout la claire conscience qu'un film doit être un fragment arraché à un foisonnement d'images dont il présuppose l'existence comme si chaque scène n'était que l'une des possibles dans une infinité d'autres plus brillantes encore. Son avant-dernier film, *The Greatest Show on Earth* (*Sous le plus grand chapiteau du monde,* 1952), métaphorise admirablement ce principe, car ce qui fait l'attrait du cirque réside bien dans ces trois pistes qui en font « le plus grand chapiteau du monde » et où se déroulent simultanément des numéros que l'on suppose tous plus extraordinaires les uns que les autres puisque l'on ne peut les regarder en même temps. Le matériau démultiplié à l'infini comme dans un jeu de miroirs, la surenchère des décors toujours plus monumentaux et plus somptueux, les figurants encore plus nombreux dans le hors-champ que dans le champ de la caméra et se pressant pour une brève apparition au gré de foules remuantes et plastiques, moulées à souhait par l'autorité du Maître travaillant à la fois sur la masse et sur le détail, cette constante exubérance où se mêlent le prosaïsme le plus grossier et les postures du sublime font des années trente un des sommets du système DeMille dans deux imageries de prédilection : l'Empire romain et le haut Moyen Age. *The Sign of the Cross* (*Sous le signe de la croix,* 1932) accumule tous les chromos de la décadence romaine, des perversions raffinées de l'infâme Néron, enlevé par Charles Laughton dans un formidable numéro de cabotinage où tous les effets sont permis, jusqu'aux atroces supplices des martyrs chrétiens. Le mauvais goût, le clinquant, la grandiloquence et l'artifice semblent n'avoir pas de limites, le trop n'étant jamais assez. Plus absolument « kitsch » encore, *Cléopâtre* (1934) est en la personne de Claudette Colbert une ménagère comblée ayant dévalisé tous les supermarchés d'Asie Mineure et du Proche-Orient qui, abandonnée dans le désert à la voracité des bêtes sauvages, se plaint de n'avoir pas eu le temps de prendre son petit déjeuner !

Décidément, DeMille est un maître du « kitsch ». Hermann Broch, dans ses « Remarques à propos de l'art kitsch », avait bien perçu les ravages que celui-ci pouvait exercer au cinéma et rappelait à ce propos que « le kitsch moderne est encore loin d'avoir terminé sa course victorieuse [...] en particulier dans le film » où l'on ne tarderait pas à le voir triompher, « gorgé tout autant de sang que de sucre filé »[1]. Prosélyte particulièrement appliqué de l'esthétique kitsch, DeMille en illustre idéalement tous les aspects : un académisme à toute épreuve et le postulat d'une équivalence entre le terrestre et le spirituel, entre le prosaïque et le divin. Ses saints : les grands sabreurs des croisades ; ses héros : ceux de la mythologie des chromos, assez schématiques pour fonder les identifications les plus larges. Rien de tout cela ne fait de DeMille un esprit religieux comme Borzage, Vidor ou McCarey, pas davantage ses sujets religieux où la Bible est traitée à la même sauce que la Rome de Néron. Seule l'exubérance compte, et ce n'est pas jouer sur les mots que de dire que tout passe chez lui par le nombre, ou plutôt par l'improbable dénombrement de ce dont le film traite, voire par l'impossibilité d'en isoler des éléments qui tiendraient par eux-mêmes. L'extraordinaire solidarité interne de ce qui fait ces monuments de mauvais goût a quelque chose de vertigineux, comme un château fort inventé par Viollet-le-Duc mêlant allégrement cinq siècles d'histoire médiévale pour constituer un ensemble étrangement cohérent.

1. In *Création littéraire et Connaissance,* édition de Hannah Arendt, Paris, Gallimard, 1966, p. 323 (trad. de Albert Kohn).

Claudette Colbert dans Cleopatra (Cléopâtre), *DeMille, 1934.*

La réussite de DeMille résiste à tous les écœurements qu'elle suscite.

En réunissant Erich von Stroheim et Cecil B. DeMille dans *Sunset Boulevard* (*Boulevard du crépuscule,* 1950) – l'œuvre maudite, pillée, détruite et celle qui a sans doute réuni le plus grand nombre de spectateurs dans l'histoire du cinéma américain –, Billy Wilder avait à peine besoin de développer sa fable. Le prix que Hollywood a dû payer pour devenir le cœur de la culture américaine, le grand producteur de mythes de l'ère industrielle, était déjà inscrit dans l'éternité de DeMille, régnant sur son peuple de figurants quarante ans après le début de l'aventure, alors que les autres pionniers, ceux qui fondaient dans leur expérience la plus intime les moyens expressifs de l'art nouveau, étaient impitoyablement broyés par la machine qu'ils avaient inventée. DeMille, épuisant le filon jusqu'à ses dernières pépites, de Technicolor en CinémaScope, indifférent à la disparition du monde des grands studios, dont, plus que le contemporain, il fut à la fois la caricature et le plus digne représentant, apparaît bien comme l'un des grands mythes d'Hollywood. A tel point que toute évaluation de son œuvre ne peut contourner cette dimension et rendre hommage à ses comédies conjugales – avec Gloria Swanson, précisément –, qui contribuèrent à fonder quelques-uns des principes du genre dans les années vingt, avant même l'arrivée de Lubitsch, ni sa version de la conquête de l'Ouest, indifférente aux règles traditionnelles du western où l'ouverture d'un espace infini et sa mesure à l'aune de nouvelles valeurs dans *The Plainsman* (*Une aventure de Buffalo Bill,* 1936) comme dans *Union Pacific* (*Pacific-Express,* 1938), ne manquent pas de qualités épiques qui font quelque peu oublier le pompiérisme écrasant de ce grand directeur de foules.

Filmographie

1913 **The Squaw Man** avec Dustin Farnum.
The Virginian avec Dustin Farnum.
The Call of the North.
What's His Name ?
The Man from Home.
The Rose of the Rancho avec Bessis Barriscale.
The Girl of the Golden West avec Mary Pickford et Dustin Farnum.
1915 **The Warrens of Virginia** avec Mary Pickford.
The Unafraid avec House Peters et Marjorie Daw.
The Captive.
Wild Goose Chase.
The Arab.
Chimmie Fadden.
Kindling.
Maria Rosa *(Maria Rosa)* avec Geraldine Farrar et Wallace Reid.
The Cheat *(Forfaiture)* avec Fanny Ward et Sessue Hayakawa.
The Golden Chance avec Wallace Reid et Cleo Ridgely.
Carmen *(Carmen)* avec Geraldine Farrar et Wallace Reid.
Temptation *(Tentation)* avec Geraldine Farrar.

1916 **The Trail of the Lonesome Pine** *(la Piste du pin solitaire).*
The Heart of Nora Flynn *(le Cœur de Nora Flynn).*
The Dream Girl avec Mae Murray.
Joan the Woman *(Jeanne d'Arc)* avec Geraldine Farrar.
1917 **A Romance of Redwoods** avec Mary Pickford.
The Little American *(Mary la petite Américaine)* avec Mary Pickford.
The Woman God Forgot *(les Conquérants)* avec Geraldine Farrar.
The Devil-Stone *(le Talisman)* avec Geraldine Farrar et Wallace Reid.
The Whispering Chorus *(le Rachat suprême)* avec Elliott Dexter et Kathlyn Williams.
1918 **Old Wives for New** avec Florence Vidor.
We Can't Have Everything *(l'Illusion du bonheur)* avec Elliott Dexter et Kathlyn Williams.
Till I Come Back to You avec Florence Vidor.
The Squaw man *(Un cœur en exil)* avec Elliott Dexter et Katherine MacDonald.
Don't Change Your Husband *(Après la pluie, le beau temps)* avec Gloria Swanson et Elliott Dexter.
1919 **For Better, for Worse** avec Gloria Swanson.
Male and Female *(l'Admirable Crichton)* avec Gloria Swanson et Thomas Meighan.
Why Change Your Wife ? avec Gloria Swanson et Thomas Meighan.
1920 **Something to Think About** avec Gloria Swanson et Elliott Dexter.
The Forbidden Fruit avec Agnes Ayres et Forrest Stanley.
The Affairs of Anatol avec Wallace Reid et Gloria Swanson.
1921 **Fool's Paradise** *(le Paradis d'un fou)* avec Conrad Nagel.
Saturday Night *(le Détour)* avec Conrad Nagel.
1922 **Manslaughter** *(le Réquisitoire)* avec Leatrice Joy et Thomas Meighan.
Adam's Rib *(la Rançon d'un trône).*
1923 **The Ten Commandments** *(les Dix Commandements).*
1924 **Triumph** *(Triomphe)* avec Leatrice Joy.
Feet of Clay *(le Tourbillon des âmes)* avec Vera Reynolds.
The Golden Bed *(le Lit d'or)* avec Lilian Rich et Vera Reynolds.
1925 **The Road to Yesterday** *(l'Empreinte du passé).*
The Volga Boatman *(le Batelier de la Volga).*
1926 **The King of Kings** *(le Roi des rois)* avec H. B. Warner.
1928 **The Godless Girl** *(les Damnés du cœur).*
1929 **Dynamite** *(Dynamite)* scénario de Jeanie MacPherson. Photographie : Peverell Marley. Paramount.
Avec Charles Bickford, Kay Johnson, Conrad Nagel, Julia Faye, Joel MacCrea, Leslie Fenton.
1930 **Madame Satan** *(Madame Satan)* scénario de Jeanie MacPherson. Photographie : Harold Rosson. Musique et chansons : Clifford Grey, Herbert Stothart, Elsie Janis et Jack King. Paramount.
Avec Kay Johnson, Reginald Denny, Roland Young, Lilian Roth, Rina de Liguoro, Martha Sleeper.
1931 **The Squaw Man**
scénario de Lucien Hubbard et Lenore Coffee d'après le drame d'Edwin Milton Royle. Photographie : Harold Rosson. Musique : Herbert Stothart. Paramount.
Avec Warner Baxter, Lupe Velez, Charles Bickford, Eleanor Boardman, Roland Young, Julia Faye, Dickie Moore.
1932 **The Sign of the Cross** *(Sous le signe de la croix)*
scénario de Waldemar Young et Sydney Buchman d'après le drame de Wilson Barrett. Photographie : Karl Struss. Direction artistique : Mitchell Leisen. Musique : Rudolph Kopp.
Avec Fredric March, Claudette Colbert, Charles Laughton, Ian Keith, Elissa Landi, Harry Beresford, Arthur Hohl.
1933 **This Day and Age** *(la Loi du lynch)* scénario de Bartlett Cormack. Photographie : Peverell Marley.
Avec Charles Bickford, Judith Allen, Richard Cromwell, Eddie Nugent, Ben Alexander, Fuzzy Knight.
Four Frightened People
scénario de Bartlett Cormack et Lenore Coffee. Photographie : Karl Struss.
Avec Claudette Colbert, Herbert Marshall, Mary Boland, William Gargan, Leo Carrillo, Nella Walker.

1934 **Cleopatra** *(Cléopâtre)*
scénario de Bartlett Cormack, Waldemar Young et Vincent Lawrence. Photographie : Victor Milner. Direction artistique : Hans Dreier et Roland Anderson. Musique : Rudolph Kopp.
Avec Claudette Colbert, Warren William, Henry Wilcoxon, Gertrude Michael, Joseph Schildkraut, Ian Keith.

1935 **The Crusades** *(les Croisades)*
scénario de Harold Lamb, Dudley Nichols et Waldemar Young. Photographie : Victor Milner. Direction artistique : Hans Dreier et Roland Anderson. Musique : Rudolph Kopp.
Avec Loretta Young, Henry Wilcoxon, Ian Keith, Katherine DeMille, C. Aubrey Smith, Joseph Schildkraut, Alan Hale.

1936 **The Plainsman** *(Une aventure de Buffalo Bill)*
scénario de Harold Lamb, Waldemar Young, Lynn Riggs et Jeanie MacPherson. Photographie : Victor Milner. Direction artistique : Hans Dreier et Roland Anderson. Musique : George Antheil.
Avec Gary Cooper, Jean Arthur, James Ellison, Charles Bickford, Helen Burgess, Porter Hall, Victor Varconi.

1937 **The Buccaneer** *(les Flibustiers)*
scénario de Jeanie MacPherson, Edwin Justus Mayer, Harold Lamb et C. Gardner Sullivan. Photographie : Victor Milner. Direction artistique : Hans Dreier. Musique : George Antheil.
Avec Fredric March, Franziska Gaal, Akim Tamiroff, Margot Grahame, Walter Brennan, Beulah Bondi, Louis Campbell.

1938 **Union Pacific** *(Pacific-Express)*
scénario de Jack Cunningham, Walter De Leon, C. Gardner Sullivan et Jesse Lasky Jr. d'après un roman d'Ernest Haycox. Photographie : Victor Milner. Direction artistique : Hans Dreier. Musique : George Antheil.
Avec Barbara Stanwyck, Joel McCrea, Akim Tamiroff, Robert Preston, Lynne Overman, Brian Donlevy, Anthony Quinn.

1940 **Northwest Mounted Police** *(les Tuniques écarlates)*
scénario de Alan Le May et Jesse Lasky Jr. Photographie : Victor Milner (Technicolor). Direction artistique : Hans Dreier et Roland Anderson. Musique : Victor Young.
Avec Gary Cooper, Madeleine Carroll, Paulette Goddard, Preston Foster, Robert Preston, George Bancroft, Lynne Overman, Akim Tamiroff, Lon Chaney Jr.

1941 **Reap the Wild Wind** *(les Naufrageurs des mers du Sud)*
scénario de Thelma Strabel, Alan Le May, Charles Bennett et Jesse Lasky Jr. Photographie : Victor Milner (Technicolor). Direction artistique : Hans Dreier. Décors : Roland Anderson. Musique : Victor Young.
Avec Ray Milland, John Wayne, Paulette Goddard, Raymond Massey, Robert Preston, Susan Hayward, Lynne Overman, Charles Bickford.

1943 **The Story of Dr. Wassell** *(l'Odyssée du Dr Wassell)*
scénario de Charles Bennett et Alan Le May d'après les récits du Dr Corydon M. Wassell. Photographie : Victor Milner (Technicolor). Direction artistique : Hans Dreier. Décors : Roland Anderson. Musique : Victor Young.
Avec Gary Cooper, Laraine Day, Signe Hasso, Dennis O'Keefe, Carl Esmond, Paul Kelly, Carol Thurston, Elliot Reid.

1946 **Unconquered** *(les Conquérants d'un nouveau monde)*
scénario de Charles Bennett, Frederic M. Frank et Jesse Lasky Jr. d'après le roman de Neil H. Swanson. Photographie : Ray Rennahan (Technicolor). Direction artistique et décors : Hans Dreier, Walter Tyler, Sam Comer et Stanley Jay Sawley. Musique : Victor Young. Paramount (DeMille).
Avec Gary Cooper, Paulette Goddard, Howard Da Silva, Boris Karloff, Cecil Kellaway, Ward Bond, Katherine DeMille, Henry Wilcoxon, C. Aubrey Smith, Victor Varconi.

1949 **Samson and Delilah** *(Samson et Dalila)*
scénario de Harold Lamb, Vladimir Jabotynski, Jesse Lasky Jr. et Frederic M. Frank. Photographie : George Barnes et Dewey Wrigley (Technicolor). Décors : Sam Comer et Ray Moyer. Musique : Victor Young. Paramount (DeMille).

Avec Hedy Lamarr, Victor Mature, George Sanders, Angela Lansbury, Henry Wilcoxon, Olive Deering, Fay Holden, Julia Faye, Russ Tamblyn, William Farnum, Lane Chandler, Francis MacDonald, Victor Varconi.

1952 **The Greatest Show on Earth** *(Sous le plus grand chapiteau du monde)* scénario de Frederic M. Frank, Theodore Saint-John, Frank Cavett et Barre Lyndon. Photographie : George Barnes, Peverell Marley et Wallace Kelly. Décors : Sam Comer et Ray Moyer. Musique : Victor Young. Paramount (DeMille).
Avec Betty Hutton, Cornel Wilde, Charlton Heston, Dorothy Lamour, Gloria Grahame, James Stewart, Henry Wilcoxon, Emmett Kelly, Lyle Bettger, Lawrence Tierney, Julia Faye, Bob Hope, Bing Crosby.

1956 **The Ten Commandments** *(les Dix Commandements)* scénario de Frederic M. Frank, Jesse Lasky Jr., Jack Gariss et Aeneas MacKenzie. Photographie : Loyal Griggs, Paul Lerpae, Peverell Marley, John Warren et Wallace Kelly. Décors : Sam Comer et Ray Moyer. Musique : Elmer Bernstein. Paramount (DeMille).
Avec Charlton Heston, Yul Brynner, Anne Baxter, Edward G. Robinson, Yvonne De Carlo, Debra Paget, John Derek, Sir Cedric Hardwicke. Nina Foch, Martha Scott, Judith Anderson, Vincent Price, John Carradine, Olive Deering, Henry Wilcoxon, Eduard Franz, Douglass Dumbrille, Julia Faye, H. B. Warner.

William Dieterle

Brecht, qui avait l'amitié rare et l'éloge bref, disait des films de Dieterle : « chacun d'entre eux est un acte de courage[1] ». Il était bien placé pour savoir, après de nombreuses tentatives infructueuses, combien il pouvait être difficile, pour un émigré de fraîche date, de faire aboutir au bord du Pacifique un projet personnel nourri de références étrangères au sacro-saint principe de la « story » hollywoodienne. Et pourtant la formidable énergie de Dieterle, son autoritarisme hautain, son goût du bluff et de l'esbroufe surent, dans une carrière chaotique qui valut la Légion d'honneur... à Jack Warner pour *The Story of Louis Pasteur* (*la Vie de Louis Pasteur,* 1936), maîtriser les forces contraignantes d'un système de production qui n'autorisait que le succès. Mal aimé des historiens du cinéma, exclu du panthéon des auteurs quand la Nouvelle Vague en instaure le culte – il est rejeté parmi « les fausses réputations » dans « Situation du cinéma américain » (numéro spécial des *Cahiers du cinéma* de Noël, 1955) –, Dieterle apparaît comme une figure beaucoup trop complexe pour se voir assigner un rôle dans des classifications hâtives. Tout en lui intrigue : son rapport à la mise en scène qui passe du théâtre au cinéma, puis du cinéma au théâtre pour maintenir le sens de sa propre continuité ; sa passion du sens, de la densité des contenus fondée sur une relation constante à Goethe qu'il

1. *Retrospektive Dieterle,* Berlin, 1973.

Dieterle, photographié à Berlin par Lotte Jacobi, avant son départ pour Hollywood.

interprète, adapte, met en scène à tous les moments clés de sa vie, comme un rendez-vous avec lui-même que rien ne peut différer quand l'heure en est venue. Qu'il interprète Beaumarchais dans *Clavigo,* qu'il plante le décor de son Faust dans le Massachusetts rural du siècle dernier (*All that Money Can Buy – Tous les biens de la terre,* 1941) ou qu'il dirige celui de Goethe sur une scène de théâtre à la fin de sa vie, Dieterle semble marquer chacune de ces rencontres d'un signe particulier où se résume toute sa poétique : le pari sur la représentation, tel celui de Faust sur le mirage de la jeunesse, se nourrit de la plus cruelle des dépossessions : l'âme ravie ou l'identité perdue de l'émigré se réfugient dans les mouvements du voile, au lieu des plus extrêmes contradictions, comme chez Beaumarchais, trafiquant d'idées neuves vêtu des oripeaux de celles d'hier. Dieterle n'est pas plus aisément cernable que l'auteur du *Mariage de Figaro.* Ses contradictions sont constamment explosives. Comédien exigeant qui choisit ses rôles et ne supporte que des metteurs en scène dont la vision du monde peut se nourrir de la sienne – comme Max Reinhardt dont il est la vedette au Deutsches Theater de Berlin –, Dieterle semble se prendre au jeu de l'immense notoriété qui lui arrive avec ses premiers rôles au cinéma, tout particulièrement grâce au rôle romantique dans le film de Ewald André Dupont *Die Geier Wally* et à sa rencontre avec Asta Nielsen, qui ne voulait pas d'autre partenaire pour l'adaptation par Felix Basch de *Mademoiselle Julie,* de Strindberg. Monumental et beau comme Maïakovski, Dieterle incarne idéalement la virilité germanique dont les codes sont déjà figés, bien avant de justifier les crimes que l'on sait. Cette image pour laquelle il n'est pas sans complaisance, il n'hésite pourtant pas à la remettre en cause dans un premier film à la liberté singulière où débute Marlene Dietrich. *Der Menschen am Wege* (1923) est aujourd'hui d'une modernité troublante ; rompant avec les conventions narratives, la fiction cherche son rythme dans l'intime vibration de la ville et des êtres qui la peuplent sans toujours l'habiter. L'imaginaire urbain, au cœur de la thématique du jeune Brecht et des futuristes, réinvente une nouvelle nature et des rapports entre les hommes qui les font contemporains de leur métropole. Sa fascination pour l'Amérique est à la mesure de celle des intellectuels berlinois des années vingt, qui lient dans un même culte Taylor et Lénine. On imagine ce qu'a pu signifier l'arrivée d'un personnage aussi encombrant à Hollywood. Déjà sous contrat en Allemagne avec la filiale de Universal, Dieterle arrive en 1929 pour réaliser, avant que se généralise le principe du doublage, les versions allemandes des premiers films parlants de la Warner Bros., comme acteur d'abord, puis comme metteur en scène. Ses gants blancs et ses idées de gauche, auxquels il faut ajouter un terrible accent, qui n'a cependant rien à envier à celui de Michael Curtiz, n'empêchent pas les frères Warner de s'apercevoir qu'ils tiennent en sa personne un bourreau de travail dont la méticulosité ne laisse aucun détail au hasard. Les frères Warner, grâce à l'avance prise sur le terrain du parlant et aux formidables résultats financiers que leur assure l'exploitation du Vitaphone – le procédé mis au point par les laboratoires Bell, filiale de la Western Electric –, avec notamment le succès colossal d'Al Jolson dans *le Chanteur de jazz* (trois millions et demi de dollars de profit), peuvent se permettre de poursuivre la politique de prestige qui les a vus recruter successivement Ernst Lubitsch et Mihaly Kertesz. Travailler pour la Warner, cela veut dire réaliser quatre ou cinq films par an sans connaître un seul moment de répit. Certaines qualités athlétiques n'y sont donc pas superflues. Celles-ci séduisent davantage Jack Warner chez Dieterle que les films réalisés en Allemagne, dont le contenu ne pouvait qu'effrayer un studio hollywoodien, aussi libéral fût-il. Les Warner ne tardent pas à prendre la mesure du malentendu en visionnant le premier film de leur nouvelle star européenne. *The Last Flight* (1931) est en effet, à l'instar des films allemands du jeune metteur en scène, extrêmement désinvolte vis-à-vis des conventions narratives qui font à l'époque le succès des films d'aviation. Le film d'aventures qui commence par un spectaculaire combat aérien est en réalité une méditation très libre sur ce qui deviendra, quelques années plus tard, le thème de la génération perdue : la fascination morbide, pour une Europe où ils sont venus combattre et mourir, d'aviateurs trop profondément meurtris par la guerre pour pouvoir survivre à la paix. Ayant perdu tout rapport au sens, avec le sens de la vie, ils errent et boivent, des grands hôtels au Père-Lachaise où les attire le tombeau d'Abélard. Leur fuite en Espagne avec une milliardaire un peu loufoque les précipite vers la mort absurde que métaphorise le rituel de la corrida. Ce film vaut à Dieterle la durable interdiction de réaliser un sujet par trop personnel.

Se soumettant à la discipline du studio, il en illustre avec application tous les genres sans renoncer à sa note personnelle qui s'exprime avec un particulier bonheur quand il rencontre l'ironie souveraine de William Powell dans *Jewel Robbery* (1932) ou *Lawyer Man* (*l'Avocat,* 1933). Rien ne rebute le nouvel homme à tout faire de la Warner, ni la comédie sentimentale, ni le film noir, ni les scènes conventionnelles sur lesquelles Busby Berkeley construit ses numéros musicaux à grand spectacle (*Fashions of 1934 – Pirates de la mode,* 1934). Mais la personnalité de Dieterle est trop forte pour que sa soumission soit synonyme de renoncement. Il s'empresse d'exploiter la marge de manœuvre qui lui est laissée, comme en témoigne l'étonnante adaptation du roman de Dashiell Hammett, *The Maltese Falcon,* dont le titre traduit idéalement le propos : *Satan Met a Lady* (1936). Le film est d'un humour si constamment incisif qu'il semble verser parfois dans le « non-sens » pur et simple, l'intrigue n'étant que prétexte au jeu excentrique des acteurs, particulièrement de Warren William qui ironise les invraisemblables situations dans lesquelles son personnage se retrouve sans se départir d'un flegme tout carrollien. Bette Davis, dont les vertus de caractère n'étaient pas très bien partagées, faillit quitter le plateau, ne comprenant pas pourquoi cet Allemand, qui recevait chez lui des émigrés communistes et qui ne commençait un tournage que quand les configurations astrales étaient favorables, tenait absolument à donner une version dérisoire et grotesque d'un film où elle tenait le premier rôle.

Les libertés que prenait Dieterle ne l'empêchaient pas de chercher ailleurs une liberté véritable, que les sujets prévisibles et contraignants de la machine Warner ne lui permettaient pas d'approcher. Il lui fallut le soutien déterminé de Paul Muni pour convaincre Jack Warner d'engager la somme relativement modeste de 330 000 dollars pour réaliser *Enemy of Man,* « un film sur les microbes », comme disait Hal Wallis, son producteur, et qui devint *The Story of Louis Pasteur.* Dramatisant, avec les ressources du suspense et la tension d'une intrigue policière, une existence tout entière consacrée à la recherche, Dieterle sut toucher la sensibilité du public. Le succès du film fut immense tant parmi les critiques que dans le grand public, rapportant, outre trois oscars, plusieurs millions de dollars, permettant à Dieterle de se consacrer à des sujets lui tenant plus directement à cœur. L'affaire Dreyfus le passionne depuis longtemps. Le succès de *Pasteur* rend possible, avec la complicité de Muni, la réalisation de *The Life of Emile Zola* (*la Vie d'Émile Zola,* 1937), dont le thème principal est l'engagement de l'écrivain pour la défense du capitaine Dreyfus. Loin de toute exaltation romantique de l'engagement de l'écrivain, Zola est présenté comme un homme de lettres arrivé, attaché à ses habitudes et à son confort, pour qui la vérité est une exigence pratique, irréductible. Renforçant encore l'intériorisation de son jeu, Paul Muni inscrit dans son personnage le profond sillon d'une nécessité qui transcende les vanités de l'écrivain, les accommodements et les compromis qu'on voudrait lui voir accepter. La thèse de Dieterle est parfaitement explicite : Dreyfus est le bouc émissaire du haut État-Major de l'armée française qui n'en finit pas de digérer l'humiliation de la cinglante défaite de 1870 et qui cherche à nourrir les passions nationalistes frustrées par le fiasco du boulangisme et fortement avivées par les tensions européennes et les rivalités coloniales. *The Life of Emile Zola* est un des très rares films hollywoodiens à traiter de l'antisémitisme de manière aussi précise et directe. Le code Hays interdit en effet d'utiliser le terme « juif » plus de trois fois par film, et Dieterle doit avoir recours aux litotes et aux prétéritions pour soutenir son propos que les coupures imposées par la Warner, toujours pour les mêmes raisons, n'arrivent pas à défigurer. Heureusement pour Dieterle, la culture européenne des frères Warner était suffisamment limitée pour qu'ils ne prennent pas conscience de la nature explosive du sujet. La sortie du film vint leur rappeler les turbulences que savait créer Dieterle : des critiques enthousiastes et militantes, surtout à New York, trois oscars – pour le film, le scénario et l'interprétation de Schildkraut – et une interdiction à l'exploitation en France où le film est considéré comme « insultant pour l'Armée Française ». Il faut attendre le 9 janvier 1977 pour que le pays des droits de l'homme voie la diffusion de la version intégrale du film, grâce à Patrick Brion, dans le cadre du ciné-club de la troisième chaîne de télévision.

En préparant son *Zola,* Dieterle a énormément lu et pris conscience de l'importance du second Empire dans l'histoire moderne. Le règne de Napoléon III lui apparaît comme un formidable révélateur des contradictions et des nouveaux enjeux contemporains de la révolution industrielle. Un épisode, particulièrement, le fascine : l'aventure mexicaine, la tentative d'imposer, sous la transparente souveraineté d'un Habsbourg sans emploi, la fédération d'une nation pouvant faire pièce à la puissance montante des États-Unis sur le nouveau continent. Louis-Napoléon avait parfaitement compris qu'un jour le sort de l'Europe se jouerait en Amérique – un peu trop tôt sans doute. La pièce de Franz Werfel lui offre un argument intéressant en concentrant l'épisode Maximilien sur la confrontation avec le sentiment national mexicain incarné par Benito Pablo Juarez, mais Dieterle souhaite aller plus loin, en montant les deux histoires parallèles des ambitions antinomiques de Napoléon III, à travers son jouet autrichien, et de Juarez. Pari difficile sur le plan dramaturgique qui renforce l'intensité du film en démultipliant les points de vue tout en en décrivant la logique avec une grande précision analytique. *Juarez* (1939) est certainement le film le plus achevé de Dieterle, le plus conforme à sa volonté de penser l'Histoire par les sujets qui en furent les acteurs et qui portèrent dans leur destin le poids d'une nécessité qui dépassait le sens de leur singulière aventure. L'approfondissement d'un tel projet devait le conduire à Victor Hugo, le grand contempteur de Napoléon le Petit. Il envisage un moment d'en filmer la biographie, pour se consacrer en définitive à l'adaptation de *Notre-Dame de Paris.* La complexité du rôle de Quasimodo passionne Charles Laughton qui, comme Muni avec le personnage de Juarez, s'engage dans un processus d'identification qui le fait vivre avec maquillage et prothèses pendant toute la durée du tournage comme avec des signes qui lui collent étroitement à la peau. La puissance de l'interprétation et la somptuosité des décors de Van Nest Polglase écrasent quelque peu les qualités dramatiques du film qui apparaissent décalées par rapport à la force d'évocation de ce Moyen Age expressionniste où Grosz est plus présent que Fouquet.

Pour les Allemands de Hollywood, la guerre en Europe est un terrible déchirement. Ils voient affluer de nouveaux émigrés dont les récits sont chaque jour plus horrifiants, tandis que l'industrie cinématographique les tient en suspicion. Dieterle n'échappe pas à cette atmosphère délétère qui ne fera que devenir plus douteuse encore à la fin de la guerre, avec les enquêtes des commissions parlementaires sur l'influence communiste dans les milieux du cinéma. Les projets auxquels il tient le plus ont de grandes difficultés à aboutir, comme son Faust américain (*All that Money Can Buy*) qui donne à Bernard Herrmann l'occasion d'indiquer la voie d'une nouvelle dramaturgie musicale dont Hitchcock saura tirer parti quelques années plus tard, quand ils ne se heurtent pas à des difficultés insurmontables comme *Caesar's Last Days* que Brecht devait écrire à la suite des *Affaires de M. Jules César* auquel il travaillait dans sa villa de Santa Monica. Les départs précipités de Brecht et de nombreux cinéastes européens laissent Dieterle isolé, confronté à des sujets de commande, ou à des tournages d'occasion : il remplace King Vidor qui supportait mal David O. Selznick pour la réalisation des dernières scènes de *Duel in the Sun,* notamment la plus vidorienne d'entre elles, le fameux duel où Dieterle pastiche avec bonheur l'emphase du maître. Mais son œuvre repose sur d'autres exigences qu'il retrouve en Europe en renouant avec sa vocation théâtrale.

Filmographie

Cette filmographie commence avec les films réalisés par Dieterle en anglais, sans intégrer les versions allemandes supervisées en 1930 et 1931 pour William Beaudine *(Those Who Dance)*, Frank Lloyd *(The Way of All Men)*, John Francis Dillon *(Kismet)*, Michael Curtiz *(Moby Dick)* et Archie Mayo *(The Sacred Flame)*.

1931 **The Last Flight**
scénario de John Monk Saunders. Photographie : Sid Hickox. Direction artistique : Jack Okey. First National/Warner Bros. (Henry Blanke).
Avec Richard Barthelmess, John Mack Brown, Helen Chandler, David Manners, Eliott Nugent.

Her Majesty, Love
scénario de Robert Lord et Arthur Caesar. Photographie : Robert Kurrle. First National/Warner Bros. (Henry Blanke).
Avec Marilyn Miller, W.C. Fields, Ben Lyon, Ford Sterling, Leon Errol, Chester Conklin.

1932 **Man Wanted**
scénario de Charles Kenyon. Photographie : Gregg Toland. First National/Warner Bros. (Hal B. Wallis).
Avec Kay Francis, Kenneth Thomson, David Manners, Una Merkel, Andy Devine, Claire Dodd.

Jewel Robbery
scénario de Erwin Gelsey et Bertram Bloch. Photographie : Robert Kurrle. First National/Warner Bros. (Lucien Hubbard).
Avec William Powell, Kay Francis, Helen Vinson, Alan Mowbray, Hardie Albright, André Luguet.

Six Hours to Live *(Six Heures à vivre)*
scénario de Bradley King d'après Gordon Morris et Morton Barteaux. Photographie : John Seitz. Fox.
Avec Warner Baxter, Mirian Jordan, George Marion, John Boles, John Davidson, Halliwell Hobes.

The Crash
scénario de Earl Baldwin et Larry Barretto. Photographie : Ernest Haller. Warner Bros./First National (Ray Griffith).
Avec Ruth Chatterton, George Brent, Paul Cavanagh, Barbara Leonard, Henry Kolker, Lois Wilson.

Scarlet Drawn
scénario de Niven Busch et Erwin Gelsey. Photographie : Ernest Haller. Warner Bros./First National.
Avec Douglas Fairbanks Jr., Nancy Carroll, Sheila Terry, Lilyan Tashman, Earle Fox.

Lawyer Man *(l'Avocat)*
scénario de Rian James et James Seymour d'après Max Trell. Photographie : Robert Kurrle. Warner Bros./First National (Hal B. Wallis).
Avec William Powell, Joan Blondell, Helen Vinson, Claire Dodd, Sheila Terry, Jack La Rue.

1933 **Grand Slam**
scénario de Erwin Gelsey et David Boehm. Photographie : Sid Hickox. Warner Bros./First National (Hal B. Wallis).
Avec Paul Lukas, Loretta Young, Frank McHugh, Ferdinand Gottschalk, Glenda Farrell, Helene Vinson.

Adorable
scénario de George Marion Jr. et Jane Storm d'après Paul Frank et Billy Wilder. Photographie : John Seitz. Musique : Werner Richard Heymann. Fox.
Avec Janet Gaynor, Henry Garat, C. Aubrey Smith, Herbert Mundin, Blanche Frederici.

The Devil's Love
scénario de Howard Eastabrook d'après la nouvelle de Harri Hervey. Photographie : Hal Mohr. Fox.
Avec Loretta Young, David Manners, Victor Jory, Vivienne Osborne, C. Henry Gordon.

Female *(Femmes)*
commencé par Michael Curtiz et terminé par Dieterle. Scénario de Gene Markey et Kathryn Scola. Photographie : Sid Hickox. Warner Bros. /First National.
Avec Ruth Chatterton, George Brent, Philip Faversham, Ruth Donnelly, Laura Hope Crews, Gavin Gordon.

From Headquarters
scénario de Robert Lee et Peter Milne. Photographie : William Reese. Direction artistique : Anton Grot. Warner Bros. (Samuel Bischoff).
Avec George Brent, Margaret Lindsay, Eugene Pallette, Hugh Herbert,

Kay Francis dans Another Dawn (la Tornade), *Dieterle, 1937.*

1933 Dorothy Burgess, Theodore Newton.

1934 **Fashions of 1934** *(Pirates de la mode)*
coréalisé par Busby Berkeley pour les numéros musicaux. Scénario de F. Hugh Herbert, Carl Erickson, Kathryn Scola et Gene Markey. Photographie : William Reese. Warner Bros. (Henry Blanke).
Avec William Powell, Bette Davis, Frank McHugh, Hugh Herbert, Phillip Reed, Reginald Owen.
Madame du Barry *(Madame du Barry)*
scénario de Edward Chodorov. Photographie : Sol Polito. Musique : Leo Forbstein. Warner Bros. (Henry Blanke).
Avec Dolores Del Rio, Reginald Owen, Victor Jory, Osgood Perkins, Verree Teasdale.
Fog over Frisco
scénario de Robert Lee et Eugene Solow. Photographie : Tony Gaudio. Musique : Leo Forbstein. Warner Bros. (Henry Blanke).
Avec Donald Woods, Lyle Talbot, Bette Davis, Margaret Lindsay, Hugh Herbert, Henry O'Neill.
The Firebird *(l'Oiseau de feu)*
scénario de Charles Kenyon. Photographie : Ernest Haller. Warner Bros. (Gilbert Miller).
Avec Verree Teasdale, Ricardo Cortez, Lionel Atwill, Anita Louise, C. Aubrey Smith.

1935 **The Secret Bride** *(Mariage secret)*
scénario de Tom Buckingham et F. Hugh Herbert. Photographie : Ernest Haller. Warner Bros. (Gilbert Miller).
Avec Warren William, Barbara Stanwyck, Glenda Farrell, Grant Mitchell, Arthur Byron, Henry O'Neill.
A Midsummer Night's Dream *(le Songe d'une nuit d'été)* coréalisé par Max Reinhardt.
Dr. Socrates *(Docteur Socrate)*
scénario de Robert Lord. Photographie : Tony Gaudio. Warner Bros.
Avec Paul Muni, Barton MacLane, Raymond Brown, Ralph Remley, Ann Dvorak, Hal K. Dawson.

1936 **The Story of Louis Pasteur** *(la Vie de Louis Pasteur)*
scénario de Sheridan Gibney et Pierre Collings. Photographie : Tony Gaudio. Direction artistique : Robert Haas. Musique : Leo Forbstein. Warner Bros. (Hal B. Wallis et Henry Blanke).
Avec Paul Muni, Josephine Hutchinson, Anita Louise, Donald Woods, Fritz Leiber, Henry O'Neill, Porter Hall.
White Angel *(l'Ange blanc)*
scénario de Mordaunt Shairp et Michel Jacoby. Photographie : Tony Gaudio. Warner Bros. (Henry Blanke et Hal B. Wallis).
Avec Kay Francis, Ian Hunter, Donald Woods, Nigel Bruce, Donald Crisp, Henry O'Neill.
Satan Met a Lady
scénario de Brown Holmes d'après *The Maltese Falcon* de Dashiell Hammett. Photographie : Arthur Edeson. Warner Bros. (Henry Blanke).
Avec Warren William, Bette Davis, Marie Wilson, Porter Hall, Winifred Shaw, Alison Skipworth.

1937 **The Great O'Malley** *(Septième District)*
scénario de Milton Krims et Tom Reed d'après *The Making of O'Malley* de Gerard F. Beaumont. Photographie : Ernest Haller. Musique : Heinz Roemheld. Warner Bros. (Harry Joe Brown).
Avec Pat O'Brien, Sybil Jason, Humphrey Bogart, Ann Sheridan, Frieda Inescort, Donald Crisp.
Another Dawn *(la Tornade)*
scénario de Laird Doyle. Photographie : Tony Gaudio. Musique : Erich Wolfgang Korngold. Warner Bros. (Hal B. Wallis et Harry Joe Brown).
Avec Kay Francis, Errol Flynn, Ian Hunter, Frieda Inescort, Herbert Mundin, Billy Bevan.
The Life of Emile Zola *(la Vie d'Émile Zola)*
scénario de Norman Reilly Raine, Heinz Herald, Geza Herczeg et André Detoh. Photographie : Tony Gaudio. Musique : Max Steiner. Warner Bros. (Hal B. Wallis et Henry Blanke).
Avec Paul Muni, Gloria Holden, Joseph Schildkraut, Gale Sondergaard, Dickie Moore, Rolla Gourvitch, Donald Crisp, Grant Mitchell.

1938 **Blockade** *(Blocus)*
scénario de John Lawson. Photographie : Rudolph Maté. Musique :

Werner Janssen. United Artists (Walter Wanger).
Avec Henry Fonda, Madeleine Carroll, Leo Carrillo, John Halliday, Vladimir Sokoloff, Reginald Denny.

1939 **Juarez**
scénario de John Huston, Wolfgang Reinhardt, Aeneas MacKenzie et Abem Finkel d'après la pièce de Franz Werfel *Juarez und Maximilian* et le roman de Bertita Harding *The Phantom Crown.* Photographie : Tony Gaudio. Musique : Erich Wolfgang Korngold. Warner Bros. (Hal B. Wallis et Henry Blanke).
Avec Paul Muni, Bette Davis, Brian Aherne, Claude Rains, John Garfield, Donald Crisp, Gale Sondergaard, Joseph Calleia.

The Hunchback of Notre-Dame *(Quasimodo)*
scénario de Sonja Levien d'après le roman de Victor Hugo *Notre-Dame de Paris,* adapté par Bruno Frank. Musique : Alfred Newman. Direction artistique : Van Nest Polglase et Darrell Silvera. RKO (Pandro S. Berman).
Avec Charles Laughton, Maureen O'Hara, Sir Cedric Hardwicke, Thomas Mitchell, Edmond O'Brien, Alan Marshall.

1940 **The Story of Dr. Ehrlich's Magic Bullet**
scénario de John Huston, Norman Burnside et Heinz Herald. Photographie : James Wong Howe. Musique : Max Steiner. Warner Bros. (Hal B. Wallis et Wolfgang Reinhardt).
Avec Edward G. Robinson, Ruth Gordon, Albert Bassermann, Otto Kruger, Donald Crisp, Maria Ouspenskaya, Montagu Love.

A Dispatch from Reuters *(Une dépêche Reuter)*
scénario de Milton Krims. Photographie : James Wong Howe. Musique : Max Steiner. Warner Bros. (Hal B. Wallis et Henry Blanke).
Avec Edward G. Robinson, Edna Best, Eddie Albert, Albert Bassermann, Gen Lockhaft, Otto Kruger, Nigel Bruce.

1941 **All That Money Can Buy** *(Tous les biens de la terre)*
scénario de Dan Totheroh, Vernon Walker, Hughes McDowell, Vincent Benet et William Dieterle. Photographie : Joseph H. August. Direction artistique : Van Nest Polglase et Darrell Silvera. Musique : Bernard Herrmann. RKO (William Dieterle).
Avec Edward Arnold, Walter Huston, Jane Darwell, Simone Simon, Gene Lockhart, John Qualen, H. B. Warner.

1942 **Syncopation**
scénario de Philip Yordan, Frank Cavett et William Dieterle. Photographie : J. Roy Hunt et Vernon L. Walker. RKO (William Dieterle).
Avec Bonita Granville, Jackie Cooper, Adolphe Menjou, George Bancroft, Connie Boswell, Todd Duncan, Ted North.

Tennessee Johnson
scénario de John L. Balderston et Wells Root. Photographie : Harold Rosson. Musique : Herbert Stothart. Direction artistique : Cedric Gibbons. MGM (J. Walter Ruben).
Avec Van Heflin, Ruth Hussey, Lionel Barrymore, Marjorie Main, Regis Toomey, Grant Withers, Noah Beery, Lloyd Corrigan.

1944 **Kismet** *(Kismet)*
scénario de John Lee Meehan. Photographie : Charles Rosher (Technicolor). Musique : Herbert Stothart. Direction artistique : Cedric Gibbons. MGM (Everett Riskin).
Avec Ronald Colman, Marlene Dietrich, James Graig, Edward Arnold, Hugh Herbert, Joy Ann Page, Florence Bates.

I'll Be Seeing You *(Étranges Vacances)*
coréalisé par George Cukor. Scénario de Mario Parsonnet. Photographie : Tony Gaudio. Musique : Daniele Amfitheatrof. Direction artistique : Mark Lee Kirk. United Artists (Selznick International/Dore Schary).
Avec Ginger Rogers, Joseph Cotten, Shirley Temple, Spring Byington, Tom Tully.

1945 **This Love of Ours** *(Notre cher amour)* avec Merle Oberon et Charles Korvin.

1946 **The Searching Wind** *(Un fils accuse)* avec Robert Young et Sylvia Sydney.

1947-1949 **Portrait of Jennie** *(le Portrait de Jennie)* avec Jennifer Jones et Joseph Cotten.

1948 **Paid in Full** *(la Rue de traverse)* avec Robert Cummings et Lizabeth Scott.

1948 **The Accused** *(Mirages de la peur)* avec Loretta Young et Robert Cummings.
1949 **Rope of Sand** *(la Corde de sable)* avec Burt Lancaster.
Vulcano *(Vulcano)* avec Anna Magnani et Rossano Brazzi.
September Affair *(les Amants de Capri)* avec Joan Fontaine et Joseph Cotten.
1950 **Dark City** *(la Main qui venge)* avec Charlton Heston et Lizabeth Scott.
Red Mountain *(Montagne rouge)* avec Alan Ladd et Lizabeth Scott.
1951 **Peking Express** *(Pékin-Express)* avec Joseph Cotten et Corinne Calvet.
Boots Malone *(Vocation secrète)* avec William Holden.
The Turning Point *(le Cran d'arrêt)* avec Edmond O'Brein et William Holden.
1952 **Salome** *(Salomé)* avec Rita Hayworth et Stewart Granger.
1953 **Elephant Walk** *(la Piste des éléphants)* avec Elizabeth Taylor et Dana Andrews.
1954 **Magic Fire** *(Feu magique)* avec Alan Badel et Yvonne De Carlo.
1956 **The Loves of Omar Khayyam** *(les Amours d'Omar Khayyam)* avec Cornel Wilde, Michael Rennie et Debra Paget.
1958 Retour en Allemagne.

Allan Dwan

Dire d'Allan Dwan qu'il a su tout faire et que son travail exalte la continuité de Hollywood plutôt que celle d'un genre, d'un style ou d'un projet, ne peut rendre que très incomplètement compte de cette œuvre disparate où se côtoient les genres mineurs et des films inspirés qui ont contribué à fonder le récit épique hollywoodien. A y regarder de plus près, la filmographie de Dwan laisse deviner, derrière une prodigieuse activité, d'incessantes ruptures qui la font discontinue, chaotique et souvent remise en question. Démission forcée de l'American Film qui lui donne la possibilité de quitter les petits westerns pour des sujets plus ambitieux – comme l'adaptation de la pièce de Maeterlinck, *Pélleas et Mélisande* (1913) – et de réaliser son premier long métrage, *Richelieu* (1913), six bobines avec Lon Chaney, produit par Universal, avant un bref passage à la Famous Players en 1914 qui précède l'aventure décisive avec l'équipe des fondateurs de la Triangle Pictures Corporation : Harry E. Aitken, Adam et Charles Kessel qui ont su s'entourer entre autres de Mack Sennett et de David Wark Griffith. La faillite de la Triangle après l'échec d'*Intolérance* en 1918 le conduit à nouveau à rechercher d'autres producteurs dans une quête incessante qui ne se satisfait pas du confort des grandes compagnies et ne s'arrête, après cinq années passées à la Fox, qu'avec la rencontre en 1954 de Benedict Bogeaus, producteur indépendant avec lequel Dwan arrive à réaliser, pour des budgets qui dépassent rarement les 300 000 dollars, des films où sa maîtrise donne sa pleine mesure.

La faiblesse d'Allan Dwan fut son génie : ne jamais pouvoir s'arrêter, ne pas supporter un mois d'inactivité et toujours préférer travailler sur un scénario douteux avec des acteurs médiocres dans des décors d'occasion plutôt que d'attendre une offre qui pouvait aussi bien ne pas venir. Cela avec un sens aigu de sa liberté qui lui fait ne jamais confondre humilité et soumission. Malgré des difficultés toujours renouvelées et toujours surmontées, malgré des conditions de travail très inégales, l'œuvre de Dwan trouve sa cohérence, au-delà des thèmes et des situations de convention qui lui sont imposés, dans un plaisir du récit qui appartient pleinement à cette dimension fondatrice de l'écriture cinématographique qui le rapproche de Ford et de Leo McCarey, qu'il admirait tant, ou de Raoul Walsh qui fut son ami pendant cinquante ans.

Avec Griffith à la Triangle, il découvre tout le champ de l'expression cinématographique, rompant avec les plans d'ensemble trop statiques pour suivre le rythme soutenu des westerns tournés en un ou deux jours dans des décors naturels, n'hésitant pas à introduire des gros plans pour intensifier certains moments de l'action, généralisant par là des modalités de focalisation narrative devenues depuis les passages obligés de tels récits. Le plaisir de tourner et de conter atteint son plus haut degré avec Douglas Fairbanks, dont Dwan devient le metteur en scène attitré après avoir réalisé son premier film, *The Half-Breed* (1916). L'extraordinaire mobilité de Fairbanks, sa souplesse, son élégance physique doivent, pour être mises en valeur, reposer sur une écriture qui en appelle les possibilités, qui crée des situations dont l'acteur ne peut se sortir qu'avec les ressources exceptionnelles qui sont les siennes. Dwan ne cesse d'inventer des lieux, des enchaînements, des quiproquos, des ellipses dont la fonction principale est de révéler la plasticité de son acteur et qui font de *Robin Hood* (1922) et de *The Iron Mask* (1929) de singuliers chefs-d'œuvre graphiques et chorégraphiques. Le scénario est tout entier fonction du rythme de l'acteur, du mouvement particulier qu'il imprime à chaque situation, conduisant celles-ci, au-delà de toutes les invraisemblances, dans une pure logique de plaisir. Avec Douglas Fairbanks, Dwan a compris que le plus clair dessein de mise en scène n'avait de sens que dans la soumission à la couleur propre de chaque acteur qui ne peut mobiliser toutes ses nuances que si elle reste fidèle à elle-même. Son humilité est grande quand il parle des acteurs, de tous les acteurs, car, le plus souvent, ceux-ci étaient loin d'être de premier plan. Il sait trouver la couleur juste dans les palettes les plus pauvres, sans paraître souffrir du contraste entre le jeu luxuriant de Fairbanks et celui, parfaitement atone, de Vera Ralston – imposée par son mari, le producteur Herbert J. Yates –, sans parler de l'insupportable Shirley Temple qui, comme le dit Dwan, a le seul mérite dans ses films de chanter un peu moins qu'ailleurs. Cet amour pour les acteurs les fait passer avant sa propre carrière, contribuant à faire de Fairbanks une immense star sans que lui-même cesse d'être considéré comme un modeste artisan, donnant à Gloria Swanson autant d'éléments pour nourrir son mythe que Cecil B. DeMille avait pu lui en offrir, en comprenant plus intimement les ambiguïtés du personnage. *What a Widow* (1930), où Gloria Swanson rencontre William Holden, vingt ans avant *Sunset Boulevard* (Wilder, 1950) qui reprendra les termes de l'équation formulée par Dwan pour y inscrire le dépérissement du grand Hollywood, est, par excellence, le film qui fait de chaque mouvement de paupière et du moindre tressaillement de peau un événement qui peut changer le cours de l'action. La star y acquiert ses caractères essentiels de planète brutalement rapprochée par l'irrésistible point de vue de la caméra.

Sa passion pour l'acteur conduit Dwan, alors qu'il va, comme chaque année, prendre les eaux à Carlsbad, à accepter sur le chemin du retour, en Angleterre, de réaliser un film dont le scénario l'intéresse par le personnage principal plus que par l'originalité de l'intrigue. *Her First Affair* (1933) conte en effet les premiers émois amoureux d'une très jeune fille. Depuis l'Agnès de Molière, l'ingénue est un personnage dévastateur. Dans cette tradition Dwan recherche la comédienne du rôle, mais les actrices qu'il rencontre n'ont à proposer que leur métier et leur expérience, jusqu'à ce que l'une d'entre elles se présente accompagnée de sa fille qui, à quatorze ans, a exactement l'âge du rôle et dont le regard intense semble prêt à relever tous les défis. Ida Lupino vient de naître au cinéma. Elle sera, dans les années cinquante, l'une des plus fortes présences d'actrice incarnant les contradictions de l'époque, avant de surmonter tous les obstacles pour se consacrer à la mise en scène.

De retour aux États-Unis, Dwan passe sous contrat avec la 20th Century-Fox où il réalise dix-huit films en cinq ans. La nouvelle compagnie, née du rapprochement de la Fox et de la Twentieth-Century, permet à Darryl F. Zanuck de donner toute sa mesure. Celui-ci sait qu'une grande compagnie a besoin de réussir des opérations de prestige en misant sur les vedettes du studio, tout en maintenant une activité régulière permettant à celui-ci d'être toujours présent en entretenant les meilleures équipes. Pour Zanuck, Dwan est la continuité et l'expérience, la condition qui lui permet de prendre de gros risques – toujours avec d'autres – en se réservant cette porte de sortie. Avec

La plasticité de l'acteur : Douglas Fairbanks dans The Iron Mask, *Dwan, 1929.*

l'infatigable Claire Trevor, tour à tour danseuse, journaliste, aventurière, Dwan devient le prototype du réalisateur de films de série B., au point de ne plus pouvoir se défaire de cette image, bien après avoir quitté la Fox.

Allan Dwan aime trop mettre en scène pour se détourner d'un cinéma aux arguments si minces qu'il se demande parfois s'il a vraiment eu un scénariste sur certains de ses films, sans parler des frères Ritz dont il est le faire-valoir pour *The Gorilla* (*le Gorille,* 1939) après avoir été celui de Shirley Temple. Sa constance lui permet de réaliser une des premières adaptations de la mythique biographie de Wyatt Earp, où Randolph Scott contribue, par l'intériorité de son jeu, à faire du personnage un des archétypes du héros westernien (*The Frontier Marshal,* 1939). John Ford et Jacques Tourneur donnèrent ensuite avec *My Darling Clementine* (1945) et *Wichita* (1955) les somptueuses versions que l'on sait, la dernière en date, *Règlement de comptes à O.K. Corral* (J. Sturges, 1956), étant, malgré Burt Lancaster, sensiblement moins intéressante.

Condamné à réaliser des films à petits budgets, Dwan a rarement le choix de ses interprètes et doit, à Republic comme à la RKO, subir les starlettes qu'on lui impose dont le pire n'est pas qu'elles soient détestables sur le tournage mais qu'elles arrivent à le paraître un peu moins à l'écran. Grâce à lui Vera Ralston peut se prendre pendant quelques films pour une artiste dramatique et Jane Russell, la protégée de Howard Hughes, faire oublier, par son jeu franc et massif dans *Montana Belle* (1952), les afféteries d'un John Wayne ou d'un Randolph Scott. Benedict Bogeaus était, lui, un véritable producteur, qui n'avait pas d'argent mais qui savait en trouver et surtout monter des films, en récupérant un décor à droite, des costumes à gauche, qui ne coûtaient presque rien. Ainsi Dwan peut-il aborder dans sa maturité les sujets qui lui tiennent le plus à cœur en choisissant des acteurs qui, sans être au premier rang du box-office – comme John Payne –, sont en intimité avec son propre univers et peuvent assumer des « rôles un peu méditatifs », comme il les désigne dans l'entretien réalisé par Simon Mizrahi en août 1964[1]. *Cattle Queen of Montana* (1954) est l'une de ses plus belles méditations, le contraire et la revanche de *Montana Belle.* Loin du stéréotype puissamment sexualisé incarné par Jane Russell, Barbara Stanwyck trace contre toutes les adversités la ligne pure de son destin, offrant au passage à Ronald Reagan un second rôle exceptionnel dans sa filmographie plus terne que sa carrière politique.

1. *Présence du cinéma,* nº 22-23, automne 1966, p. 23.

Filmographie

L'œuvre d'Allan Dwan est une des plus fécondes de l'histoire du cinéma hollywoodien. La filmographie établie par Pierre Guinle dans la revue *Présence du cinéma* (nos 22-23, automne 1966), la plus complète à ce jour, estime à quatre cents films de une ou deux bobines le travail réalisé par le metteur en scène entre 1909 et 1913 et donne les titres de deux cent dix-neuf d'entre eux réalisés entre 1911 et 1913 seulement. On se référera à cette entreprise érudite pour prendre la mesure du travail accompli dont la connaissance reste plutôt théorique, la plupart de ces films ayant été perdus.
Entre 1913 et 1929, le rythme de Dwan est toujours aussi soutenu puisqu'il réalise près de cent trente films dont plus de la moitié de cinq, six, sept ou huit bobines. L'ensemble de ces films est répertorié dans la filmographie de Pierre Guinle citée plus haut, qui comprend également les films supervisés ou produits par Dwan avec d'autres metteurs en scène.

1929 **Tide of Empire** *(la Naissance d'un empire)*
scénario de Waldemar Young d'après le roman de Peter B. Kyne. Photographie : Merritt B. Gerstad. MGM.
Avec Renée Adorée, George Duryea, William Collier Jr., George Fawcett, Fred Kolher.

The Iron Mask
scénario de Elton Thomas (pseudonyme de Fairbanks) d'après Alexandre Dumas. Photographie : Henry Sharp. Direction artistique : William Cameron Menzies. Elton Corporation.
Avec Douglas Fairbanks, Marguerite de la Motte, Leon Barry, Belle Bennett, Dorothy Revier, Rolfe Sedan.

The Far Call
scénario de Seton I. Miller et Walter Woods d'après le roman de Edwin Marshall. Photographie : Hal Rosson. Fox.
Avec Charles Morton, Leila Hyams, Ulrich Haupt, Dan Wolheim.

Frozen Justice
scénario de Sonya Levien d'après une histoire de Ejnar Mikkelsen. Photographie : Harold Rosson. Fox.
Avec Leonore Ulric, Robert Frazer, Louis Wolheim, Ulrich Haupt.

South Sea Rose
scénario de Sonya Levien d'après la pièce de Tom Cushing. Photographie : Harold Rosson. Fox.
Avec Leonore Ulric, Charles Bickford, Kenneth McKenna, J. Farrell MacDonald.

1930 **What a Widow** *(Quelle veuve !)*
scénario de Josephine Lovett. Photographie : George Barnes. Gloria Prod. Inc. (Allan Dwan).
Avec Gloria Swanson, Owen Moore, Lew Cody, Margaret Livingstone, William Holden.

Man to Man
scénario de Joseph Jackson. Photographie : Ira Morgan. First National.
Avec Phillips Holmes, Grant Mitchell, Lucile Powers, Barbara Weeks.

1931 **Chances**
scénario de Waldemar Young. Photographie : Ernest Haller. Direction artistique : Esdras Hartley. First National.
Avec Douglas Fairbanks Jr., Rose Hobart, Anthony Bushell, Mary Forbes, Florence Britton.

Wicked
scénario de Kenyon Nicholson et Kathryn Scola d'après une histoire de Adèle Rogers St John. Photographie : J. Peverell Marley. Fox (John W. Considine Jr.).
Avec Elissa Landi, Victor McLaglen, Theodore von Eltz, Una Merkel, Oscar Apfel.

1932 **While Paris Sleeps**
scénario de Basil Woon. Photographie : Glen McWilliams. Fox.
Avec Victor McLaglen, Helen Mack, William Bakewell, Jack La Rue, Rita LeRoy.

1933 **Her First Affair**
scénario de Brock Williams et Dion Titheradge. Photographie : Geoffrey Faithful. (Grande-Bretagne.)
Avec Ida Lupino, Arnold Riches, George Curzon, Diana Napier, Harry Tate.

I Spy
scénario de Fred Thompson. Musique : Sidney Barnes. Wardour Films.
Avec Sally Eilers, Ben Lyon, H. F. Maltby, Harry Tate.

1933 **Counsel's Opinion**
d'après une pièce de Gilbert Wakefield. Paramount/London Films (Grande-Bretagne).
Avec Henry Kendal, Binnie Barnes, Cyril Maude, Lawrence Grosmith, Francis Lister.

1934 **The Morning After**
scénario de Fred Thompson. Majestic Films (Grande-Bretagne).
Avec Sally Eilers, Ben Lyon, Harry Tate, H. F. Maltby.

1935 **Black Sheep**
scénario de Allen Rivkin. Photographie : Arthur A. Miller. Direction artistique : Duncan Cramer. Musique : Oscar Levant. Fox (Sol M. Wurtzel).
Avec Edmund Lowe, Claire Trevor, Adrienne Ames, Tom Brown, Herbert Mundin, Eugene Pallette.

Navy Wife
scénario de Sonya Levien d'après le roman de Kathleen Norris, *Beauty's Daughter.* Photographie : John Seitz et Rudolph Maté. Direction artistique : Duncan Cramer. Fox (Sol M. Wurtzel).
Avec Claire Trevor, Ralph Bellamy, Jane Darwell, Warren Hymer, Ben Lyon, Kathleen Burke.

1936 **The Song and Dance Man**
scénario de Maud Fulton d'après la pièce de George M. Cohan. Photographie : Barney McGill. Fox (Sol M. Wurtzel).
Avec Claire Trevor, Paul Kelly, Michael Whalen, Ruth Donnelly, James Burke, Helen Troy.

Human Cargo
scénario de Jefferson Parker et Doris Malloy d'après le roman de Kathleen Shepard, *I Will Be Faithful.* Photographie : Daniel B. Clark. Direction artistique : Duncan Cramer. Fox (Sol M. Wurtzel).
Avec Claire Trevor, Brian Donlevy, Alan Dinehart, Ralph Morgan, Helen Troy, Rita Hayworth.

High Tension
scénario de Louis Breslow, Edward Eliscu et John Patrick. Photographie : Barney McGill. Direction artistique : Duncan Cramer. Fox (Sol M. Wurtzel).
Avec Brian Donlevy, Glenda Farrell, Norman Foster, Helen Wood, Robert McWade.

15 Maiden Lane
scénario de Lou Breslow et David Silverstein. Photographie : John Seitz. Direction artistique : Duncan Cramer. Fox (Sol M. Wurtzel).
Avec Claire Trevor, Cesar Romero, Douglas Fowley, Lloyd Nolan.

1937 **Woman Wise**
scénario de Ben Markson. Photographie : Robert Planck. Direction artistique : Lewis Creber. Fox (Sol M. Wurtzel).
Avec Rochelle Hudson, Michael Whalen, Thomas Beck, Alan Dinehart, Douglas Fowley.

That I May Live
scénario de Ben Markson et William Conselman. Photographie : Robert Planck. Direction artistique : Lewis Creber. Fox (Sol M. Wurtzel).
Avec Rochelle Hudson, Robert Kent, J. Edward Bromberg, Jack La Rue, Frank Conroy.

One Mile from Heaven
scénario de Lou Breslow et John Patrick. Photographie : Sidney Wagner. Direction artistique : Bernard Herzbrun. Fox (Sol M. Wurtzel).
Avec Claire Trevor, Sally Blane, Douglas Fowley, Fredi Washington, Joan Carol.

Heidi *(Heidi)*
scénario de Walter Ferris et Julien Josephson d'après le roman de Johanna Spyri. Photographie : Arthur Miller. Direction artistique : Hans Peter. Fox (Darryl F. Zanuck et Raymond Griffith).
Avec Shirley Temple, Jean Hersholt, Marcia Mae Jones, Sidney Blackmer, Arthur Treatcher.

1938 **Rebecca of Sunnybrook Farm** *(Mam'zelle Vedette)*
scénario de Karl Tunberg et Don Ettlinger d'après le livre de Kate Douglas Wiggi. Photographie : Arthur Miller. Direction artistique : Bernard Herzbrun et Hans Peters. Fox (Darryl F. Zanuck et Raymond Griffith).
Avec Shirley Temple, Gloria Stuart, Randolph Scott, Jack Haley, Phyllis Brooks, Helen Westley.

Josette *(Josette et Compagnie)*
scénario de James Edward Grant. Photographie : Harry Mescal. Direction artistique : Bernard Herzbrun. Fox (Darryl F. Zanuck et Gene Markey).
Avec Simone Simon, Don Ameche, Robert Young, Bert Lahr, Joan Davis, Paul Hurst.

Suez *(Suez)*
scénario de Philip Dunne et Julien Josephson d'après une histoire

de Sam Duncan. Photographie : J. Peverell Marley. Direction artistique : Bernard Herzbrun et Rudolf Sternad. Fox (Darryl F. Zanuck et Gene Markey).
Avec Tyrone Power, Loretta Young, Annabella, J. Edward Bromberg, Joseph Schildkraut, Henry Stephenson, Sidney Blackmer.

1939 **The Three Musketeers** *(les Trois Louf'quetaires)*
scénario de M. M. Musselman, William A. Drake et Sam Hellman d'après Alexandre Dumas. Photographie : J. Peverell Marley. Direction artistique : Bernard Herzbrun et David Hall. Musique et chansons : Samuel Pokrass et Walter Bullock. Fox (Darryl F. Zanuck et Raymond Griffith).
Avec Jimmy Ritz, Harry Ritz, Hal Ritz.

The Gorilla *(le Gorille)*
scénario de Rian James et Sid Silvers d'après la pièce de Ralph Spence. Photographie : Edward Cronjager. Direction artistique : Richard Day et Lewis Creber. Musique : David Buttolph.
Avec Jimmy Ritz, Harry Ritz, Hal Ritz, Anita Louise, Patsy Kelly, Lionel Atwill.

The Frontier Marshal
scénario de Sam Hellman d'après le livre de Stuart N. Lake, *Wyatt Earp, Frontier Marshal.* Photographie : Charles G. Clarke. Direction artistique : Richard Day et Lewis Creber. Fox (Sol M. Wurtzel).
Avec Randolph Scott, Nancy Kelly, Cesar Romero, Binnie Barnes, John Carradine, Ward Bond, Edward Norris.

1940 **Sailor's Lady**
scénario de Frederick Hazlitt Brennan. Photographie : Ernest Palmer. Fox (Sol M. Wurtzel).
Avec Nancy Kelly, John Hall, Joan Davis, Dana Andrews, Mary Nash, Larry « Buster » Crabbe.

Young People
scénario de Edwin Blum et Don Ettlinger. Photographie : Edward Cronjager. Direction artistique : Richard Day et Rudolph Sternad. Musique : Mack Gordon et Harry Warren. Fox (Harry Joe Brown).
Avec Shirley Temple, Jack Oakie, Charlotte Greenwood, Arleen Whelan, George Montgomery.

Trail of the Vigilantes *(Sur la piste des vigilants)*
scénario de Harold Shumate. Photographie : Joseph Valentine et Milton Krasner. Direction artistique : Jack Otterson. United Artists.
Avec Franchot Tone, Broderick Crawford, Peggy Moran, Andy Devine, Warren William.

1941 **Look Who's Laughing**
scénario de James V. Kern. Photographie : Frank Redman. Direction artistique : Van Nest Polglase. Musique : Roy Webb. RKO (Allan Dwan).
Avec Edgar Bergen, Jim Jordan, Marian Jordan, Lucille Ball.

Rise and Shine
scénario de Hermann J. Mankiewicz d'après *My Life and Hard Times* de James Thurber. Photographie : Edward Cronjager. Direction artistique : Richard Day et George Dudley. Fox (Mark Hellinger).
Avec Jack Oakie, Linda Darnell, George Murphy, Walter Brennan, Sheldon Leonard, Donald Meek.

1942 **Here We Go Again**
scénario de Paul Gerard Smith et Joe Bigelow. Photographie : Frank Redman. Musique : Roy Webb. RKO (Allan Dwan).
Avec Edgar Bergen, Charlie McCarthy, Mortimer Snerd, Jim Jordan, Marion Jordan.

Friendly Enemies
scénario de Adelaïde Heilbron. Photographie : Edward Cronjager. Direction artistique : John DuCasse Schulze. Musique : Lucien Moraweck. United Artists (Edward Small).
Avec Charles Winninger, Charlie Ruggles, James Craig, Nan Kelly, Otto Kruger.

1943 **Around the World**
scénario de Ralph Spence. Photographie : Russell Metty. Direction artistique : Albert S. D'Agostino et Hal Herman. RKO (Allan Dwan).
Avec Kay Kyser, Mischa Auer, Joan Davis, Marcy McGuire, Wally Brown, Alan Carney.

1944 **Up in Mabel's Room**
scénario de Tom Reed. Photographie : Charles Lawton Jr. Musique : Michel Michelet. Direction artistique : Joseph Sternad. United Artists (Edward Small).
Avec Marjorie Reynolds, Dennis

1944 O'Keefe, Gail Patrick, Mischa Auer, Charlotte Greenwood.
Abroad with Two Yanks
scénario de Charles Rogers, Wilkie Mahoney et Ted Sills. Photographie : Charles Lawton Jr. Direction artistique : Joseph Sternad. United Artists (Edward Small).
Avec William Bendix, Helen Walker, Dennis O'Keefe, John Loder, George Cleveland.

1945 **Brewster's Millions**
scénario de Siegfried Herzig, Charles Rogers et Wilkie Mahoney. Photographie : Charles Lawton Jr. Direction artistique : Joseph Sternad. United Artists (Edward Small).
Avec Dennis O'Keefe, Helen Walker, Eddie « Rochester » Anderson, June Havoc, Gail Patrick, Mischa Auer.
Getting Gertie's Garters
scénario de Allan Dwan et Karen De Wolfe. Photographie : Charles Lawton Jr. Direction artistique : Joseph Sternad. United Artists (Edward Small).
Avec Dennis O'Keefe, Marie « The Body » MacDonald, Barry Sullivan, Mary Barnes, J. Carroll Naish.

1946 **Rendez-vous with Annie** avec Eddie Albert et Faye Marlowe.

1947 **Calendar Girl** avec Jane Frazee et William Marshall.
Northwest Outpost *(Poste avancé)* avec Nelson Eddy.
Driftwood avec Ruth Warrick et Walter Brennan.

1948 **The Inside Story** avec Marsha Hunt et William Lundigan.
Angel in Exile avec John Carroll et Adele Mara.

1950 **Sands of Iwo-Jima** *(Iwo-Jima)* avec John Wayne.
Surrender avec Vera Ralston et John Carroll.
Belle Le Grand *(la Belle du Montana)* avec Vera Ralston et John Carroll.

1951 **The Wild Blue Yonder** *(Tonnerre sur le Pacifique)* avec Wendell Corey et Vera Ralston.

1952 **I Dream of Jeanie** avec Ray Middleton et Bill Shirley.
Montana Belle avec Jane Russell.

1953 **Woman They Almost Lynched** *(la Femme qui faillit être lynchée)* avec John Lund, Brian Donlevy et Audrey Totter.
Sweethearts on Parade avec Ray Middleton et Lucile Norman.
Flight Nurse avec Joan Leslie et Forrest Tucker.

1954 **Silver Lode** *(Quatre Étranges Cavaliers)* avec John Payne, Dan Duryea et Lizabeth Scott.
Passion *(le Fouet de la vengeance)* avec Cornel Wilde et Yvonne De Carlo.
Cattle Queen of Montana *(la Reine de la prairie)* avec Barbara Stanwyck et Ronald Reagan.

1955 **Escape to Burma** *(les Rubis du prince birman)* avec Robert Ryan et Barbara Stanwyck.
Pearl of the South Pacific avec Virginia Mayo.
Tennessee's Partner *(Le mariage est pour demain)* avec John Payne et Rhonda Fleming.

1956 **Slightly Scarlet** *(Deux rouquines dans la bagarre)* avec Rhonda Fleming, Arlene Dahl et John Payne.
Hold Back the Night *(Bataillon dans la nuit)* avec John Payne et Mona Freeman.

1957 **The River's Edge** avec Ray Milland, Anthony Quinn et Debra Paget.
The Restless Breed avec Scott Brady et Anne Bancroft.

1958 **Enchanted Island** avec Dana Andrews et Jane Powell.
The Most Dangerous Man Alive avec Ron Randell et Debra Paget.

Robert Flaherty

Au moment où le cinéma américain s'installe dans ses studios immenses et se referme sur un univers de fiction qui peut tout dire de la réalité dont il s'extrait, alors que se codifient les genres et que s'édifient les empires des grandes compagnies, Flaherty choisit le sens opposé. Rebroussant dans l'histoire du cinéma, il rejoint son mythe originel, celui qui animait les frères Lumière : la saisie du dehors, la traduction en mouvement et en durée de l'infinie diversité du monde. Avec *Nanook l'Esquimau* surgissent en 1922 des images qui semblent venir d'un autre devenir possible du cinéma, que les frères Lumière portaient en eux et qui disparut avec eux au moment où l'art nouveau s'enrichissait des conventions théâtrales et des figures narratives de la littérature populaire, se nourrissait avec avidité de la tradition de la pantomime et du théâtre de foire. Saisir la vie d'un peuple dans sa mise en scène quotidienne, dans les images qu'il décrit pour s'approprier le monde, lui donner la forme reconnaissable de sa propre humanité : tout le projet de Flaherty est là, dans la pleine maîtrise des moyens cinématographiques qui peuvent livrer l'accès au simple énoncé de ce qui est dit, par l'écriture et la fiction dont le travail pleinement achevé donne aux images leur irrésistible et bouleversante évidence.

Pour Flaherty toute la dramaturgie est dans le cadre qui découpe et sertit la nue réalité dans un espace qui n'est ni le sien ni le nôtre, mais l'univers de fiction où se joue le passage d'un monde à l'autre, dans un de ces retournements qui font du cinéma un art à proprement parler magique. Ses films ne sont en rien des documentaires – même si leur enseignement ethnographique est dense et précis –, car le documentaire suppose la neutralité du regard, son extériorité, et l'art de Flaherty met en jeu le point de vue de celui par qui s'institue le sens.

Dans chacun des trop rares films réalisés entre 1922 et 1948, le cinéma semble faire l'éducation du regard, initier celui des hommes qui sont entrés dans l'histoire au monde qui leur échappe, mais auquel les relie essentiellement quelque ressort d'humanité secrète qui s'appelle l'âge d'or, le mythe vivant en eux, en nous, d'une pure immanence au monde. L'image nous dépossède de l'expérience du savoir et des assurances acquises ; elle nous plonge au sein d'une logique qui n'est plus nôtre, dont le sens est tout entier présent dans la nécessité des gestes et dans la claire évidence des regards.

Au-delà de la ligne transparente des glaces, derrière la barrière de corail, du haut de la falaise blanche, dans les sinuosités d'un fleuve-océan, l'homme est là, patient, sous les traits d'un enfant au seuil de l'âge d'homme. Et celui-ci nous entraîne dans sa première chasse, dans ce premier défi qui le fait homme. Il nous rend témoins de son initiation et fait de notre regard du dehors le sceau de son intime vérité.

Nanook l'Esquimau, Moana, l'enfant des mers du Sud, Mikeleen, le fils de l'homme d'Aran, Alexander, le cajun de

Louisiana Story, se révèlent à eux-mêmes en même temps qu'ils nous découvrent le monde auquel ils appartiennent et auquel nous tenons d'un lien ténu, qui passe par l'image suspendue entre l'histoire et nous, entre leur vie qui se répète et la nôtre qui change.

L'art de Flaherty est celui du chasseur : soumission au rythme de l'autre, à son espace, au silence dans lequel il habite jusqu'à ce qu'on entende le battement de son cœur. *Nanook l'Esquimau* (1922), *Moana* (1926), *l'Homme d'Aran* (1934) et *Louisiana Story* (1948) s'organisent autour de la scène centrale de la chasse, de l'attente rituelle qui précède la capture après le relevé des traces et pendant laquelle se forge l'identité du chasseur. Car l'homme n'est lui-même que quand il regarde la bête, à ce moment précis où le pressentiment de la vie donne la force de soumettre la force la plus grande. La caméra se place en retrait, dévoilant le cadre vide qu'occupe le regard vigilant du chasseur. Elle ne cherche pas à remplir la scène d'un détail anecdotique, mais s'installe dans l'épaisseur de la durée. La bête surgit enfin : phoque luisant s'échappant de la débâcle des glaces, requin plus sombre que le fond de l'océan, alligator né de la confusion de la terre et des eaux, animal qui garde en sa force vitale le secret de la vie que l'homme doit lui arracher de haute lutte.

Avec la chasse, les actes de l'initiation forment la scansion en mineur du rythme majeur des éléments. Le dialogue de la mer et du vent avec la terre improbable, découverte par la banquise pour un printemps furtif ou défoncée à coups de pieux par l'homme d'Aran qui doit broyer sa terre et la nourrir des algues arrachées à la mer pour y chercher sa vie, ce dialogue toujours recommencé est comme la voix de basse sur laquelle les travaux de tous les jours et les gestes distincts de l'entrée dans l'âge d'homme font résonner la note claire de l'aventure humaine. L'homme qui cherche, en devenant adulte, à surprendre son être rencontre la seule nécessité de son histoire, et celle-ci devient lisible malgré l'opacité de la nôtre qui ne s'interprète plus dans les configurations du ciel.

Chaque film de Flaherty est à la recherche de cette évidence qui passe par le refus du pittoresque, de la gratuité figurative qui, pourtant, pourrait facilement s'imager de la riche matière expressive à chaque fois découverte. La vie de Moana, si pleine de signes, suit, dans le paysage luxuriant de son île, le cours ascétique d'une nécessité aussi pure que celle qui conduit Nanook ou Mikeleen sur leurs rivages désolés. La beauté des images n'emprunte jamais au registre d'une perfection esthétique qui se suffirait à elle-même. Leur beauté déborde de ce

Man of Aran (l'Homme d'Aran), *Flaherty, 1934.*

qu'elles sont avant tout pleines de sens et pleines d'un sens qui n'a que l'image pour se dire.

La justesse de l'écriture de Flaherty est faite de la compréhension de son objet, de son souci d'en épouser les contours sans chercher à l'inscrire dans une logique qui ne serait pas la sienne. D'où l'impression d'une écriture sans style, sans effets reconnaissables, dont le rythme change et cherche, à travers des figures dramatiques qui sont les archétypes de toute vie sociale, à construire la fiction qui est la vérité intime des acteurs sans recul ni réserve dont il fait ses héros. Pur exercice de logique, l'écriture suit l'impératif du regard. Son point de vue force la réalité des choses en se refusant à toute complicité extérieure avec l'étrange ou le singulier. Et l'absolu mystère jusqu'au bout préservé verse dans la compréhension lumineuse de ce qui nous reste pourtant tout à fait étranger. Cette logique d'écriture est toute géométrie des plans, continuité inscrite dans l'espace par la définition des plans fixes qui délimitent la scène, le lieu arbitraire où ce qui doit se produire arrive, dans le temps des personnages, celui que chaque geste mesure de l'intérieur, jusqu'à rendre palpable l'attente, ce lien qui sépare deux moments pleins d'action et fait que ceux-ci sont également pleins de sens, pris dans une continuité qui ne nous échappe pas. Le paysage est insaisissable ; le monde apparaît fragmentaire dans la trace du passage des hommes. Le panoramique fait l'ascèse de cette quête. C'est dans *la Terre*, en 1942, que la cosmogonie de Flaherty atteint, avec l'éloge douloureux et contradictoire de la terre américaine, son expression la plus pure. Le paradoxe veut que ce soit dans un documentaire commandé par une agence fédérale pour dénoncer les désastres de l'érosion et de l'épuisement des sols que se révèle le projet du cinéaste, le sens de ce qu'il poursuit du pôle Nord aux mers du Sud. Les hommes sont les enfants bâtards de la terre et du ciel. Leur énergie prodigieuse à soumettre la terre à ses produits est aussi vaine que celle du vieux Titan condamné à vivre dans l'inceste avec la terre, nourrissant en son sein une furieuse et irrémissible nostalgie du ciel. Il y a chez Flaherty, comme chez Melville dont il est si intimement proche, une redoutable force d'invective et de protestation. De ses images de la terre américaine ruinée par la lessive du ciel se dégage l'horizon du paradis perdu. Et les lents panoramiques horizontaux décrivent l'immensité des paysages d'où s'abstrait la présence humaine ; le sol devenu stérile n'est plus qu'une bande étroite entre la lourde architecture des nuages et le profond désert. Le retournement d'un mouvement dans l'autre fait du panoramique vertical, qui prolonge en l'inversant le mouvement initial, un pur effet de transcendance, arrachement à la terre fidèle, au précepte que se murmure un personnage de Melville : « Quiconque se lance à l'assaut du ciel prouve par là même qu'il en procède[1]. »

La dialectique de l'horizontal et du vertical se retrouve dans l'autre œuvre américaine de Flaherty, son œuvre testamentaire : *Louisiana Story.* L'homme y apparaît prisonnier de l'intimité du limon, entre la terre et l'eau, dans ces marécages d'où la vie un jour a surgi. A peine débourbé du grand silence qui l'a précédé l'homme glisse sur le fleuve où vit la bête. Invisible et menaçante, sa dure carapace immergée comme l'écorce d'un bois flotté : elle est la forme ancestrale de sa peur. Face à cet univers horizontal se dresse le grand totem du derrick qui transperce la terre, brise le rythme parcouru par les mêmes vibrations pour tous les êtres nés du fleuve. Planté entre le ciel et le bourbeux marécage, il est, comme l'alligator, l'image du danger, produit d'une peur purement humaine, qui forge seule les instruments de sa menace. Il ressemble à la bête, aussi vertical qu'elle est horizontale ; ses poutrelles enchevêtrées sont comme les écailles cornées du reptile dont les plaquettes osseuses ont la dureté du fer. Monstre tout pétri de violence humaine, défi à l'inertie de la terre et du ciel, le derrick est l'affirmation triomphante du Titan moderne qui brûle dans l'inceste avec la terre l'huile lourde du passé.

Filmographie

1922 **Nanook of the North** *(Nanook l'Esquimau)*
scénario et photographie de Robert Flaherty. Production : Revillon Frères.

1925 **The Pottery Maker**
scénario et photographie de Robert Flaherty. Metropolitan Museum of Art, New York City. Court métrage de 14 mn.

1926 **Moana : a Romance of the Golden Age** *(Moana)*
scénario et photographie de Robert Flaherty. Famous Players Lasky (Robert et Frances Flaherty).
Avec Pe'a, Fa'angase, Ta'avale, Tafunga, Tu'ungaita.

1927 **The Twenty-Four Dollars Island**
scénario et photographie de Robert Flaherty. Pictorials Films Inc. Court métrage de 15 mn.

1931 **Tabu : a Story of the South Seas** *(Tabou)*
réalisé par F. W. Murnau. Scénario de F. W. Murnau et Robert Flaherty. Photographie : Floyd Crosby et Robert Flaherty. Musique : Hugo Reisenfeld. Paramount (Murnau et Flaherty).

1933 **Industrial Britain**
réalisé par John Grierson et Robert Flaherty. Scénario de John Grierson et Robert Flaherty. Photographie : Robert Flaherty. Empire Marketing Board Film Unit.

1934 **Man of Aran** *(l'Homme d'Aran)*
scénario de John Goldman. Musique : John Greenwood. Gaumont British Picture Corporation Ltd. Avec Colman « Tiger » King, Maggie Dirrane, Michael Dirrane, Pat Mullin, Patch Ruadh, Patcheen Flaherty, Tommy O'Rourke.

1937 **Elephant Boy** *(Elephant Boy)*
coréalisé par Zoltan Korda. Scénario de John Collier d'après le roman de Rudyard Kipling. Photographie : Osmond H. Borradaile.

1. *Pierre ou les Ambiguïtés,* Paris, Gallimard, 1967 (trad. de Pierre Leyris).

1937 Musique : John Greenwood. London Films Productions Ltd. (Alexander Korda).
Avec Sabu, W. E. Holloway, Walter Hudd, Allan Jeayes, Bruce Gordan.

1942 **The Land** *(la Terre)*
scénario et photographie de Robert Flaherty. Musique : Richard Arnell. Commentaires : Russell Lord et Robert Flaherty, dits par Robert Flaherty. Agricultural Adjusment Administration, United States Department of Agriculture.

1948 **Louisiana Story**
scénario de Robert et Frances Flaherty. Photographie : Richard Leacok et Robert Flaherty. Musique : Virgil Thomson. Standard Oil of New Jersey (Robert Flaherty).
Avec Joseph Boudreaux, Lionel Le Blanc, El Bienvenu, Frank Hardy, C. P. Guedry.

1949 **Guernica** (inachevé)
photographie : Robert Flaherty. Museum of Modern Art, New York City.

Tay Garnett

Dans les années trente, le système de production hollywoodien atteint son plus haut degré d'intégration. Plus que jamais le studio est le cœur vivant d'un organisme qui vibre d'un même sang, dont chacun se sent étroitement solidaire, dans une aventure où la notion d'auteur n'a pas pris son poids spécifique. Le cinéma s'exalte de sa dimension industrielle qui, à la mesure de l'époque, produit les valeurs comme des marchandises au rythme de la machine et des grandes concentrations ouvrières, rejetant dans ses marges les maîtres d'hier et leurs œuvres englouties.

Tay Garnett est né à Los Angeles. Plus que son horizon, Hollywood est son pays. Son œuvre de cinéaste d'emblée s'y trouve dans une continuité sans rupture, une parmi d'autres qui firent la trame des grands studios, leur capacité à nouer aussi des fils plus ténus.

Aviateur pendant la Grande Guerre, comme William Wellman, il va là où les machines vont le plus vite et sont le plus dangereuses, là où l'accélération des corps et des sentiments est l'objet même d'un étrange travail qui, comme l'avion dans le ciel des oiseaux, mime la vie et lui ressemble plus intensément qu'elle n'apparaît à elle-même sous l'empire du quotidien. Cascadeur, scénariste, gagman chez Mack Sennett et Hal Roach, Garnett découvre la grande usine là où s'inventent les règles du rythme cinématographique, dans une maîtrise du mouvement et du sens où l'explosion comique relance l'exigence de la forme, à chaque fois défaite et reconstruite, perdue et reconduite, pour la sidération du spectateur, tout au plaisir de sa perte. Comme Frank Capra et Leo McCarey, dont il se rapproche dans ses meilleurs moments, Garnett doit tout au burlesque, au formidable

Greer Garson et Walter Pidgeon dans Mrs. Parkington (Madame Parkington), *Garnett, 1944.*

apprentissage de la plasticité du matériau cinématographique qui, dans chaque image, dans chaque situation, peut inventer l'autre de lui-même, comme l'avait si bien compris Georges Méliès qui concevait le cinéma comme une pratique incantatoire et magique.

Les films de Garnett, même les moins inspirés, sauvent leurs lourdeurs scénaristiques par une justesse de tempo qui rend l'histoire et ses péripéties presque secondaires. Les pesantes scènes d'exposition, où l'on sent parfois le travail superposé de deux ou trois scénaristes – selon le principe régnant de la division du travail qui pouvait faire écrire à l'un la structure du récit et à l'autre des scènes qui devaient s'y rapporter, chacun intégrant des contraintes narratives de nature différente jusqu'à créer un monstre de justification logique du récit –, disparaissent vite sous l'accumulation de traits de mise en scène qui se détachent du récit et éclairent paradoxalement celui-ci d'une lueur d'évidence qui n'emprunte ni au vraisemblable ni à la convention, mais au pur plaisir du mouvement.

Jamais Garnett n'est plus limpide que dans la confusion d'une bagarre où les personnages, ivres de leur liberté, semblent briser les accessoires qui les ont jusque-là encombrés, comme le font les comédiens de *Marat-Sade* (1967) dans le film de Peter Brook. La bagarre est chez lui le moment d'élucidation où la psychologie appliquée qui engonçait chacun des caractères reprend, sous le martèlement des coups, forme plus humaine. Garnett acceptait tout de ses scénaristes à condition de ne pas manquer d'une de ces belles bagarres d'où tout le monde se relève sans douleurs ni blessures, mais sans laisser sur le plateau un seul objet intact.

La bagarre de *Seven Sinners* (*la Maison des sept péchés*, 1940) pour les beaux yeux de Marlene Dietrich, qui, dans son uniforme de la marine américaine, donne à l'expression du désir le trouble du travestissement, est justement célèbre, parfaitement proportionnée, dans sa démesure, à l'accumulation des signes de la parade amoureuse qui fait toute la mise en scène. Elle ne doit cependant pas faire oublier le point d'orgue, non moins épique, qui résout les contradictions de *Her Man* (*Son homme,* 1930) ou l'invraisemblable duel de mitraillettes de *Bad Company* (*Chicago,* 1931), sans parler des films – Tay Garnett en fait un de cette eau-là tous les six mois dans les années trente – où l'argument est si mince que la mémoire la mieux entraînée ne peut se souvenir que d'une longue suite de bosses et de horions.

La tonalité propre des films de Garnett, le plaisir que l'on a à les voir, malgré les scénarios malhabiles, complaisants ou

Après la bagarre : Marlene Dietrich et John Wayne dans Seven Sinners (la Maison des sept péchés), *Garnett, 1940.*

roublards qui furent souvent à leur origine, tiennent à une étrange rencontre entre le rythme, que traduit et transcende le mouvement chorégraphique de la bagarre, et des situations parfaitement conventionnelles qui appartiennent à l'univers des romans de Maurice Dekobra où l'aventure, l'exotisme, les passions fatales et les transgressions suggérées sont les ingrédients nécessaires d'un mauvais goût absolument réjouissant. *China Seas* (*la Malle de Singapour*, 1935) est à cet égard un modèle du genre ; tout y est : la moiteur tropicale, l'air si lourd de noirs pressentiments, le bateau en partance pour une incertaine traversée, le commandant de bord (Clark Gable) cherchant l'oubli de lui-même et des autres dans une ivresse chronique, et bien entendu l'aventurière au grand cœur et à l'érotisme poivré (Jean Harlow), auxquels il faut ajouter ceux qui corsent le drame et font avancer le récit : le traître – au cœur assez vaste lui aussi pour ne pas introduire trop d'éléments négatifs –, les pirates, les scènes de torture, et les scènes de reconnaissance et d'attendrissement généralisé. Dans ce bric-à-brac, Tay Garnett est à son affaire, emportant le tout dans un rythme que ne peut laisser supposer l'énumération de ces lieux communs dramatiques qui, ensemble, et par la grâce des acteurs, acquièrent une surprenante légèreté.

Loin de Lubitsch et même de Cukor, Garnett ne conduit cependant pas ses récits au-delà du plaisir qu'il a à les conter. Ses arrière-plans ne sont que pittoresques et son comique vise à l'incongruité plutôt qu'à la contradiction. Il y a cependant chez lui une autre inspiration, comme en mineur, dans l'épaisseur particulière de ses personnages en proie à de filandreuses aventures, celle qui conduit à la plus pure fiction hollywoodienne : le mélodrame. *One Way Passage* (1932) se situe encore une fois dans le temps d'une traversée, mais il s'agit cette fois d'un retour – le titre français, *Voyage sans retour*, apparaissant comme particulièrement maladroit –, retour de l'Orient vers l'Occident, de la terre d'aventures vers celle des réalités. Le personnage principal est toujours celui de l'aventurier, mais cette fois condamné, revenu de ses aventures, promis à la chaise électrique. William Powell approfondit encore les déterminations du personnage en introduisant dans l'excentricité de son jeu un trouble dont la fiction magnifie la nécessité. Le pur visage de Kay Francis, en proie à une incurable maladie, est l'horizon qui diffère la sanction, transforme la substance du désespoir en la nourrissant de confiance et de compassion. Les deux amants conjurant leur mort certaine d'un impossible pari sont l'équation vivante du mélodrame qui lie l'acceptation de la mort et l'inconnaissable de l'amour. En reprenant exactement le même canevas en 1940, Edmund Goulding rend hommage au film de Garnett mais sans retrouver dans *Till We Meet Again* (*Voyage sans espoir*), avec Merle Oberon et George Brent, une interprétation aussi pure.

Tay Garnett aime les acteurs pour ce qu'ils sont. Il les prend tout entiers, subtils ou cabotins, quelle que soit la voie qu'emprunte la vérité de leur jeu, préférant les acteurs instinctifs ayant progressivement constitué leur technique aux acteurs à même d'assurer leur rôle avec une certitude parfois assez plate. « Mon expérience m'a montré que les grands techniciens se révélaient souvent impuissants dans le registre des émotions, même si chacun de leurs mouvements, de leurs gestes et leur diction collaient exactement au scénario[1]. » Des comédiens comme Wallace Beery ou Jean Harlow sont aux antipodes de l'acteur qui cultive le ton juste, le bien-jouer, mais ne laisse rien deviner de l'infinie liberté à laquelle le jeu donne accès. Ils développent avec Tay Garnett toute l'étendue de leur registre. Mais la meilleure preuve de cette particulière attention est bien dans cette année 1932 qui le voit diriger les trois acteurs les plus subtils, les plus précis et les plus intelligents du Hollywood des années trente : William Powell, Adolphe Menjou et Melvyn Douglas. Outre leur fine et élégante moustache, ils ont en commun une auto-ironie violemment décapante qui introduit dans leur jeu une distance permettant d'atteindre, au-delà de la pleine maîtrise, un degré d'intensité supérieur dans l'émotion, celui de son analyse et de son contrôle. Sans héritiers ni descendance, l'ambiguïté de George Sanders ayant dans les années cinquante des couleurs plus sombres, ils sont portés par un rythme qui leur permet d'atteindre cette extraordinaire mutabilité dans l'expression qui fait qu'ils ne sont jamais là où on les attend, déjouant sans cesse ce qu'il y a de prévisible dans le récit, pour y introduire le gouffre d'un geste ou d'un regard que rien ne peut réduire. Il ne suffit pas de qualifier leur jeu d'excentrique pour le décrire, car l'imprévu n'en est pas le seul régime. Les surprises qu'ils savent ménager tiennent plutôt à la souveraine intégration des conventions qu'ils exhibent dans leurs rôles de séducteurs rompus aux règles les plus arbitraires de la mondanité. Dans chaque situation, ils inscrivent la juste distance qui renvoie les règles du jeu à ce qu'elles sont : postulats de plaisir qui rendent la fiction possible et la font avancer au rythme de la jouissance qu'en attend celui qui la déchiffre. Garnett, que l'on aurait

1. Tay Garnett, *Un siècle de cinéma*, Paris, Hatier, coll. « Bibliothèque du cinéma », 1981 (trad. de Thierry de Navacelle).

pu croire plus à l'aise avec des comédiens à l'intériorité moins complexe, plus physiques, à l'image de la mobilité extrême des scènes qu'il sait enchaîner dans un rythme soutenu, est aussi celui qui peut confronter Melvyn Douglas à Adolphe Menjou dans *Prestige*, mélodrame où l'affrontement des deux hommes, face à Ann Harding, est un curieux jeu de miroirs où le mari et l'amant semblent déchirer leur propre image, par personne interposée.

On peut regretter que Tay Garnett n'ait pas toujours eu des sujets ambitieux et des scénarios assez subtils pour que son talent de metteur en scène s'exprime sur un autre plan, au-delà du savoir-faire, de ce métier qui fait la cohérence sans égale du Hollywood des années trente. Mais c'est là un point de vue par trop théorique qui fait bon marché de la réelle homogénéité de l'œuvre de Garnett. Qu'importent au cinéaste la qualité des situations initiales et la subtilité des péripéties, là où le jeu règne en maître et finit par emporter le déjà-vu dans une légèreté d'écriture si constamment renouvelée qu'elle ne semble écouter que le plaisir d'un récit flottant au gré de ses images.

Filmographie

1928 **Celebrity** *(Célébrité)*
scénario de Tay Garnett et George Dromgold d'après Willard Keefe. Photographie : Peverell Marley. Direction artistique : Mitchell Leisen. Pathé (Ralph Block).
Avec Lina Basquette, Robert Armstrong, Clyde Cook, Jack Perry, Otto Lederer, David Tearle.
The Spieler *(Tragédie foraine)*
scénario de Tay Garnett et Hal Conklin. Photographie : Arthur Miller. Pathé (Ralph Block).
Avec Alan Hale, Renée Adorée, Fred Kohler, Fred Warren, Clyde Cook, Kewpie Morgan, Billie Latimer.

1929 **The Flying Fool**
scénario de Tay Garnett et Elliotson. Pathé.
Avec William Boyd, Russell Gleason, Marie Prevost, Tom O'Brien.
Oh Yeah !
scénario de Tay Garnett et James Gleason. Photographie : Arthur Miller. Pathé.
Avec James Gleason, Robert Armstrong, Bud Fine, Frank Hagney, ZaSu Pitts, Patricia Caron, Harry Tyler.

1930 **Officer O'Brien**
scénario de Thomas Buckingham. Photographie : Arthur Miller. Direction artistique : Edward Jewell. Pathé (Ralph Block).
Avec William Boyd, Ernest Torrence, Dorothy Sebastian, Russell Gleason, Clyde Cook, Ralf Harolde, Arthur Housman.
Her Man *(Son homme)*
scénario de Tay Garnett et Howard Higgin. Photographie : Edward Snyder. Direction artistique : Carroll Clark. Pathé (E.D. Derr).
Avec Ricardo Cortez, Helen Twelvetrees, Phillips Holmes, Marjorie Rambeau, Slim Summerville, Stanley Fields, James Gleason.

1931 **Bad Company** *(Chicago)*
scénario de Tay Garnett et Thomas Buckingham. Musique : Arthur Lang. Pathé (Charles R. Rogers).
Avec Helen Twelvetrees, Ricardo Cortez, John Garrick, Paul Hurst, Frank Conroy, Frank McHugh, Emma Dunn, Kenneth Thompson.

1932 **One Way Passage** *(Voyage sans retour)*
scénario de Wilson Mizner et Joseph Jackson. Photographie : Ro-

bert Kurrle. Direction artistique : Anton Grot. Warner Bros.
Avec William Powell, Kay Francis, Frank McHugh, Aline MacMahon, Warren Hymer, Frederick Burton, Douglas Gerrard, Herbert Mundin.
Prestige
scénario de Francis Edwards Faragoh. Musique : Arthur Lang. Pathé (Tay Garnett).
Avec Melvyn Douglas, Ann Harding, Adolphe Menjou, Goy Bates Post, Ian McLaren, Creighton Hale.
Okay America
scénario de William Anthony McGuire et Scott Pembroke. Photographie : Arthur Miller. Universal.
Avec Lew Ayres, Maureen O'Sullivan, Louis Calhern, Walter Catlett, Allan Dinehart, Edward Arnold, Rollo Lloyd.
1933 **Destination Unknown**
scénario de Thomas Buckingham. Photographie : Edward Snyder. Universal.
Avec Pat O'Brien, Ralph Bellamy, Rollo Lloyd, Noel Madison, Alan Hale, Willard Robertson, Charles Middleton.
S.O.S. Iceberg (version américaine de *S.O.S. Eisberg)*
coréalisé par Arnold Franck. Scénario de Edwin H. Knopf, Tay Garnett et Bob Fellows. Photographie : Richard Angst et Hans Schneeberger. Musique : Paul Dessau. Universal (Carl Laemmle).
Avec Leni Riefenstahl, Rod La Roque, Ernst Udet, Gibson Gowland.
1935 **China Seas** *(la Malle de Singapour)*
scénario de Jules Furthman et James Kevin McGuinness. Photographie : Ray June. Musique : Herbert Stothart. MGM (Albert Lewin).
Avec Clark Gable, Jean Harlow, Wallace Beery, Lewis Stone, Rosalind Russell, C. Aubrey Smith, Dudley Digges, Robert Benchley, William Henry.
She Couldn't Take it *(Gosse de riche)*
scénario de Oliver H. P. Garrett. Photographie : Leon Shamroy. Columbia (B. P. Schulberg).
Avec George Raft, Joan Bennett, Walter Connolly, Billie Burke, Lloyd Nolan, Wallace Ford, Alan Mowbray, Donald Meek.
Professional Soldier
scénario de Gene Fowler et Howard Ellis Smith. Photographie : Rudolph Maté. Musique : John W. Green. 20th Century-Fox.
Avec Victor McLaglen, Freddie Bartholomew, Gloria Stuart, Michael Whalen, Walter Kingsford, Pedro de Cordoba, C. Henry Gordon, Lumsden Hare.
1937 **Love is News** *(l'Amour en première page)*
scénario de Harry Tugend et Jack Yellen. Photographie : Ernest Palmer. Musique : David Buttolph. 20th Century-Fox (Darryl F. Zanuck).
Avec Tyrone Power, Loretta Young, Don Ameche, Slim Summerville, George Sanders, Jane Darwell, Dudley Digges, Walter Catlett.
The Slave Ship *(le Dernier Négrier)*
scénario de Lamar Trotti, Sam Helman et Gladys Lehman d'après une histoire de William Faulkner. Photographie : Ernest Palmer. Musique : Alfred Newman. 20th Century-Fox (Darryl F. Zanuck).
Avec Warner Baxter, Wallace Beery, Mickey Rooney, Elisabeth Allan, Jane Darwell, George Sanders, Arthur Holl, Billy Bevan.
Stand-In *(Monsieur Dood part pour Hollywood)*
scénario de Gene Towne et Graham Baker. Photographie : Charles Clarke. Direction artistique : Alexandre Tolbuboff. Musique : Heinz Roemheld. United Artists (Walter Wanger).
Avec Leslie Howard, Joan Blondell, Humphrey Bogart, Alan Mowbray, Marla Shelton, C. Henry Gordon, Jack Carson, J. C. Nugent.
1938 **Joy of Living** *(Quelle joie de vivre)*
scénario de Gene Towne, Graham Baker et Allan Scott. Photographie : Joseph Walker. Musique : Jerome Kern. RKO (Felix Young).
Avec Irene Dunne, Douglas Fairbanks Jr., Alice Brady, Guy Kibbee, Lucille Ball, Eric Blore, Warren Hymer, Billy Gilbert.
Trade Winds *(la Femme aux cigarettes blondes)*
scénario de Dorothy Parker, Alan Campbell et Frank R. Adams d'après une histoire de Tay Garnett. Photographie : Rudolph Maté et James B. Schakleford. Musique :

1938 Alfred Newman. United Artists (Walter Wanger).
Avec Joan Bennett, Fredric March, Ann Sothern, Ralph Bellamy, Sidney Blackmer, Robert Elliot, Thomas Mitchell.

1939 **Eternally Yours** *(Divorcé malgré lui)*
scénario de Gene Towne et Graham Baker. Photographie : Merritt Gerstad. Direction artistique : Alexander Golitzen. Musique : Werner Jansen. United Artists (Walter Wanger).
Avec Loretta Young, David Niven, Hugh Herbert, C. Aubrey Smith, ZaSu Pitts, Raymond Walburn, Virginia Field, Broderick Crawford, Ralph Graves.

1940 **Slightly Honorable** *(le Poignard mystérieux)*
scénario de Ken Englund. Photographie : Merritt Gerstad. Direction artistique : Julie Heron. Musique : Werner Jansen. United Artists (Tay Garnett).
Avec Broderick Crawford, Pat O'Brien, Ruth Terry, Edward Arnold, Janet Beecher, Claire Dodd, Alan Dinehart, Phyllis Brooks.
Seven Sinners *(la Maison des sept péchés)*
scénario de John Meehan et Harry Tugend. Photographie : Rudolph Maté. Direction artistique : Jack Otterson. Musique : Frank Skinner. Universal (Joe Pasternak).
Avec Marlene Dietrich, Broderick Crawford, John Wayne, Mischa Auer, Albert Dekker, Oscar Homolka, Billy Gilbert.

1941 **Cheers for Miss Bishop**
scénario de Adelaïde Heilbronn et Sheridan Gibney. Photographie : Hal Mohr. Musique : Edward Ward. United Artists (Richard A. Rowland).
Avec Martha Scott, William Gargan, Edmund Gwen, Sterling Holloway, Sidney Blackmer, Mary Anderson, Dorothy Peterson.

1942 **My Favorite Spy**
scénario de Sig Herzig et William Bowers. Musique : Roy Webb. RKO (Harold Lloyd).
Avec Kay Kyser, Ellen Draw, Jane Wyman, Robert Armstrong, Helen Westley, Willia Demarest, Una O'Connor, Lionel Roye, Moroni Olsen.

1943 **Bataan** *(Bataan)*
scénario de Robert D. Andrews. Photographie : Sidney Wagner. Direction artistique : Cedric Gibbons et Lyle Wheeler. Musique : Bronislau Kaper. MGM (Irving Starr).
Avec Robert Taylor, George Murphy, Thomas Mitchell, Lloyd Nolan, Lee Bowman, Robert Walker, Desi Arnaz, Barry Nelson.
The Cross of Lorraine
scénario de Michael Kanin et Ring Lardner Jr. Photographie : Sydney Wagner. Direction artistique : Cedric Gibbons. Musique : Bronislau Kaper. MGM (Edwin Knopf).
Avec Jean-Pierre Aumont, Gene Kelly, Sir Cedric Hardwicke, Richard Whorf, Joseph Calleia, Peter Lorre, Billy Roy, Hume Cronyn, Jack Lambert.

1944 **See Here Private Hargrove** coréalisé par Wesley Ruggles.
Mrs. Parkington *(Madame Parkington)*
scénario de Robert Thoeren et Polly James d'après le roman de Louis Bromfield. Photographie : Joseph Ruttenberg. Direction artistique : Cedric Gibbons. Musique : Bronislau Kaper. MGM (Leon Gordon).
Avec Greer Garson, Walter Pidgeon, Edward Arnold, Gladys Cooper, Tom Drake, Agnes Moorehead, Frances Rafferty, Peter Lawford, Dan Duryea, Cecil Kellaway.

1945 **Valley of Decision** *(la Vallée du jugement)* avec Greer Garson et Gregory Peck.

1946 **The Postman Always Rings Twice** *(Le facteur sonne toujours deux fois)* avec Lana Turner, John Garfield et Hume Cronyn.

1947 **Wild Harvest** *(les Corsaires de la terre)* avec Alan Ladd et Dorothy Lamour.

1949 **A Connecticut Yankee in King Arthur's Court** *(Un Yankee à la cour du roi Arthur)* avec Bing Crosby.

1950 **The Fireball** avec Mickey Rooney.

1951 **Soldier's Three** *(Trois Troupiers)* avec Stewart Granger et David Niven.
Cause for Alarm *(Jour de terreur)* avec Loretta Young et Barry Sullivan.

1952 **One Minute to Zero** *(Une minute avant l'heure H.)* avec Robert Mitchum et Ann Blyth.
Main Street to Broadway avec Tom Morton et Mary Murphy.

1954 **The Black Knight** *(le Serment du chevalier noir)* avec Alan Ladd.

1956 **Seven Wonders of the World** *(les Sept Merveilles du monde).*
1960 **The night Fighters** *(les Combattants de la nuit)* avec Robert Mitchum.
1963 **Guns of Wyoming** *(les Ranchers du Wyoming)* avec Robert Taylor.
1970 **The Delta Factor** avec Yvette Mimieux et Christopher George.

Edmund Goulding

Dans les films d'Edmund Goulding, rien de ce qui se produit, à proprement parler, ne passe ; l'intrigue va s'encombrant de ce qui ne s'y résout pas et la fiction s'amplifie sans progresser. Le récit semble se dérouler en enveloppant toutes les virtualités d'action qu'il génère, comme une toile d'araignée dont la trame, toujours concentrique, reproduirait indéfiniment le même cercle. *Grand Hotel* (*Grand Hôtel*, 1932) métaphorise, par sa situation même, l'une des constantes majeures de l'écriture de Goulding. Le lieu détermine l'objet principal de la fiction : la coupe synchronique dans des destins parallèles qui, plutôt que de se rencontrer dans une intrigue véritable, sont juxtaposés dans un espace qui les rend contemporains les uns aux autres alors que tout les sépare. Un cinéaste moins subtil aurait multiplié, dans l'adaptation du roman de Vicki Baum, les occasions de tisser des liens plus étroits entre les personnages, alors que Goulding exerce toute sa maîtrise en les faisant se frôler, comme des planètes infiniment distantes qu'une conjonction particulière des astres rapproche à chaque millénaire. Entre la danseuse (Greta Garbo), l'homme d'affaires (Wallace Beery), celui des bonnes affaires (John Barrymore) et la secrétaire prête à découvrir le luxe (Joan Crawford), n'existe aucune détermination commune. Ce qui les rapproche n'est que ce qui les fait fuir, chacun de son côté, et pour une raison différente, qu'aucun n'ose avouer à l'autre dans ce jeu de dupes qui a pour décor le plus artificiel des lieux, celui où l'on ne vit qu'en transit dans le mirage d'un luxe qui n'est que la figure la plus hautement socialisée de l'anonymat. Les personnages de Goulding ont toutes les caractéristiques des romans de gare ou des romans populaires, ou bien de leurs références plus sophistiquées : les romans anglo-saxons des années trente, particulièrement ceux de Edith Wharton et de Somerset Maugham, dont il fait le personnage d'un de ses films. Stéréotypés, ils relèvent d'une caractérisation immédiate qui les livrent tels quels sans que leur complexité soit progressivement établie. Tout commence avec le cliché et celui-ci ne disparaît jamais complètement ; mais plus la convention initiale est forte, plus ce qui lui est arraché dans la fiction apparaît comme décisif. Goulding aime à jouer avec le prévisible, pour introduire un léger décalage dans ces drames décidés avant d'être joués. Ainsi peut-il, mieux que d'autres, mettre en scène des comédiens dont l'image est si forte qu'ils lui appartiennent complètement et ne peuvent atteindre la plénitude de leur jeu qu'en repoussant les limites de leur aura. J'ai cité Greta Garbo qui, de son adaptation d'Anna Karénine, *Love* (1928), jusqu'à *Grand Hotel*, livre davantage de l'intimité schizophrénique de la star dans des rôles de convention que dans d'autres, apparemment plus subtils. Un secret bien gardé semble par moments devoir apparaître dans la langueur et la lassitude de la danseuse adulée par son public, qui s'enferme dans sa chambre, où chaque objet dessine sa forme de satins et de voiles, et n'en peut plus franchir le seuil, prise dans la rêverie vague qu'incarne l'aventurier dérisoire dont le seul mérite est bien, littéralement, de passer par là.

Les scénarios de Goulding, la plupart de sa main, sont nourris des clichés qu'il affectionne et se situent dans l'univers de la mondanité ou d'une société qui, sans être mondaine, a perdu le sens de ses propres valeurs. La fiction ne progresse pas parce que chaque personnage n'est jamais certain de ce pour quoi il agit. De là naissent ce qu'il faut bien appeler, en empruntant l'expression à Brecht, qui serait sans doute fort surpris de la trouver ici, des effets d'étrangeté où la banalité de l'intrigue semble brutalement verser dans l'incongru. La convention faite pour rassurer et conforter des certitudes devient inquiétante, comme une surface trop polie faite d'invisibles fissures qui se révèlent dès que l'on regarde la scène d'un peu plus près. Ce triomphe de l'ambiguïté est porté à sa plus haute expression par Bette Davis, avec laquelle Goulding tourne quatre films à la fin des années trente : *That Certain Woman* (*Une certaine femme,* 1937), *Dark Victory* (*Victoire sur la nuit,* 1939), *The Old Maid* (*la Vieille Fille,* 1939) et *The Great Lie* (*le Grand Mensonge,* 1941), mélodrames warnériens, écrits par des scénaristes maison, dont l'intrigue embrouillée ne gagne pas en clarté d'être traitée par une écriture qui privilégie la situation à son explicitation dans un devenir linéaire. Dans chacun de ses rôles, Bette Davis semble jouer l'évolution psychologique et son contraire, comme si ce qu'elle donnait à voir n'était autre que la seule version de son personnage qui ne méritait pas qu'on s'y arrête. Mais là où son jeu devient particulièrement subtil et intéresse l'entomologiste qu'est Goulding, c'est que rien en elle ne prend jamais la forme d'une révélation, apparition brusque de sa vraie nature, mais surgit comme une image parmi d'autres, riche d'une

Le cœur froissé comme de la soie sauvage : Greta Garbo dans Grand Hotel *(Grand Hôtel), Goulding, 1932.*

évidence transitoire, qui transforme toutes les autres images du film. Bette Davis est de ces actrices rares qui peuvent, dans le même film, voire dans la même scène, être d'une laideur absolue et d'une infinie beauté. Chaque moment de son personnage est la facette d'une image brisée dont elle peut restituer un haut degré de complexité. Goulding, qui n'avait par ailleurs pas beaucoup d'affinités avec la Warner – le monde qu'il décrit s'apparentant bien davantage à celui de la MGM –, ne pouvait trouver d'interprète aussi profondément en accord avec son projet.

Dans l'approfondissement de son œuvre, Goulding cherche à retrouver les clés des fictions qu'il enchante en mettant les pieds dans la trace des pas des écrivains qui lui sont familiers, en cherchant non seulement à retrouver cinématographiquement les figures qui le fascinent, mais en inscrivant l'écrivain lui-même au cœur du film comme une des dimensions agissantes de la fiction. Le portrait de Somerset Maugham dans *The Razor's Edge* (*le Fil du rasoir,* 1946) n'a rien de commun avec les biographies d'écrivains où l'œuvre disparaît sous l'inventaire des événements auxquels fut mêlé l'homme public, le *Zola* de Dieterle étant en cela, malgré la finesse de son propos, conforme à la grossièreté du genre. Loin de camper un sujet omniscient maître de son œuvre et de ses personnages, Goulding fait de son écrivain un personnage parmi d'autres qui, certes, a un rôle d'énonciateur privilégié, mais qui participe aussi à l'action à sa place, conversant avec ce qui n'est censé être que de pures projections de son esprit. Somerset Maugham n'est pas, comme le narrateur du *Niebla* de Miguel de Unamuno, pris à partie par ses personnages, insatisfaits de leur sort, mais le paradoxe va cependant assez loin, jusqu'à laisser planer un doute sur l'avancée supposée de l'action, jusqu'à laisser deviner que chaque personnage n'est que l'ombre portée par le narrateur sur l'horizon de son environnement quotidien, cette bonne société qui le reconnaît comme l'un des siens et qu'il lui plaît de doter des charmes délétères du tragique ou de son semblant. L'univers de la mondanité ne croit pas au tragique. L'ébauche de ce qui pourrait être un mélodrame reste inachevée, comme un roman qui n'aurait pas atteint l'essentiel qu'il visait et dont l'écrivain laborieux cherche à tirer une nouvelle rassemblant tous les traits qui, un moment, lui avaient paru justes dans un ensemble, dont la perfection formelle masque mal le dépérissement sans appel du projet initial.

La grande intelligence de Goulding est d'avoir su prendre pleinement conscience de son talent cinématographique, d'avoir su dire, dans la silhouette un peu voûtée, le regard

Dupe de qui ? John Barrymore et Joan Crawford dans Grand Hotel.

caressant et curieux d'Herbert Marshall, ce que sa fiction pouvait atteindre et ce qu'elle ne pouvait qu'effleurer, dans ces moments de grâce que sa lucidité lui permettait d'atteindre.

Filmographie

1925 **Sun-Up** avec Lucile La Verne, Pauline Starke et Conrad Nagel.
Sally, Irene and Mary avec Joan Crawford et Constance Bennett.

1926 **Paris** avec Joan Crawford et Charles Ray.

1927 **Women Love Diamonds** avec Douglas Fairbanks Jr. et Pauline Starke.

1928 **Love** *(Anna Karénine)* avec Greta Garbo et John Gilbert.

1929 **The Trespasser**
scénario de Edmund Goulding et Elsie Janis. Photographie : George Barnes. Direction artistique : Stephen Goosson. Musique : Edmund Goulding et Josiah Zora. United Artists.
Avec Gloria Swanson, Robert Ames, Henry B. Walthall, William Holden, Purnell Pratt, Wally Allbright, Mary Forbes.

1930 **Devil's Holiday** *(les Vacances du Diable)*
scénario de Edmund Goulding. Photographie : Harry Fishbeck. Musique : Edmund Goulding. Paramount.
Avec Nancy Carroll, Phillips Holmes, Wade Boteler, Hobart Bosworth, ZaSu Pitts, Ned Sparks, James Kirkwood.
The Grand Parade
scénario de Edmund Goulding. Photographie : David Abel. Direction artistique : Ted Dickson. Paramount.
Avec Helen Twelvetrees, Fred Scott, Richard Carle, Marie Astaire, Russell Powell, Bud Jamison.

1931 **Night Angel** *(l'Ange de minuit)*
scénario de Edmund Goulding. Photographie : Charles Stumar. Paramount.
Avec Nancy Carroll, Fredric March, Alan Hale, Phoebe Foster, Charles Howard, Alison Skipworth, Cora Witherspoon.
Reaching for the Moon
scénario de Edmund Goulding et Elsie Janis d'arès Irving Berlin. Photographie : Ray June. Musique : Irving Berlin. United Artists.
Avec Douglas Fairbanks, Bebe Daniels, Bing Crosby, Jack Mulhal, Edward Everett Horton, Claude McAllister.

1932 **Grand Hotel** *(Grand Hôtel)*
scénario de William A. Drake d'après le roman de Vicki Baum. Photographie : William Daniels. Direction artistique : Cedric Gibbons. MGM.
Avec Greta Garbo, Wallace Beery, Joan Crawford, John Barrymore, Lionel Barrymore, Jean Hersholt, Lewis Stone.
Blondie of the Follies *(la Blonde des Folies-Bergère)*
scénario de Frances Marion et Anita Loos. Photographie : George Barnes. MGM.
Avec Marion Davies, Robert Montgomery, Billie Dove, James Gleason, ZaSu Pitts, Jimmy Durante, Sidney Toler.

1934 **Riptide** *(Quand une femme aime)*
scénario de Edmund Goulding. Photographie : Ray June. Musique : Herbert Stothart. MGM.
Avec Norma Shearer, Robert Montgomery, Ralph Forbes, Herbert Marshall, Mrs. Patrick Campbell, Halliwell Hobbes.

1935 **The Flame Within**
scénario de Edmund Goulding. Photographie : James Wong Howe. MGM.
Avec Ann Harding, Herbert Marshall, Henry Stephenson, Maureen O'Sullivan, Margaret Seddon, Claudelle Kaye.

1937 **That Certain Woman** *(Une certaine femme)*
scénario de Edmund Goulding. Photographie : Ernest Haller. Musique : Max Steiner. Warner Bros.
Avec Bette Davis, Henry Fonda, Ian Hunter, Donald Crisp, Minor Watson, Katherine Alexander, Anita Louise, Sidney Toler.

1938 **White Banners** *(la Femme errante* ou *la Bannière blanche)*
scénario de Lenore J. Coffee et Cameron Rogers d'après Lloyd C. Douglas. Photographie : Charles Rosher. Direction artistique : Robert Haas. Musique : Max Steiner. Warner Bros.
Avec Claude Rains, Fay Bainter, Bonita Granville, Jackie Cooper,

Henry O'Neill, Kay Johnson, James Stephenson.

The Dawn Patrol *(la Patrouille de l'aube)*
scénario de Seton I. Miller et Dan Totheroh d'après John Monk Saunders. Photographie : Tony Gaudio. Direction artistique : Robert Haas. Musique : Max Steiner. Warner Bros.
Avec Errol Flynn, Basil Rathbone, David Niven, Melville Cooper, Peter Willes, Carl Esmond, Barry Fitzgerald.

1939 **Dark Victory** *(Victoire sur la nuit)*
scénario de Casey Robinson d'après la pièce de George Brewer Jr. et Bertram Bloch. Photographie : Ernest Haller. Direction artistique : Robert Haas. Musique : Hugo Friedhoffer. Warner Bros.
Avec Bette Davis, George Brent, Humphrey Bogart, Geraldine Fitzgerald, Ronald Reagan, Henry Travers, Dorothy Peterson.

The Old Maid *(la Vieille Fille)*
scénario de Casey Robinson d'après Edith Wharton. Photographie : Tony Gaudio. Direction artistique : Robert Haas. Musique : Max Steiner. Warner Bros.
Avec Bette Davis, Miriam Hopkins, George Brent, Donald Crisp, Jane Bryan, Louise Fazenda, James Stephenson.

We Are Not Alone *(Nous ne sommes pas seuls)*
scénario de Milton Krims d'après le roman de James Hilton. Photographie : Tony Gaudio. Direction artistique : Robert Haas. Musique : Max Steiner. Warner Bros.
Avec Paul Muni, Jane Bryan, Flora Robson, Henry Daniell, Raymond Severn, Una O'Connor, Montagu Love, Alan Napier.

1940 **Till We Meet Again** *(Voyage sans espoir)*
scénario de Warren Duff et Robert Lord. Photographie : Tony Gaudio. Warner Bros.
Avec Merle Oberon, George Brent, Pat O'Brien, Geraldine Fitzgerald, Binnie Barnes, Frank McHugh, Eric Blore.

1941 **The Great Lie** *(le Grand Mensonge)*
scénario de Lenore J. Coffee d'après *January Heights* de Polan Banks. Photographie : Tony Gaudio. Direction artistique : Robert Haas. Musique : Max Steiner. Warner Bros.
Avec Bette Davis, George Brent, Mary Astor, Hattie McDaniels, Lucile Watson, Grant Mitchell, Jerome Cowan.

1943 **The Constant Nymph** *(la Nymphe au cœur fidèle)*
scénario de Kathryn Scola d'après le roman de Margaret Kennedy. Photographie : Tony Gaudio. Direction artistique : Robert Haas. Musique : Erich Wolfgang Korngold. Warner Bros.
Avec Joan Fontaine, Charles Boyer, Brenda Marshall, Peter Lorre, Dame May Whitty, Charles Coburn, Jean Muir.

For Ever and a Day coréalisé par René Clair, Frank Lloyd, Victor Saville, Robert Stevenson, Herbert Wilcox et Sir Cedric Hardwicke.

1944 **Claudia**
scénario de Morrie Ryskind d'après la pièce de Rose Franken. Photographie : Leon Shamroy. Direction artistique : Thomas Little. 20th Century-Fox (William Perlberg).
Avec Dorothy McGuire, Robert Young, Ina Claire, Reginald Gardiner, Olga Baclanova, Joan Howard, Frank Fenton.

1946 **Of Human Bondage**
scénario de Catherine Turney d'après le roman de Somerset Maugham. Photographie : Peverell Marley. Direction artistique : Richard Day, Lyle Wheeler. Warner Bros.
Avec Paul Henreid, Eleanor Parker, Edmund Gwenn, Martin Lamont, Janis Paige, Patric Knowles, Isobel Elsom.

The Razor's Edge *(le Fil du rasoir)* avec Tyrone Power, Gene Tierney, Anne Baxter, John Payne et Herbert Marshall.

1947 **Nightmare Alley** *(le Charlatan)* avec Tyrone Power, Joan Blondell et Colleen Gray.

1948 **Everybody Does It** avec Linda Darnell et Paul Douglas.

1950 **Mister 880** avec Edmund Gwenn, Burt Lancaster et Dorothy McGuire.

1952 **We Are Not married** *(Cinq Mariages à l'essai)* avec Ginger Rogers, Fred Allen, Marilyn Monroe, Victor Moore et David Wayne.

1953 **Down among the Sheltering Palms** *(le Désir sous les palmes)* avec William Lundigan, Janet Greer et Mitzi Gaynor.

1956 **Teenage Rebel** avec Ginger Rogers et Michael Rennie.

1958 **Mardi-Gras** avec Pat Boone et Christine Carere.

Ernst Lubitsch

L'intraduisible « Lubitsch touch » est plus qu'un style : la somme d'effets reconnaissables qui associent la personnalité de l'artiste à un inimitable savoir-faire. Au-delà d'une époustouflante maîtrise par laquelle le genre de la comédie américaine a trouvé ses règles, Lubitsch inscrit dans le point de vue cinématographique une distance souveraine entre le regard et le rire, entre l'essence comique d'une situation et le raccourci critique qui l'arrache à la convention. Écriture fondatrice d'un genre qui d'emblée y échappe et ne se résume pas à ce qu'elle permet de constituer. Lubitsch a contribué à dégager l'univers particulier de la comédie américaine en se situant là où la grossièreté peut devenir légère, là où l'ellipse se charge de ce qui pèse le plus lourd sans que la situation échappe à un schéma conventionnel, là enfin où le scénario est transcendé par le pur exercice de la mise en scène.

Le cinéma muet trouve le sens de son projet dans une relation étroite au théâtre, mais, au lieu de se tourner vers la grande tradition que définit essentiellement le recours aux textes majeurs du répertoire, il se nourrit de l'expérience théâtrale qui lui est la plus proche : le théâtre de foire et la pantomime. Comme Chaplin et les grands burlesques américains, Lubitsch est, avant d'être metteur en scène, un acteur comique. Mais, paradoxe de taille, c'est dans le grand théâtre allemand, sur la scène de la Volksbühne, que Lubitsch rencontre le théâtre de foire, comme Meyerhold à la même époque au théâtre Kommissarjevskaïa. On lui confie des rôles muets ou presque qu'il interprète sur le mode burlesque, comme celui du fossoyeur dans la mise en scène d'*Hamlet* par Max Reinhardt en 1910.

Lubitsch tourne de nombreux films comme acteur tout en poursuivant sa carrière théâtrale jusqu'à devenir un caractère, une figure comique ayant sa physionomie propre qui est associée aux premiers succès populaires du cinéma en Allemagne, mais très vite il ne laisse à personne d'autre le soin de le mettre en scène avant de se consacrer entièrement à la direction d'acteurs. Tant et si bien que la presse allemande, plus en raison de sa notoriété que de son style, ne l'appelle plus que « le Max Reinhardt du cinéma ». Devenu l'un des plus célèbres metteurs en scène européens, forçant la comparaison avec la meilleure des traditions théâtrales, multipliant les succès, remplissant les salles jusqu'en Amérique, établissant les bases de la prospérité du cinéma allemand, Lubitsch ne pouvait manquer d'intéresser Hollywood qui a toujours su trouver les arguments qu'il fallait pour attirer les talents qui ne lui semblaient pas avoir de raison d'être ailleurs, encore moins d'y rester.

Après une première expérience décevante avec United Artists, Lubitsch négocie un contrat en or avec les frères Warner dont le studio a le vent en poupe grâce aux énormes profits dégagés par un film antiallemand, particulièrement bien venu en 1918 pour justifier auprès d'une opinion assez peu préparée les raisons de l'intervention américaine en Europe pendant la Première Guerre mondiale. *My Four Years in Germany*, réalisé par William Nigh d'après les articles retentissants de l'ambassadeur Gerard, fait plus d'un million de dollars de recettes. Ce qui permet à Jack Warner de s'assurer le soutien indéfectible d'une des plus grandes banques de Los Angeles (la Security Bank), qui ne croit pas son argent trop mal placé, et d'engager une politique audacieuse et systématique d'achats de droits permettant de nourrir les films du studio des meilleures œuvres contemporaines, de Sinclair Lewis à Scott Fitzgerald. Il faut dire que les films Warner des années vingt ne sont pas, loin s'en faut, à la mesure des ambitions affichées. Et l'arrivée de Lubitsch est le coup d'éclat de ceux qui ne veulent pas rester associés aux sujets sociaux et éducatifs comme *Open Your Eyes* (sur les maladies vénériennes), *Ashamed of Parents* ou *Why Girls Leave Home* dont les titres sont suffisamment explicites. Hésitant à rester à Hollywood, Lubitsch n'a pas manqué de faire monter les enchères, ajoutant à son contrat des clauses qui ont dû faire s'étrangler Jack Warner à leur première lecture : interdiction aux producteurs d'assister au tournage et même impossibilité de se présenter au studio pendant le déroulement de celui-ci, et, surtout, possibilité donnée au metteur en scène d'acheter, sans limitation de budget, les droits des œuvres littéraires et dramatiques qu'il pourrait souhaiter adapter. Lubitsch ne se gênera pas pour utiliser cette licence, acquérant les droits d'adaptation de *The Jazz Singer* pour la modique somme de 250 000 dollars ! Décision que les frères Warner n'eurent en définitive pas à regretter puisqu'elle leur permit de négocier dans les meilleures conditions le passage au parlant en réalisant sur ce canevas le film bien connu avec Al Jolson qui donna au studio les moyens de battre en passant tous ses records de recettes avec près de trois millions et demi de dollars.

Dans d'aussi bonnes conditions, Lubitsch donne libre cours à son génie et produit quelques-uns de ses plus beaux films muets, non sans plonger la Warner dans des affres dont il ne s'encombre guère, les succès commerciaux ne semblant pas suivre les audaces stylistiques. L'année 1924 est celle de cinq films, dont *Lady Windermere's Fan* (*l'Éventail de Lady Windermere*), adapté de la pièce d'Oscar Wilde où Lubitsch pousse très loin son sens de l'ellipse et de la métonymie, décrivant toujours l'enjeu principal de l'action par ce qui ne s'y réduit pas, tissant dans le non-dit du muet une fiction qui semble se jouer du récit et inventer une logique proprement cinématographique. C'est aussi en 1924 que Lubitsch intègre à son projet l'influence décisive de Chaplin qui vient de réaliser *A Woman of Paris* (*l'Opinion publique*). Profondément impressionné par ce film, Lubitsch entreprend coup sur coup deux films avec l'acteur infiniment subtil et complexe dont Chaplin a fait son jumeau sombre au moment où lui-même semble quitter la scène : Adolphe Menjou. *The Marriage Circle* reprend pratiquement la même intrigue que le film de Chaplin, mais il n'est pas besoin d'évoquer les subtils arguments d'Anatole France dans son *Apologie pour le plagiat*[1] pour comprendre le sens et l'exigence de la confrontation des deux plus grands cinéastes de leur époque. Lubitsch pousse même cette confrontation jusqu'à faire se rencontrer dans le même film, *Forbidden Paradise* (1924), l'acteur fétiche de Chaplin avec l'actrice fétiche de sa période allemande, Pola Negri.

Avec l'apparition du parlant, Lubitsch se ressource dans une autre tradition théâtrale, qui, à la fin du XIXe siècle, dans les années 1880, a pris la relève du théâtre populaire pour instituer un genre propre à la nouvelle bourgeoisie urbaine en prenant le nom générique de ses nouveaux quartiers : le boulevard.

Lubitsch est un grand admirateur de Victorien Sardou, Jules Chancel, Maurice Rostand et surtout de Sacha Guitry. Son apparition dans un plan de *la Huitième Femme de Barbe-Bleue* (*Bluebeard's Eighth Wife,* 1938) est plus qu'un hommage, l'indice d'une intimité à laquelle Lubitsch tient autant qu'à celle qui le lie à Chaplin. Durant plus de dix ans il chercha à monter la pièce de Guitry : *Debureau,* qu'il aimait plus que toutes les autres et qui, précisément, se nourrit, à travers le personnage du grand acteur de la pantomime, de ce théâtre de foire qui, une fois construit le théâtre du boulevard, n'est que le mythe fondateur d'une aventure coulée dans une langue nouvelle.

1. *La Vie littéraire,* Paris, Calmann-Lévy, 4e série, 1892, p. 156, 177.

Le langage est dans les films de Lubitsch un personnage qui a son autonomie. Les premiers films parlants de l'époque doivent absolument montrer qu'ils parlent, exhiber leur nouveauté. Ils le font dans l'exaltation musicale en passant par le détour du chant, mais Lubitsch va plus loin en faisant du langage parlé le moyen de donner une mobilité nouvelle aux situations dramatiques. Si les films de la période muette sont marqués par la métonymie qui déplace sans cesse l'enjeu du sens, ses films parlants le sont par la métaphore qui introduit un registre où l'énoncé littéral en masque ou en montre d'autres, plus ambigus ou plus cruels. Mots à double entente et autres chausse-trapes du langage permettent de dissimuler autant que de dire et deviennent les ressorts dramatiques essentiels où les personnages dédoublent leurs identités jusqu'à se dessaisir d'eux-mêmes dans le vertige du jeu.

Ce qui enchante dans le traitement de scénarios aussi attendus que *The Love Parade* (*Parade d'amour,* 1929), *Monte Carlo* (*Monte-Carlo*, 1930) ou *The Smiling Lieutenant* (*le Lieutenant souriant,* 1931) tient au formidable éclat, créé par le mouvement de la mise en scène, entre le lieu commun dramatique et ce qui s'y relie – il vaudrait mieux dire : s'y délie –, privilégiant l'effet et la surprise sur un canevas éminemment prévisible avec lequel acteurs et metteur en scène semblent jouer en virtuoses, comme un musicien de génie pourrait le faire en inventant une nouvelle écriture musicale sur des mélodies éculées. N'arrivait-il pas à Schoenberg de transcrire des valses de Johann Strauss ?

Le sourire de Maurice Chevalier, la distance ironique de son accent, la rencontre pétillante avec Jeanette MacDonald sont les ingrédients essentiels de ce formidable mouvement langagier et scénique, où chaque scène est prise dans un rythme à deux temps, à la fois du dedans et du dehors, le mouvement de la danse et du chant allant, selon sa propre logique, à la rencontre de celui de la caméra, perdant de vue le centre, échappant à tout point de référence pour que le plaisir de la perte soit suspendu à toute la durée du film.

Les comédies brillantes et musicales de Lubitsch sont empreintes d'une discrète ironie qui, sans pour autant déjuger le genre, peut devenir tout l'enjeu de l'intrigue, décomposant les rôles sociaux pour mieux faire apparaître ce qui, en eux, tient de la parade et de l'exhibition. *Trouble in Paradise* (*Haute Pègre,* 1932) et *Design for Living* (*Sérénade à trois*, 1933) cultivent une morale très particulière où, dans le règne du semblant, qui se confond avec les miroitements d'une bonne société dont les comportements s'assimilent souvent à ceux du

Parfaite équation : Greta Garbo et Melvyn Douglas dans Ninotchka (Ninotchka), *Lubitsch, 1939.*

demi-monde, chacun trompe tout le monde. Les identités ne sont plus que des habits d'emprunt qui, dès qu'ils sont bien portés, suffisent à emporter la conviction et deviennent, en tant que tels, les ressorts dramatiques d'une intrigue riche en développements contradictoires. Dans *Trouble in Paradise,* dont le titre est si pesamment traduit dans la version française (*Haute Pègre*), le « paradis » n'est autre que celui du jeu, celui où seule compte la force du mensonge, d'un mensonge qui ne serait que la vérité d'un instant. D'un instant où la vérité ne tiendrait qu'à la véracité de celui qui tient son rôle. Et serait totale si le rôle est bien tenu.

Si les rôles sociaux ne collent pas davantage à la peau des personnages, celui qui apparaît comme le plus honnête, l'homme d'affaires de Kay Francis, est en réalité le pire des escrocs ; les rôles sexuels sont aussi le pur effet d'un jeu que rien ne peut décider à l'avance. *L'Éventail de Lady Windermere* illustre déjà ce thème qui, malgré le code Hayes, est l'objet explicite de *Design for Living.* Mais la dissociation est ici purement démonstrative car rôles sociaux et rôles sexuels sont, chez Lubitsch, profondément intriqués. Dans le même registre que *Trouble in Paradise, Angel* (*Ange*, 1937) est un titre symptomatique qui convoque la figure la plus indéterminée sexuellement là où Marlene Dietrich joue de ses charmes ambivalents entre deux hommes, Herbert Marshall et Melvyn Douglas, qui se demandent jusqu'au bout qui, dans cette histoire, peut bien être la dupe.

L'évolution de Lubitsch se traduit dans la personnalité de ses acteurs. Si les années trente sont marquées par Maurice Chevalier, les années quarante le sont par un comédien à l'inspiration d'essence fort différente dont le talent rare peut jouer le même et son contraire de manière parfaitement homogène. Melvyn Douglas cultive cette vertu d'ambiguïté que Lubitsch recherche avant tout chez ses comédiens et qu'il a su trouver, mais de manière moins brillante, chez Herbert Marshall : la distance intérieure, la capacité d'être au cœur d'une action tout en se réservant, l'espace d'un sourire, la possibilité de lui tourner le dos. Il offre aux grandes stars hollywoodiennes – à Marlene Dietrich dans *Angel* et Greta Garbo dans *Ninotchka* – la possibilité de réaffirmer leurs qualités d'actrice à un moment où celles-ci sont le plus souvent prisonnières de rôles qui les exhibent et les embaument plus qu'ils ne leur permettent de jouer.

Poliakoff disait que, chez les peintres mineurs, les dernières toiles sont souvent anecdotiques et d'un intérêt médiocre alors que, chez les grands peintres, les œuvres testamentaires sont

Melvyn Douglas, Marlene Dietrich et Herbert Marshall dans Angel (Ange), *Lubitsch, 1937.*

de l'exigence la plus haute, de l'intensité la plus forte et de la facture la plus bouleversante. Ni Rembrandt, ni Poussin, ni Cézanne ne lui donnent tort.

La catastrophe absolue de la Seconde Guerre mondiale survient au moment où Lubitsch peut aller, à travers la maîtrise de son art, jusqu'au cœur des déterminations les plus secrètes qui font les rapports entre les êtres. Comme Chaplin, avec la même prescience, la même capacité d'analyse, il a compris que le nazisme était une formidable scène que l'Allemagne de Weimar avait laissé échapper à ses contradictions pour mieux se bercer de l'illusion de les avoir résolues. En mesurer la menace ne suppose pas de prendre le spectacle au sérieux. Lubitsch monte sur cette scène encombrée d'accessoires auxquels se mêle une forte odeur de brillantine et de naphtaline avant que ne l'emporte celle du plomb et du soufre, pour dire à quel point la sinistre pièce qui est en train de se jouer est grossièrement écrite. *To Be or Not to Be* (*Jeux dangereux,* 1942) est un chef-d'œuvre hautement dialectique où la puissance critique du jeu tient lieu d'arme politique. Ainsi Lubitsch peut-il montrer, sans aucune pesanteur idéologique, sans aucun discours de dénonciation, combien le faux nez qu'Hitler colle aux Juifs pour leur faire tenir le mauvais rôle pourrait aller aussi mal à n'importe qui. Aussi mal que certaine petite moustache qui peut suffire à un peintre du dimanche pour se croire maître du monde. La troupe de théâtre, en tournée en Pologne, qui, après une cascade de malentendus et de quiproquos, se voit contrainte de jouer le rôle d'Hitler au moment où elle cherche désespérément à monter *Hamlet* révèle profondément la brutalité accessoire du nazisme, son refus du sens et de l'être, sa bruyante inanité qui n'a que la violence pour s'affirmer, la puissance de détruire pour donner l'illusion de l'édification d'un ordre nouveau. Hamlet aussi a besoin du théâtre pour montrer dans l'espace d'une scène que le crime n'est jamais sans témoin. Lubitsch a su, au-delà des analyses réductrices et grossières, à l'encontre de l'impuissance moralisatrice des démocraties, à un moment où la propagande tient lieu d'analyse, mettre toute la puissance d'élucidation du drame en jeu pour saisir quelque chose de la catastrophe historique que, en tant qu'Allemand, Juif, émigré, il vivait d'une douleur plus intime.

Une profonde filiation relie l'œuvre de Lubitsch à celle de la seconde génération d'émigrés qui, comme Billy Wilder et Otto Preminger, ont pu s'affirmer grâce à lui dans leur nouvelle carrière hollywoodienne. Mais celui qui fut le plus proche, de souche américaine malgré son origine germano-polonaise, fut certainement Joseph Mankiewicz. Lubitsch lui permit de réaliser son premier film : *Dragonwick* (*le Château du dragon,* 1946). Et Mankiewicz sut retrouver dans sa propre écriture ce traitement incisif des enjeux qui passe par l'épreuve du jeu et de la mise en scène[2].

Filmographie

1914 **Fräulein Seifenschaum** avec Ernst Lubitsch.
Meyer als Soldat avec Ernst Lubitsch.
Rund um die Ehe avec Ernst Lubitsch.
Hans Trutz in Schlaraffenland avec Ernst Lubitsch.
1915 **Blinde Kuh.**
Auf Eis Geführt avec Albert Paulig et Ernst Lubitsch.
Zucker und Zimt avec Ernst Matray et Ernst Lubitsch.
1916 **Leutnant auf Befehl** avec Ernst Lubitsch.
Wo Ist Mein Schatz ? avec Ernst Lubitsch.
Als ich Tot War avec Ernst Lubitsch.
Der Schwarze Moritz avec Ernst Lubitsch.
Schuhpalast Pinkus avec Ernst Lubitsch.
Der Gemischte Frauenchor avec Ernst Lubitsch.
Der G.M.B.H. Tenor avec Ossi Oswalda et Ernst Lubitsch.
1917 **Ossis Tagebuch** avec Ossi Oswalda et Hermann Thimig.
Der Blusenkönig avec Ernst Lubitsch.
Wenn Vier Dasselbe Machen avec Ossi Oswalda et Emil Jannings.
Ein Fideles Gefängnis avec Ossi Oswalda.
1918 **Prinz Sami** avec Ernst Lubitsch et Ossi Oswalda.
Der Rodelkavalier avec Ossi Oswalda.
Ich Möchte Klein Mann Sein avec Ossi Oswalda.
Der Far Rosentopf avec Ossi Oswalda et Ernst Lubitsch.
Die Augen der Mummie Ma avec Pola Negri, Harry Liedtke et Emil Jannings.
Das Mödel vom Ballet avec Ossi Oswalda et Harry Liedtke.
Carmen avec Pola Negri et Harry Liedtke.
Marionetten avec Ernst Matray.
1919 **Meier aus Berlin** avec Ossi Oswalda et Ernst Lubitsch.
Meine Frau, die Film Schauspielerin avec Ossi Oswalda.
Schwabenmädle avec Ossi Oswalda.
Die Austernprinzessin avec Ossi Oswalda et Harry Liedtke.
Rausch avec Asta Nielsen.
Der Lustige Ehemann avec Victor Janson.
Madame Du Barry avec Pola Negri, Harry Liedtke et Emil Jannings.
Die Puppe avec Ossi Oswalda et Hermann Thimig.
1920 **Köhlhiesels Töchter** avec Emil Jannings.
Romeo und Julia im Schnee avec Lotte Neumann.
Sumurun avec Pola Negri et Ernst Lubitsch.
Anna Boleyn avec Henry Porten et Emil Jannings.
1921 **Die Bergkatze** avec Pola Negri et Victor Janson.
1922 **Das Weib des Pharao** avec Emil Jannings.
Die Flamme avec Pola Negri et Hermann Thimig.
1923 **Rosita** avec Mary Pickford.
1924 **The Marriage Circle** avec Florence Vidor, Monte Blue et Adolphe Menjou.
Three Women avec Pauline Fredrick, May McAvoy et Marie Prevost.
Forbidden Paradise avec Pola Negri et Adolphe Menjou.
Kiss Me Again avec Marie Prevost et Monte Blue.
Lady Windermere's Fan *(l'Éventail de Lady Windermere)* avec Irene Rich et Ronald Colman.

2. Cf. *le Cinéma américain. Les années cinquante,* Paris, Éd. du Seuil, coll. « Point-Virgule », 1984 : Mankiewicz, p. 147-158 ; Preminger, p. 178-186 ; Wilder, p. 241-249.

1926 **So This Is Paris** *(les Surprises de la TSF)* avec Monte Blue.
1927 **The Student Prince** *(Vieil Heidelberg)* avec Ramon Novarro et Norma Shearer.
1928 **The Patriot** *(le Patriote)* avec Emil Jannings.
1929 **Eternal Love**
scénario de Hans Kräly d'après le roman de Jakob Christoph Beer, *Der König der Bernina.* Photographie : Oliver Marsh. Intertitres : Katherine Hilliker et H.H. Caldwell. Musique : Hugo Riesenfeld. United Artists.
Avec John Barrymore, Camilla Horn, Victor Varconi, Mona Rico, Hobart Bosworth, Bodil Rosing.
The Love Parade *(Parade d'amour)*
scénario de Ernst Vajda et Guy Bolton d'après la pièce de Leon Xanrof et Jules Chancel, *le Prince consort.* Photographie : Victor Milner. Décors : Hans Dreier. Paramount.
Avec Maurice Chevalier, Jeanette MacDonald, Lillian Roth, Lupino Lane, Edgar Norton, Lionel Belmore.
1930 **Monte Carlo** *(Monte-Carlo)*
scénario de Ernst Vajda d'après la pièce de Hans Müller. Photographie : Victor Milner. Décors : Hans Dreier. Musique : Richard Whitting et Frank Harling. Paramount.
Avec Jack Buchanan, Jeanette MacDonald, ZaSu Pitts, Tyler Brooke, Claude Allister, Lionel Belmore.
1931 **The Smiling Lieutenant** *(le Lieutenant souriant)*
adaptation et scénario de Ernst Vajda, Samson Raphaelson et Ernst Lubitsch d'après le roman de Hans Müller, *Nux, der Prinzgemahl* et l'opérette *A Waltz Dream* de Leopold Jacobson et Felix Dormann avec une musique de Oscar Strauss. Photographie : George Folsey. Décors : Hans Dreier. Paramount.
Avec Maurice Chevalier, Claudette Colbert, Miriam Hopkins, George Barbier, Charles Ruggles, Hugh O'Connell.
1932 **The Man I Killed** *(l'Homme que j'ai tué)*
scénario de Ernst Vajda et Samson Raphaelson d'après une adaptation de la pièce de Maurice Rostand, *l'Homme que j'ai tué.* Photographie : Victor Milner. Décors : Hans Dreier. Paramount.
Avec Lionel Barrymore, Nancy Carroll, Phillips Holmes, Tom Douglas, ZaSu Pitts, Lucien Littlefield, Louise Carter, Frank Sheridan.
One Hour with You *(Une heure avec vous)*
scénario de Samson Raphaelson d'après la pièce de Lothar Schmidt, *Only a Dream.* Photographie : Victor Milner. Décors : Hans Dreier. Musique : Oscar Strauss et Richard Whiting. Dialogues : George Cukor. Paramount.
Avec Maurice Chevalier, Jeanette MacDonald, Genevieve Tobin, Roland Young, Charles Ruggles, George Barbier.
Trouble in Paradise *(Haute Pègre)*
scénario de Sansom Raphaelson d'après la pièce de Laszlo Aladar, *The Honest Finder.* Photographie : Victor Milner. Décors : Hans Dreier. Musique : W. Frank Harling. Paramount (Ernst Lubitsch).
Avec Herbert Marshall, Miriam Hopkins, Kay Francis, Charles Ruggles, Edward Everett Horton, C. Aubrey Smith, Robert Greig.
If I Had a Million *(Si j'avais un million)* film coréalisé par Norman Taurog, Stephen S. Roberts, Norman McLeod, James Cruze, William A. Seiter, H. Bruce Humberstone. La séquence réalisée par Lubitsch était jouée par Charles Laughton.
1933 **Design for Living** *(Sérénade à trois)*
adaptation et scénario de Ben Hecht d'après la pièce de Noël Coward. Photographie : Victor Milner. Décors : Hans Dreier. Musique : Nathaniel Finston. Paramount.
Avec Gary Cooper, Miriam Hopkins, Fredric March, Edward Everett Horton, Franklin Pangborn, Isabel Jewel, Harry Dunkinson.
1934 **The Merry Widow** *(la Veuve joyeuse)*
scénario de Ernst Vajda et Samson Raphaelson d'après l'opérette de Victor Leon et Leo Stein sur une musique de Franz Lehar. Photographie : Oliver Marsh. Décors : Cedric Gibbons. Direction artistique : Edwin B. Willis. MGM (Irving Thalberg).

Avec Maurice Chevalier, Jeanette MacDonald, Edward Everett Horton, Una Merkel, George Barbier, Ruth Channing, Sterling Holloway, Donald Meek.

1937 **Angel** *(Ange)*
scénario de Samson Raphaelson d'après la pièce de Melchior Lengyel. Photographie : Charles Lang. Direction artistique : Robert Usher et A.E. Freudman. Décors : Hans Dreier. Musique : Frederick Hollander. Paramount.
Avec Marlene Dietrich, Herbert Marshall, Melvyn Douglas, Edward Everett Horton, Ernest Cossart, Laura Hope Crewes, Ivan Lebedeff.

1938 **Bluebeard's Eighth Wife** *(la Huitième Femme de Barbe-Bleue)*
scénario de Charles Brackett et Billy Wilder d'après la pièce d'Alfred Savoir. Photographie : Leo Tover. Direction artistique : Robert Usher et A.E. Freudman. Décors : Hans Dreier. Musique : Werner Heymann. Paramount (Ernst Lubitsch).
Avec Gary Cooper, Claudette Colbert, Edward Everett Horton, David Niven, Elizabeth Patterson, Hermann Bing, Warren Hymer, Franklin Pangborn.

1939 **Ninotchka** *(Ninotchka)*
scénario de Charles Brackett et Billy Wilder d'après une histoire de Melchior Lengyel. Photographie : William Daniels. Direction artistique : Cedric Gibbons. Décor : Randall Duell et Edwin B. Willis. MGM.
Avec Greta Garbo, Melvyn Douglas, Ina Claire, Bela Lugosi, Sig Ruman, Felix Bressart, Alexander Granach, Gregory Gaye.

The Shop around the Corner *(Rendez-vous)*
scénario de Samson Raphaelson d'après la pièce de Nikolaus Laszlo. Photographie : William Daniels. Direction artistique : Cedric Gibbons. Décors : Wade B. Rubottom et Edwin B. Willis. Musique : Werner Heymann. MGM (Ernst Lubitsch).
Avec Margaret Sullavan, James Stewart, Frank Morgan, Joseph Schildkraut, Sara Haden, Felix Bressart, William Tracy.

1941 **That Uncertain Feeling** *(Illusions perdues)*
scénario de Donald Ogden Stewart d'après la pièce de Victorien Sardou et Emile de Najac, *Divorçons*, adaptée par Walter Reisch. Photographie : George Barnes. Décors : Alex Golitzen. Musique : Werner Heymann. United Artists.
Avec Merle Oberon, Melvyn Douglas, Burgess Meredith, Alan Mowbray, Olive Blakeney.

1942 **To Be or Not to Be** *(Jeux dangereux)*
scénario de Edwin Justus Mayer d'après une histoire de Ernst Lubitsch et Melchior Lengyel. Photographie : Rudolph Maté. Direction artistique : Julia Heron. Décors : Vincent Korda. Musique : Werner Heymann. United Artists (Ernst Lubitsch et Alexandre Korda).
Avec Carole Lombard, Jack Benny, Robert Stack, Felix Bressart, Lionel Atwill, Stanley Ridges, Sig Ruman, Tom Dugan, Charles Halton, George Lynn, Henry Victor, Maude Hedburn.

1943 **Heaven Can Wait** *(Le ciel peut attendre)*
scénario de Samson Raphaelson adapté de la pièce de Laszlo Bus-Fekete, *Birthdays*. Photographie : Edward Cronjager. Direction artistique : Thomas Little et Walter M. Scott. Décors : James Basevi et Leland Fuller. Musique : Alfred Newman. 20th Century-Fox (Ernst Lubitsch).
Avec Gene Tierney, Don Ameche, Charles Coburn, Marjorie Main, Laird Cregar, Spring Byington, Allyn Joslyn, Eugene Pallette, Signe Hasso, Louis Calhern.

1946 **Cluny Brown** *(la Folle Ingénue)*
scénario de Samuel Hoffenstein et Elizabeth Reinhardt d'après le roman de Margery Sharp. Photographie : Joseph La Shelle. Direction artistique : Lyle Wheeler et J. Russell Spencer. Décors : Thomas Little et Paul Fox. Musique : Cyril Mockridge et Emil Newman. 20th Century-Fox (Ernst Lubitsch).
Avec Charles Boyer, Jennifer Jones, Peter Lawford, Helen Walker, Reginald Gardiner, Reginald Owen, C. Aubrey Smith, Richard Haydn.

Leo McCarey

Gagman chez Hal Roach dans les années vingt, McCarey doit à la constante improvisation des courts métrages burlesques toute sa maîtrise de la mise en scène. L'essence comique du personnage burlesque ne lui préexiste pas, elle s'invente dans le jeu, d'une trouvaille l'autre, jusqu'à constituer un univers de représentation qui n'appartient qu'à celui qui l'a découvert en s'y jetant à corps perdu. McCarey sait partir de rien, de l'inconfort d'une situation qui ne correspond plus à l'idée initiale, d'un morceau de décor qu'il faut utiliser ou d'un bout de scénario injouable comme tel mais qui peut servir de prétexte ou de canevas à une libre improvisation permettant d'atteindre quelque chose d'authentique. Aucun de ses films ne ressemble à la version première de son scénario, et ses acteurs ont souvent dû se soumettre à la tâche ingrate de réapprendre sur le plateau des dialogues entièrement transformés dans la nuit, voire pendant qu'était tournée la scène précédente. Dirigeant lui-même plusieurs films par mois et supervisant l'activité du studio, McCarey est, pendant ses années d'apprentissage, un homme multiple dont l'activité se nourrit de tout ce qui lui tombe sous la main. C'est ainsi que, en faisant passer un gagman un peu fluet de l'autre côté de la caméra où se trouve un figurant tout en rondeurs, il invente Laurel et Hardy, dont il suit la carrière de très près jusqu'aux années trente. Capra, qui fit également ses débuts chez Hal Roach, était fasciné par le travail de McCarey : « L'homme que je regardais et admirais le plus était Leo McCarey, [...] l'aisance et la rapidité avec lesquelles il façonnait, dans le feu de l'action, des gags pour Laurel et Hardy me fit pâlir d'envie[1]. » Grand dompteur de monstres, McCarey est souvent resté prisonnier d'un si particulier talent dont on attendait qu'il sauve les carrières compromises par le passage au parlant de quelques grands comiques. Ainsi de *Six of a Kind* (1934), écrit sur mesure pour W.C. Fields, et de *The Milky Way* (*Soupe au lait,* 1935), où Harold Lloyd semble perdu dans un rythme qui n'est plus le sien. Il ne put pas davantage éviter les nouveaux monstres, ceux dont le comique, d'essence langagière, renouvelait la tradition burlesque, et notamment les premiers d'entre eux : les Marx Brothers.

Duck Soup (*Soupe au canard,* 1933) est aussi singulier dans l'œuvre des Marx que dans celle de McCarey. Pour la première fois les quatre frères étaient véritablement mis en scène, du

1. *The Name above the Title,* New York, The MacMillan Company, 1971. *Hollywood Story. Autobiographie,* Paris, Stock, 1971 (trad. de Ronald Blunden) ; repris chez Ramsay dans la coll. « Ramsay-Poche-Cinéma », 1985.

moins avaient-ils le sentiment de l'être – ce qui n'allait pas sans souffrances –, alors que McCarey n'était pas tout à fait persuadé de les diriger. Chacun croyant faire le film de l'autre tout en s'en défendant par tous les moyens, celui-ci semble construit sur un formidable jeu de forces sous la tension desquelles la fiction avance au rythme d'un moteur à explosion. Plus que dans aucun de leurs autres films, l'énergie comique des frères Marx, pourtant diffuse et disparate, chacun des frères travaillant sur une « portée » particulière, est constamment reprise et reversée dans le rythme d'ensemble, évitant les numéros successifs qui furent souvent le lot d'autres réalisateurs n'ayant jamais cherché à s'imposer à des interprètes aussi imprévisibles et aussi tyranniques.

Mais l'œuvre de McCarey était ailleurs. Sa maîtrise de metteur en scène comique ne le satisfaisait pas, quel que soit le brio des effets qu'il était capable d'obtenir. Le rire est pour lui avant tout le moyen souverain de briser les conventions sociales et de faire apparaître ce qu'elles recèlent d'accommodements, de bassesses et d'hypocrisies. *Ruggles of Red Gap* (*l'Extravagant M. Ruggles,* 1934) décape le conformisme de la vieille Europe et celui de la jeune Amérique, le second n'étant pas à l'abri de la caricature du premier. Charles Laughton en valet modèle, garant des plus ancestrales traditions, découvrant dans une petite ville de l'Ouest la voie de son émancipation, construit son jeu comme une pure surface de réfraction où la netteté des formes acquises de la bonne conduite révèle l'inconduite profonde de ceux qu'il sert. Plutôt que dans les gags où le personnage burlesque est toujours à la fois le sujet et l'objet de l'action, l'essence comique tient dans la distance insupportable entre l'inapparente subjectivité de Ruggles et la lisse objectivité de sa fonction. Évidemment, Ruggles redevient lui-même et même complètement Marmaducke Ruggles, le prénom surgissant, incongru, intime, encombrant comme l'humain là où il n'a pas sa place.

McCarey est obsédé par la reconnaissance secrète qui fonde la communauté humaine, ce sentiment d'appartenir à la famille de ses semblables, de pouvoir y trouver sa propre identité. *Make Way for Tomorrow* (*Place aux jeunes,* 1937), film dans lequel il met beaucoup de lui-même et dont l'échec l'affecte plus qu'aucun autre, célèbre le culte de la piété filiale, du respect dû à la génération des pères. Avec *Love Affair* (*Elle et Lui,* 1938), il atteint l'équation parfaite de cette foi dans l'Autre par laquelle tout amour a quelque chose de divin. Ce sublime mélodrame écrit avec Delmer Daves est la forme pure, pleinement achevée, de son travail. La passion naît, irrésistible, sur

L'Amérique qui rêve de l'Europe qui rêve de l'Amérique : ZaSu Pitts, Charles Laughton, Charles Ruggles et Mary Boland dans Ruggles of Red Gap (l'Extravagant M. Ruggles), *McCarey, 1934.*

le paquebot qui ramène Irene Dunne et Charles Boyer, mais chacun a sa vie et ils ne peuvent s'appartenir sans briser leurs anciennes attaches. Ils se promettent de faire agir l'absence, de créer entre eux le vide d'une séparation de six mois et de se retrouver au faîte de l'Empire State Building s'ils s'aiment toujours. Au moment de se rejoindre, l'absence ayant trempé le lien et rendu leur attente plus impatiente, Terry McKay (Irene Dunne) est renversée par une voiture. Infirme, elle se refuse à revoir celui qu'elle aime. Mais les deux amants finissent par se retrouver et la passion emporte avec elle la transgression, la souffrance et la loi. La limpidité du synopsis décrit les contours d'une évidence sensible sans pouvoir en pénétrer le secret. Seule la vibration des images, les intermittences de la mise en scène saisissent ce qui est en jeu dans le mystère de la passion où le corps de l'autre s'immole dans un excès d'amour. L'obsession de ce motif ne devait pas quitter McCarey qui, en 1957, réalise plus que le remake, l'irrésistible recommencement qu'appelle le thème essentiel de son œuvre. *An Affair to Remember* (*Elle et Lui*), où Cary Grant et Deborah Kerr reprennent les rôles de Charles Boyer et d'Irene Dunne, inscrit le mélodrame dans la distance du souvenir, dans la lumière à proprement parler idéale de la pure projection au réalisme précisément fantasmatique. Nulle déperdition d'un film à l'autre, car la répétition n'épuise pas ici l'identité du thème.

La religiosité de l'œuvre de McCarey rejoint celle des plus grands, les Ford, les Vidor, les Borzage, dans un esprit apostolique dont l'humour n'est jamais absent. « Je suis convaincu que Dieu devait avoir de l'humour », aimait-il à dire. On ne saurait le contredire à voir le choix qu'il fait de ses servants. Il n'était en effet pas tout à fait évident de transformer Bing Crosby en prêtre catholique et de faire de *Going My Way* (*la Route semée d'étoiles,* 1943) et de *The Bells of St Mary* (*les Cloches de Sainte-Marie,* 1945) des succès monumentaux rapportant à eux deux près de trente millions de dollars. Prêcheur impénitent, McCarey a poursuivi son œuvre indifférent aux critères extérieurs à sa mission, ne comprenant pas bien pourquoi Sinclair Lewis, le prix Nobel pressenti pour écrire *Good Sam* (*Ce bon vieux Sam,* 1948), le bon Samaritain qui est aussi le bon Américain, trouvait un tel personnage aussi stupide qu'invraisemblable, le sacrifice pour autrui ne lui paraissant pas la vertu la mieux partagée de l'humaine nature. Mais rien ne put retenir McCarey dans son apostolat, et son œuvre est à mettre au crédit d'une apologétique dont les naïvetés souriantes n'ont rien des grossièretés sulpiciennes dont Hollywood fut par ailleurs si friand.

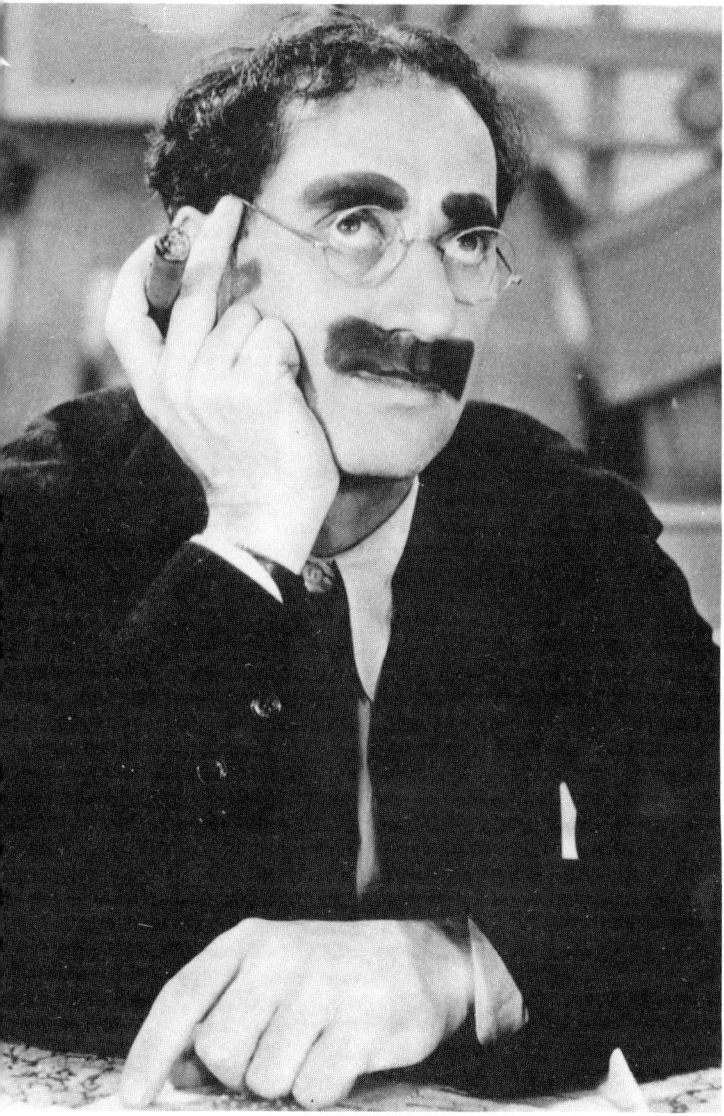

Comment diriger Groucho ? Duck Soup (la Soupe aux canards), *McCarey, 1933.*

Filmographie

1921 **Society Secrets** avec Eva Novak et George Berell.

1929 **The Sophomore**
scénario de Leo McCarey et William H. Conselman. Photographie : John J. Mescal. RKO (Joseph P. Kennedy).
Avec Eddie Quillan, Stanley Smith, Russell Gleason, Sarah Padden, Brooks Benedict, Spec O'Donnell, Walter O'Keefe.

Red Hot Rhythm
scénario de Leo McCarey et William H. Conselman. Photographie : John J. Mescal. Direction artistique : Edward Jewell. RKO.
Avec Alan Hale, Walter O'Keefe, Josephine Dunn, Anita Garvin, Ilka Chase, Ernest Hilliard, Harry Bowen.

1930 **Wild Company**
scénario de John Stone et Bradley King. Photographie : L. William O'Connell. Direction artistique : Stephen Goosson. Musique et chansons : Jimmy Monaco, Cliff Friend et Jack Meskill. Fox (A.L. Rockett).
Avec Frank Albertson, H.B. Warner, Bela Lugosi, Sharon Lynn, Joyce Compton, Claire McDowell, Mildred Van Dorn.

Let's Go to Native
coréalisé par George Marion Jr. et Percy Heath. Photographie : Victor Milner. Chansons : Richard A. Witing et George Marion Jr. Chorégraphie : David Bennett. Paramount.
Avec Jack Oakie, Jeanette MacDonald, James Hall, Skeets Gallagher, William Austin, David Newell, Kay Francis.

Part-Time Wife *(Madame et ses partenaires)*
scénario de Leo McCarey, Raymond L. Schrock et Howard Green. Photographie : George Schneiderman. Fox.
Avec Edmund Lowe, Leila Hyams, Tommy Clifford, Walter McGrail, Louis Payne, Sam Lufkin.

1931 **Indiscreet** *(Indiscret)*
scénario de Buddy G. De Sylva. Photographie : Ray June. Direction artistique : Richard Day. Musique : Alfred Newman. United Artists.
Avec Gloria Swanson, Ben Lyon, Monroe Owsley, Barbara Kent, Arthur Lane, Maude Eburne.

1932 **The Kid from Spain** *(le Roi de l'arène)*
scénario de William Anthony McGuire, Bert Kalmar et Harry Ruby. Photographie : Gregg Toland. Direction artistique : Richard Day. Numéros musicaux : Busby Berkeley. Musique : Bert Kalmar, Harry Ruby et Harry Akst. United Artists (Samuel Goldwyn).
Avec Eddie Cantor, Lydia Roberti, Robert Young, Ruth Hall, John Miljan, Noah Beery, J. Carroll Naish.

1933 **Duck Soup** *(Soupe au canard)*
sujet de Bert Kalmar et Harry Ruby. Direction artistique : Hans Dreier. Paramount.
Avec Groucho Marx, Harpo Marx, Chico Marx, Zeppo Marx, Margaret Dumont, Louis Calhern, Verna Hillie, Raquel Torres.

1934 **Six of a Kind**
scénario de Walter de Leon et Harry Ruskin. Photographie : Henry Sharp. Direction artistique : Hans Dreier. Musique : Ralph Rainger. Paramount.
Avec Charlie Ruggles, Mary Boland, W. C. Fields, Alison Skipworth, George Burns, Gracie Allen, Bradley Page, Grace Bradley.

Belle of the Nineties
scénario de Mae West. Photographie : Karl Struss. Musique et chansons : Arthur Johnston, Sam Coslow et Duke Ellington. Paramount (William Le Baron).
Avec Mae West, Roger Pryor, John Mack Brown, Katherine DeMille, John Miljan, James Donlan, Tom Herbert, Stuart Holmes.

Ruggles of Red Gap *(l'Extravagant M. Ruggles)*
scénario de Walter De Leon et Harlan Thompson. Photographie : Alfred Gilks. Musique : Ralph Rainger. Direction artistique : Hans Dreier et Robert Odell. Paramount (Arthur Hornblow Jr.).
Avec Charles Laughton, Mary Boland, Charles Ruggles, ZaSu Pitts, Roland Young, Leila Hyams, Maude Eburne, Baby Richard.

1935 **The Milky Way** *(Soupe au lait)*
scénario de Grover Jones, Frank Butler et Richard Connell. Photographie : Alfred Gilks. Direction artistique : Hans Dreier et Bernard Herzbrun. Paramount (Lloyd Sheldon).

Avec Harold Lloyd, Adolphe Menjou, Verrel Teasdale, Helen Mack, William Gargan, Dorothy Wilson, George Barbier, Lionel Stander.

1937 **Make Way for Tomorrow** *(Place aux jeunes)*
scénario de Vina Delmar, d'après le roman de Josephine Lawrence, *The Years Are So Long.* Photographie : William C. Mellor. Direction artistique : Hans Dreier et Bernard Herzbrun. Musique : George Antheil. Paramount (Leo McCarey).
Avec Victor Moore, Beulah Bondi, Fay Bainter, Thomas Mitchell, Porter Hall, Barbara Read, Maurice Moscovitch.

The Awful Truth *(Cette sacrée vérité)*
scénario de Vina Delmar d'après la pièce d'Arthur Richman. Photographie : Joseph Walker. Direction artistique : Stephen Goosson et Lionel Banks. Musique : Ben Oakland. Columbia (Leo McCarey).
Avec Cary Grant, Irene Dunne, Ralph Bellamy, Molly Lamont, Cecil Cunningham, Esther Dale, Alexandre D'Arcy, Robert Warwick, Mary Forbes.

1939 **Love Affair** *(Elle et Lui)*
scénario de Delmer Daves d'après une histoire de Leo McCarey et Mildred Cram. Photographie : Rudolph Maté. Direction artistique : Al Herman. Décors : Van Nest Polglase. Musique : Roy Webb. RKO.
Avec Irene Dunne, Charles Boyer, Maria Ouspenskaya, Lee Bowman, Astrid Allwyn, Maurice Moscovitch, Scotty Beckett.

1942 **Oncle Upon a Honeymoon** *(Lune de miel mouvementée)*
scénario de Sheridan Gibney et William Bowers. Photographie : George Barnes. Direction artistique : Al Herman. RKO (Leo McCarey).
Avec Cary Grant, Ginger Rogers, Walter Slezak, Albert Dekker, Albert Basserman, Steven Geray.

1943 **Going My Way** *(la Route semée d'étoiles)*
scénario de Frank Butler d'après une histoire de Leo McCarey. Photographie : Lionel Lindon. Direction artistique : Steve Seymour. Paramount (Leo McCarey).
Avec Bing Crosby, Rise Stevens, Barry Fitzgerald, Frank McHugh, James Brown, Gene Lockhart, Jean Heather, William Frawley.

1945 **The Bells of St Mary** *(les Cloches de Sainte-Marie)* avec Bing Crosby et Ingrid Bergman.

1948 **Good Sam** *(Ce bon vieux Sam)* avec Gary Cooper et Ann Sheridan.

1951 **My Son John** avec Helen Hayes et Van Heflin.

1957 **An Affair to Remember** *(Elle et Lui)* avec Cary Grant et Deborah Kerr.

1958 **Rally Round the Flag, Boys !** *(la Brune brûlante)* avec Paul Newman, Joan Collins et Joanne Woodward.

1961 **Satan Never Sleeps** *(Une histoire de Chine)* avec William Holden, Clifton Webb et France Nuyen.

Rouben Mamoulian

En 1898, l'année qui vit naître Mamoulian, Tiflis garde encore le souvenir du séjour de Griboïedov, l'auteur du *Malheur d'avoir trop d'esprit*, le diplomate impertinent et dévoué assassiné par les Persans pendant son ambassade à Téhéran, qui, avec Pouchkine et Lermontov, fit de la génération décabriste celle du profond renouvellement de la littérature russe.

Cette même année Meyerhold joue le rôle de Treplev pour la création au Théâtre d'art de *la Cerisaie* de Tchekhov dans la mise en scène de Stanislavski. Quelques années plus tard le fondateur du Théâtre d'art confie à son singulier acteur les destinées du premier Studio près le Théâtre d'art qui, au-delà des implications de l'esthétique pouchkinienne, se voue aux recherches sur le rythme scénique. Quand Mamoulian arrive à Moscou, il rejoint le second studio près le Théâtre d'art, conduit cette fois par Vakhtangov qui, plus proche du vieux maître, poursuit ses recherches sur l'intégration scénique de toutes les formes d'expression dramatique, notamment musicales.

L'œuvre de Mamoulian s'inscrit dans ce projet qui, changeant de substance en passant par Broadway et Hollywood, s'enrichit d'un nouveau matériau, travaillant son héritage avec les possibilités de traitement de l'image et du son offertes par le cinéma sans pour autant quitter le terrain que Stanislavski a donné successivement à défricher à Meyerhold et à Vakhtangov.

Mamoulian est un de ceux qui inscrivent la continuité du formidable laboratoire théâtral des années vingt soviétiques dans la première grande mutation de Hollywood à l'apparition du parlant. Adopté par New York après avoir renoncé à travailler en Angleterre et décliné l'invitation de Jacques Hébertot, l'élève de Vakhtangov devient à la fois le metteur en scène du grand répertoire classique à l'American Opera Company, de Wagner à Debussy en passant par Bizet, et l'un de ceux qui contribuent à donner tout son lustre à Broadway. Le succès de *Porgy and Bess* en 1927 ne laisse pas indifférents Jesse Lasky et Walter Wanger, qui l'invitent à rejoindre la Paramount. Sans doute ont-ils compris que le passage au parlant auquel se préparent tous les studios ne pouvait être négocié que par un de ceux qui savaient traiter ensemble, et de somptueuse manière, toutes les matières de l'expression théâtrale en faisant concourir la musique, les images et les sons à l'action dramatique.

Les grands talents de Broadway qui rejoignent Hollywood à cette époque – comme Cukor ou, un peu plus tard, Minnelli – ont tendance à illustrer leurs meilleurs succès pour le cinéma. Mamoulian cherche au contraire à faire de Broadway une des dimensions de fictions proprement cinématographiques où la scène de théâtre est poussière et nostalgie. *Applause*, son premier film (1929), entretient cette relation tendrement ironique au théâtre. Le cinéma y apparaît comme le grand restaurateur du mélodrame, comme si celui-ci était la vérité cinématographique du théâtre. Le personnage de Kitty Darling « queen of hearts » se nourrit de l'image sacrificielle et dérisoire de la star aux émois semblables à ceux d'une chanteuse

L'épreuve de soi : Marlene Dietrich loin de Sternberg dans The Song of Songs (le Cantique des cantiques), *Mamoulian, 1933.*

de beuglant, portant sa proche chair aux applaudissements de la foule. Dans le mélodrame la métaphore est littérale. La comédienne offerte à son public se donne à sa fille, la chair de sa chair, comme elle s'est déjà donnée aux foules qui la captivent. La fascination de Mamoulian pour la dépossession de l'identité de l'actrice dans l'exercice de sidération de son jeu devait le conduire à diriger les deux plus grandes stars des années trente : Marlene Dietrich et Greta Garbo.

Conscient de mettre en scène, et l'actrice et le mythe, Mamoulian semble faire l'anatomie de la fiction intime d'où vient le mystère de la star. Le pouvoir de fascination de Dietrich et de Garbo se dégage autant de ce qu'elles réservent que de ce qu'elles donnent, comme si, en elles, irrésistiblement se dérobait l'éloge de leur beauté. La star ne rend pas les hommages, ni ne les justifie, elle les absorbe et délivre en échange la sanction de l'image noir et blanc indéfiniment suspendue au battement d'un cil, au déplacement d'une ombre, à l'infime mouvement par lequel sa présence est toujours déjà disparition. Son secret le mieux préservé réside sans doute là où le mythe rejoint l'histoire intime et s'y confond, se rapprochant de l'essence humaine de la Divine pour mieux en faire douter ou mieux laisser apprécier la ruse de ses apparitions. Mais il y a aussi quelque risque à s'approcher de ces espaces invisibles en Allemagne ou en Suède, où se fonde la proximité du lointain et se distille l'aura : celui de se rapprocher trop et de rencontrer une authenticité plus prosaïque que ne peut le supporter le travail du mythe. En dirigeant Dietrich dans *The Song of Songs* (*le Cantique des cantiques,* 1933), Mamoulian n'a pas su ou pas voulu conjurer ce risque jusqu'au bout. Interrompant une série de cinq films tournés avec Sternberg, de *Der blaue Engel* (*l'Ange bleu,* 1930) à *Blonde Venus* (*Blonde Vénus,* 1932), il introduit dans la continuité du mythe dessiné autant par les scénarios que par les éclairages de plus en plus métonymiques, détachant le corps de l'actrice de toute présence à elle-même, une profonde rupture en revenant aux sources d'une germanité qui redonne à Dietrich la densité charnelle de sa première apparition à Hollywood. Les conventions mélodramatiques du scénario permettent d'exalter des thèmes qui se situent à l'encontre de l'univers sternbergien, Marlene apparaissant dans une lumière diurne sans halo ni contrastes, bien éloignée des subtils clairs-obscurs de son Pygmalion. Et si le corps de Marlene résiste au vertige d'un culte éthéré, en épaissit même le mystère en semblant ne pas tout à fait s'y soumettre, il perd toute sa mobilité quand la mise en scène ne lui impose plus son contraire.

L'épisode Mamoulian est bien une singulière parenthèse révélant à l'actrice combien elle s'appartient peu. La revanche de Sternberg est cinglante, dérisoire et cruelle, car jamais Marlene Dietrich n'aura été couverte d'adornements plus artificiels et d'un mauvais goût plus achevé que dans *The Scarlet Empress* (*l'Impératrice rouge,* 1934), qui marque leurs retrouvailles.

Au contraire de Marlene Dietrich, Greta Garbo ne laisse à personne le soin de décider de son mythe. Depuis Stiller, c'est sa propre continuité qui est au cœur de ses films, quels qu'en soient les metteurs en scène. Elle accepte d'autant plus facilement le pari de Mamoulian d'aller à la source de son authenticité en se transformant en ce qu'elle est : suédoise et reine. Elle sait profondément que plus elle est elle-même en incarnant le personnage de *la Reine Christine* (*Queen Christina,* 1933), plus son secret s'approfondit, plus le proche se confond avec le lointain. Et ce qui pour Marlene Dietrich n'était qu'un détour, réduit bien vite en regrettable écart, est pour Greta Garbo un moment privilégié de son œuvre. Et de celle de Mamoulian. Rencontre rare où se croisent et se complètent deux nécessités qui pour se servir ne renoncent à rien d'elles-mêmes. La clarté presque schématique du jeu de Garbo trouve sa plus précise définition dans la mise en scène sophistiquée de Mamoulian, qui délimite autour d'elle l'espace d'une scène parfaitement dégagée, dont le décor a la vertu allusive d'une situation toujours suspendue à la limite de son idéale possibilité.

La modernité de *la Reine Christine* se joue dans la réduction à l'essentiel qui ne laisse aucun motif secondaire s'opposer à l'invasion de l'aura distillée dans chacun des regards, dans chacun des silences, dans chacun des refus, dont la ruse suprême est de se dépouiller de tous les attributs qui pourraient à eux seuls signifier son emprise. Reine de n'en jamais exhiber les signes, Christine absorbe la lumière et ne la délivre que dans l'ascèse du désir où se joue le rêve ultime de transcender le partage des sexes.

Avant de rencontrer Garbo, Mamoulian était allé au bout des paradoxes du semblant dans ce qui reste son plus beau film, l'adaptation du célèbre roman de Stevenson, *Dr. Jekyll and Mr. Hyde* (*Docteur Jekyll et M. Hyde,* 1931). Pour faire exister l'Autre dans toute sa force de rupture et d'intime destruction, Mamoulian cherche la clé du dédoublement au sein de l'intériorité de son personnage, explorant magistralement, dans la première scène du film, les ressources expressives de la caméra subjective. L'image inaugurale naît de la musique, du jeu d'orgues d'où un panoramique vertical découvre les mains de celui qui joue, plongeant les spectateurs dans le pur signifiant, la forme sans visage que le musicien cherche à saisir. Le cadre est précisément délimité par le champ de vision du personnage qui se prépare à partir, monte dans un fiacre, arrive à l'université, s'installe en chaire où un panoramique horizontal de cent quatre-vingts degrés permet enfin de le découvrir au moment où il commence à exister dans le regard des étudiants qui l'écoutent. Jekyll ne s'appartient pas, il est prisonnier de la conscience puritaine qui l'habite et qui se multiplie dans les yeux de ceux qui sont devant lui pour entendre sa parole magistrale. Hyde existe bien avant l'irrésistible transformation dans cette excavation ténébreuse qu'a creusée en lui le moule de la conformité.

Tout au long de son travail Mamoulian n'a eu de cesse d'étendre le registre expressif du cinéma. Avec la musique dans des comédies musicales aussi réussies que *Love Me Tonight* (*Aimez-moi ce soir,* 1932), où Jeanette MacDonald et Maurice Chevalier se retrouvent dans une atmosphère qui n'a rien à envier à celle de Lubitsch, et dont la vivacité particulière tient à la qualité de l'intégration du chant, des « songs », dans l'action dramatique, où les bruits et les sons eux-mêmes sont complètement musicalisés, jusqu'à perdre au profit de leur valeur rythmique toute fonction de représentation. Avec la couleur, en expérimentant dans *Becky Sharp,* en 1935, l'ancêtre du Technicolor. Ce goût de l'innovation technique ne s'apparente pas à la recherche d'effets facilement nouveaux, mais au constant désir de se doter des meilleurs moyens d'assimilation de tous les éléments théâtraux dans un rythme proprement cinématographique. En quoi Mamoulian a su rester fidèle aux principes de Vakhtangov, tels qu'il les énonçait en 1927 avant de découvrir Hollywood : « *In direction and staging, I used my favourite principle of integrating all theatrical elements into one stylised pattern*[1]. »

Filmographie

1929 **Applause**
scénario de Garrett Fort d'après le roman de Beth Brown. Photographie : George Folsey. Paramount (Jesse L. Lasky Jr. et Walter Wanger).
Avec Helen Morgan, Joan Peers, Fuller Mellish Jr., Henry Wadsworth, Jack Cameron, Dorothy Cumming.

1931 **City Streets** *(les Carrefours de la ville)*
scénario de Oliver H.P. Garrett d'après une histoire de Dashiell Hammett adaptée par Max Marcin. Photographie : Lee Garmes. Musique : Sidney Cutner. Paramount.
Avec Gary Cooper, Sylvia Sidney, Paul Lukas, Guy Kibbee, William

1. Cité par Tom Mikne in *Mamoulian,* Londres, Thames and Hudson, 1969.

Jeanette MacDonald dans Love Me Tonight (Aimez-moi ce soir), *Mamoulian, 1932.*

1931 Boyd, Wynne Gibson, Betty Sinclair, Stanley Fields.
Dr. Jekyll and Mr. Hyde *(Docteur Jekyll et M. Hyde)*
scénario de Samuel Hoffenstein et Percy Heath d'après le roman de Robert Louis Stevenson. Photographie : Karl Struss. Direction artistique : Hans Dreier. Paramount (Rouben Mamoulian).
Avec Fredric March, Miriam Hopkins, Rose Hobart, Holmes Herbert, Edgar Norton, Halliwell Hobbes, Arnold Lucy.

1932 **Love Me Tonight** *(Aimez-moi ce soir)*
scénario de Samuel Hoffenstein, Waldemar Young et George Marion Jr. d'après la pièce de Leopold Marchand et Paul Armont. Photographie : Victor Milner. Direction artistique : Hans Dreier. Chansons : Richard Rogers et Lorenz Hart. Paramount (Rouben Mamoulian).
Avec Jeanette MacDonald, Maurice Chevalier, Charles Ruggles, Charles Butterworth, C. Aubrey Smith, Myrna Loy, Elizabeth Patterson.

1933 **The Song of Songs** *(le Cantique des cantiques)*
scénario de Samuel Hoffenstein et Leo Birinski d'après le roman de Hermann Sudermann et la pièce de Edward Sheldon. Photographie : Victor Milner. Direction artistique : Hans Dreier. Musique : Karl Hajos et Milan Rodern. Paramount (Rouben Mamoulian).
Avec Marlene Dietrich, Brian Aherne, Lionel Atwill, Alison Skipworth, Hardie Albright, Helen Freeman, Richard Bennett.
Queen Christina *(la Reine Christine)*
scénario de Salka Viertel et H.M. Harwood d'après une histoire originale de Salka Viertel et Margaret P. Levine. Photographie : William Daniels. Direction artistique : Alexander Toluboff et Edwin B. Willis. Musique : Herbert Stothart. MGM (Walter Wanger).
Avec Greta Garbo, John Gilbert, Ian Keith, Lewis Stone, Elizabeth Young, C. Aubrey Smith, Reginald Owen, George Renevent.

1934 **We Live Again**
scénario de Leonard Praskins adapté du roman de Leon Tolstoï, *Résurrection*. Photographie : Gregg Toland. Direction artistique : Richard Day. Musique : Alfred Newman. Samuel Goldwyn (Samuel Goldwyn).
Avec Anne Sten, Fredric March, Jane Baxter, C. Aubrey Smith, Ethel Griffies, Gwendolyn Logan, Jessie Ralph, Sam Jaffe.

1935 **Becky Sharp**
scénario de Francis Edward Fragoh d'après la pièce de Langdon Mitchell, elle-même adaptée du roman de Thackeray, *Vanity Fair*. Photographie : Ray Rennahan. Décors : Robert Edmond Jones. Musique : Roy Webb. Pioner Pictures (Kenneth Macgowan).
Avec Miriam Hopkins, Sir Cedric Hardwicke, Nigel Bruce, Frances Dee, Alan Mowbray, G.P. Huntley Jr., George Hassell, William Stack. (Le tournage du film fut commencé par Lowell Sherman le 3 décembre 1934. Celui-ci mourut le 28 décembre. Mamoulian termina le tournage et le film.)

1936 **The Gay Desperado** *(le Joyeux Bandit)*
scénario de Wallace Smith d'après une histoire originale de Leo Birinski. Photographie : Lucien Andriot. Direction artistique : Richard Day. Musique : Alfred Newman. Pickford-Lasky (Mary Pickford et Jesse L. Lasky Jr.).
Avec Ida Lupino, Nino Martini, Leo Carrillo, Harold Huber, Mischa Auer, Stanley Fields, Paul Hurst, Adrian Rosley, Alan Garcia.

1937 **High Wide and Handsome** *(la Foire de l'or noir)*
scénario de Oscar Hammerstein. Photographie : Victor Milner et Theodor Sparkuhl. Direction artistique : Hans Dreier et John Goodman. Décors : A.E. Freudeman. Musique : Jerome Kern. Paramount (Arthur Hornblow Jr.).
Avec Irene Dunne, Randolph Scott, Dorothy Lamour, Raymond Walburn, Alan Hale, Elizabeth Patterson, Charles Bickford, William Frawley.

1939 **Golden Boy** *(l'Esclave aux mains d'or)*
scénario de Lewis Meltzer, Daniel Taradash, Sarah Y. Mason et Victor Heerman d'après la pièce de Clifford Odets. Photographie : Nick Musuraca et Karl Freund. Direction artistique : Lionel Banks. Musi-

que : Victor Young. Columbia (William Perlberg).
Avec Barbara Stanwyck, Adolphe Menjou, William Holden, Lee J. Cobb, Joseph Calleia, Sam Levene, Edward S. Brophy, Beatrice Blinn.

1940 **The Mark of Zorro** *(le Signe de Zorro)*
scénario de John Tainton Foote d'après le roman de Johnston McCulley adapté par Garrett Fort et Bess Meredyth, *The Curse of Capistrano.* Photographie : Arthur Miller. Direction artistique : Richard Day et Joseph C. Wright. Décors : Thomas Little. Musique : Alfred Newman. 20th Century-Fox (Raymond Griffith).
Avec Tyrone Power, Linda Darnell, Basil Rathbone, Gale Sondergaard, Eugene Pallette, J. Edward Bromberg, Montagu Love, Janet Beecher.

1941 **Blood and Sand** *(Arènes sanglantes)*
scénario de Jo Swerling d'après le roman de Blasco Ibañez, *Sangre y Arena.* Photographie : Ernest Palmer et Ray Rennahan (Technicolor). Direction artistique : Richard Day et Joseph C. Wright. Décors : Thomas Little. Musique : Alfred Newman. 20th Century-Fox (Darryl F. Zanuck).
Avec Tyrone Power, Linda Darnell, Rita Hayworth, Nazimova, Anthony Quinn, J. Carrol Naish, John Carradine, Laird Cregar.

1942 **Rings on Her Fingers** *(Qui perd gagne)*
scénario de Ken Englund d'après une histoire de Robert Pirosh et Joseph Schrank. Photographie : George Barnes. Direction artistique : Richard Day et Albert Hogsett. Décors : Thomas Little. Musique : Cyril Mockridge. 20th Century-Fox (Milton Sperling).
Avec Henry Fonda, Gene Tierney, Spring Byington, Laird Cregar, John Shepperd, Frank Orth, Henry Stephenson, Marjorie Gateson.

1948 **Summer Holiday** *(Belle Jeunesse)*
scénario de Frances Goodrich et Albert Hackett d'après la pièce de Eugene O'Neill, *Ah ! Wilderness.* Photographie : Charles Shoenbaum (Technicolor). Direction artistique : Cedric Gibbons et Jack Martin Smith. Décors : Edwin B. Willis et Richard Pefferle. Musique : Harry Warren. Chansons : Harry Warren et Ralph Blane. MGM (Arthur Freed).
Avec Mickey Rooney, Gloria DeHaven, Walter Huston, Frank Morgan, « Butch » Jenkins, Marilyn Maxwell, Agnes Moorehead, Selena Royle.

1957 **Silk Stockings** *(la Belle de Moscou)*
scénario de Leonard Gershe et Leonard Spigelgass, lui-même basé sur celui de Billy Wilder, Charles Brackett et Walter Reish pour le film de Lubitsch, *Ninotchka* (1939). Photographie : Robert Bronner (Metrocolor). Direction artistique : William Horning et Randall Duell. Décors : Edwin B. Willis et Hugh Hunt. Musique et chansons : Cole Porter. MGM (Arthur Freed).
Avec Fred Astaire, Cyd Charisse, Janis Paige, Peter Lorre, Jules Munshin, Joseph Buloff, George Tobias, Wim Sonneveld.

Josef von Sternberg

Nul n'échappe à la cruauté des images, à la prison de lumière qui saisit et isole le corps vivant de l'acteur pour le livrer à l'exercice de fascination qui fixe le regard et ferme toute issue. Comme le poisson de Jonas, l'espace du jeu est clos, vivant transport qui de la chambre noire fait naître l'évidence sensible d'un corps suspendu à la pure relation de regard. Sternberg a voulu barrer son vrai nom de Jonas, entrer dans le ventre de Hollywood pour oublier Vienne et arracher le prénom de l'empereur pour en faire le sien et le rehausser d'une particule aussi grandiloquente que celle d'Erich von Stroheim, qui collectionnait les uniformes des régiments dissous. Ce déni fondateur est indissociable de son projet cinématographique où la lumière semble sourdre d'une nuit déclarée qui sépare le film de ses rivages, l'arrache violemment à toute référence possible, lui seul justifiant de sa propre réalité en renvoyant, par l'évidence du mirage qu'il saisit, le peu de réalité d'où il vient à sa vanité anecdotique. Sternberg n'appartient à aucune histoire du cinéma, il se situe en deçà, au cœur des déterminations les plus secrètes de Hollywood, là où s'élaborent les sortilèges et se fondent les mythes les plus durables. Marlene Dietrich, après cette traversée, a su transporter dans l'aura que Sternberg lui a dessinée la trace sensible de cette expérience pour laquelle était nécessaire la plus grande force. Elle a subi jusqu'au bout cette épreuve d'altérité où tout l'être aussi s'altère en prenant le risque de ne plus s'appartenir du tout. Ce que Chaplin n'a pas pu supporter en voyant Edna Purviance après son séjour dans le ventre du poisson. *A Woman of the Sea* – dont le titre est étrangement symétrique de celui de l'œuvre majeure de Chaplin : *A Woman of Paris,* toujours avec Edna Purviance – n'a jamais quitté les caves de Chaplin qui l'ont englouti après une unique projection, sans que ni Chaplin ni Sternberg ne s'expliquent plus avant sur cette étrange disparition. Il est des expériences qui conduisent au silence et des images qui appellent la nuit.

Le cinéma muet offrait à Sternberg une grande pureté de moyens qui lui permettait de réduire ses intrigues au contenu des situations sans entrer dans le bavardage narratif qui, de l'exposition au dénouement, confond l'aventure du sens avec les passages obligés qui le rendent immédiatement perceptible. L'œuvre la plus achevée de la première période de Sternberg, *The Docks of New York* (*les Damnés de l'océan,* 1929), fait preuve d'une grande désinvolture à l'égard des critères de vraisemblance du récit. Le titre dit assez que la fiction tout entière est dans le lieu, dans la situation, par la si particulière lumière qui fait du lieu une situation saturée de figures romanesques. Dans *The Docks of New York*, l'image est constamment flottante, nimbée d'une vapeur qui confond la terre et la mer, rend les contours de la réalité indistincts comme ceux du rêve. La blonde jeune fille dont les cheveux s'irisent d'une sainte auréole semble sortir de l'eau noire comme du poisson biblique pour échouer dans la grande ville, moderne Ninive, verticale, invisible, qui ne s'anime que dans ses bouges où les marins de retour conjurent leur grande peur de la mer en engloutissant des tonneaux de bière. Toute la fiction tient aux infinis contrastes qui, du noir au blanc, font se rencontrer

L'évidence charnelle : Marlene Dietrich et Emil Jannings dans Der blaue Engel (l'Ange bleu), *Sternberg, 1930.*

le désespoir de vies chavirées et le pari improbable d'un amour en sauvetage dans une distillation précise de l'eau du mystère dans la clarté lumineuse de l'énigme.

« Il est certain que le fait de transformer des êtres humains en images photographiques n'est pas un acte d'amour », écrit Sternberg dans ses *Souvenirs d'un montreur d'ombres*[1], dont le titre original, *Fun in a Chinese Laundry* – littéralement : « en s'amusant dans une blanchisserie chinoise » –, a une portée ironique et ambiguë vis-à-vis d'une de ses figures obsessionnelles : l'eau, que traduit assez mal un titre français plus digne de René Clair que de Sternberg. *L'Ange bleu* (*Der blaue Engel,* 1930) est l'objet d'une étrange transaction entre la cruauté du désir et celle du metteur en scène. L'adaptation du roman de Heinrich Mann, qui décrit l'humiliation du professeur Unrat dans son irrésistible passion pour une chanteuse de beuglant, devait être l'occasion pour Sternberg de diriger à nouveau le plus grand comédien allemand de l'époque, Emil Jannings, qu'il avait su imposer deux ans

1. Paris, Robert Laffont, 1966 (trad. de Magdeleine Paz).

La composition du personnage : Marlene Dietrich et Gary Cooper dans Morocco (Cœurs brûlés), *Sternberg, 1930.*

auparavant à Hollywood, dans *The Last Command* (*Crépuscule de gloire*). Mais ce qui s'est joué dans le film a profondément relativisé le scénario, faisant de Marlene Dietrich le personnage véritablement central non sur le plan du récit, car l'action est tout entière focalisée sur le personnage du professeur, mais sur celui de la fiction dont elle est le centre géométrique, le point d'équilibre dans un dispositif où la mise en scène de la cruauté du désir exalte le corps qui en est le principe. Marlene Dietrich a accepté de jouer le jeu d'une entière soumission dans une relation dont elle est dépossédée et qui la dépossède d'elle-même, mais en sachant, confusément sans doute au départ, puis, d'un film à l'autre, de manière de plus en plus évidente, que le pacte non écrit qui la liait à Sternberg passait par cette acceptation de l'image d'elle-même, pur objet d'un désir qui devait se nourrir de l'invention toujours recommencée de l'ombre et de la lumière irradiant la ligne des traits de cet invisible liséré qui détache le corps de la star de toute réalité possible pour en faire l'équation parfaite du sensible et de l'intellectuel.

Motif principal de son œuvre, Marlene Dietrich devient l'objet des scénarios les plus conventionnels, comme si Sternberg cherchait, sous le lieu commun, la surface lisse pour des situations archétypales, fondatrices, comme la femme mythique dont chaque image construit le temple. *Dishonored* (*Agent X-27,* 1931) compte moins par son intrigue abracadabrante que par le rôle sur mesure qui permet à Dietrich d'aller jusqu'au bout de l'essentielle versatilité de la star, par essence insaisissable, jouant toujours un rôle plus imprévisible que celui qu'on lui propose. Là encore le jeu est coupable et appelle la sanction. A trop suivre les contours de la transgression, celle qui n'appartient qu'à ses rôles finit par se perdre en entraînant avec elle ceux qui se sont laissé prendre à ses sortilèges. L'icône Dietrich se façonne d'un film à l'autre selon un dessin de plus en plus pur, jusqu'à concentrer toute la fiction dans la capture du regard, scène de séduction qui, comme dans *Morocco* (*Cœurs brûlés,* 1930), multiplie ses effets dans leurs extrêmes conséquences. La voix rauque, l'accent lointain, le voile d'un ailleurs et d'un passé accompagnent le nimbe de lumière et d'ombre où vibre le battement d'un cil. La passion entomologique de Sternberg soumet l'actrice à un univers saturé de références conventionnelles où pèsent les décors et les accessoires déversés par les magasins de Hollywood dans une rêverie morbide dont Marlene Dietrich sort toujours la plus vivante et la plus forte. L'affectation du metteur en scène accumule tous les signes du kitsch pour mieux renvoyer à leur vanité ces marques inessentielles. C'est dans l'univers de Pierre Louÿs que

L'extrême sophistication : Marlene Dietrich et Cary Grant dans Blonde Venus (Blonde Vénus), *Sternberg, 1932.*

Sternberg rencontre la somme de ses ambiguïtés, dans les nuances trop vives d'un récit dont le pittoresque et la couleur locale semblent sortis d'un rêve dont les traits peuvent à chaque instant sombrer dans le grotesque. John Dos Passos a su saisir le jeu paradoxal entre le convenu et la surprise qui semblent inscrire le livre de Louÿs dans un univers où règne le semblant et où chacun sait fort bien pourquoi, à la limite de quelle jouissance, il en est dupe. L'écrasante surcharge expressive que Sternberg impose à Marlene atteint dans *The Scarlett Empress* le degré où ne se distinguent plus l'exaltation du mépris, la pure passion du ressentiment qu'elle engendre chez celui qu'elle dépossède de tout contrôle et de toute mesure. Sternberg voyait-il ce qu'il faisait, en avait-il pleinement conscience en accumulant ces décors hideux aux stucs grimaçants, ces meubles de carton mal bouilli d'une insoutenable laideur et ces personnages pervers, excentriques et grotesques qui font du film une suite de visions fantomatiques sur lesquelles se détache la présence de Marlene Dietrich crucifiée à cet invraisemblable scénario ?

La négativité de Sternberg ne pouvait manquer de l'attirer vers les zones d'ombre de l'identité américaine, là où se joue la culpabilité d'une Nation fondée sur la spoliation et la conquête. *An American Tragedy* (*Une tragédie américaine,* 1931), de Théodore Dreiser, lie le désir de reconnaissance sociale à un geste criminel dont on ne sait s'il relève de l'accident ou de la préméditation. La jeune fille noyée au milieu du lac par son fiancé ou simplement sous ses yeux est le corps sacrifié à des valeurs qui, en exaltant le destin individuel, condamnent la part de l'autre. L'adaptation d'un tel livre, à laquelle ont travaillé aussi bien Eisenstein que Brecht et Piscator, qui le monta avec le Group Theatre en 1936 aux États-Unis sous le titre clinique *The Case of Clyde Griffith,* devait attirer sur Sternberg toute l'attention critique requise par les tâches supposées périlleuses. On lui a beaucoup reproché de n'avoir pas cherché à situer les arrière-plans sociaux qui conduisaient son personnage jusqu'à la situation limite qui fait l'énigme du livre. Mais Sternberg avait en réalité trop bien compris le travail de deuil qu'accomplissait le roman de Dreiser et la singulière complaisance qui accompagnait l'analyse logique de la culpabilité du personnage principal, complaisance qui est le principal ressort de la médiocre adaptation de George Stevens dans les années cinquante, où Montgomery Clift assume, en martyr attendrissant, la culpabilité de l'Amérique. Sternberg n'a pas de ces facilités. Rien ne semble rendre le geste de Phillips Holmes inévitable, aucune malédiction ne pèse sur lui, si ce n'est celle de ses médiocres ambitions qui ne le conduisent au crime que par hasard et sans doute par accident. Loin de la fonction emblématique du roman de Dreiser, Sternberg vide le personnage masculin de sa substance, s'intéressant davantage à celui de la jeune fille joué par Sylvia Sydney, dont la figure ne se résume pas à celle du pâle jeune homme qui ne représente rien que sa vie fortuite soumise au hasard d'un destin qui est à peine le sien.

Filmographie

1925 **The Salvation Hunters** avec George K. Arthur et Georgia Hale.
The Exquisite Sinner avec Conrad Nagel et Renée Adorée.
The Masked Bride avec Mae Murray et Roy d'Arcy.

1926 **A Woman of the Sea** avec Edna Purviance.

1927 **Underworld** *(les Nuits de Chicago)* avec George Bancroft et Evelyn Brent.

1928 **The Last Command** *(Crépuscule de gloire)* avec Emil Jannings.
The Drag-Net *(la Rafle)* avec George Bancroft et Evelyn Brent.

1929 **The Docks of New York** *(les Damnés de l'océan)*
scénario de Jules Furthman d'après l'histoire de John Monk Saunders. Photographie : Harold Rosson. Direction artistique : Hans Dreier. Paramount (Famous Players-Lasky). Avec George Bancroft, Betty Compson, Olga Baclanova, Clyde Cook, Mitchell Lewis, Gustav von Seyffertitz.
The Case of Lena Smith
scénario de Jules Furthman d'après une histoire de Samuel Ornitz. Photographie : Harold Rosson. Di-

rection artistique : Hans Dreier. Paramount (Famous Players-Lasky).
Avec Esther Ralston, James Hall, Gustav von Seyffertitz, Fred Kohler, Betty Aho, Lawrence Grant.

Thunderbolt
scénario de Charles Furthman. Dialogues : Hermann J. Mankiewicz. Photographie : Harry Gerrard. Direction artistique : Hans Dreier. Paramount (Famous Players-Lasky).
Avec George Bancroft, Richard Arlen, Fay Wray, Tully Marshall, Eugenie Besserer, James Spottswood, Fred Kohler.

1930 **Der blaue Engel** *(l'Ange bleu)*
scénario de Robert Liebmann et Carl Zuckmayer d'après le roman de Henrich Mann, *Professor Unrat.* Photographie : Günther Rittau et Hans Schneeberger. Direction artistique : Otto Hunte et Emil Hasler. UFA/Paramount (Erich Pommer).
Avec Emil Jannings, Marlene Dietrich, Kurt Gerron, Rosa Valetti, Hans Albers, Eduard von Winterstein, Rolf Müller.

Morocco *(Cœurs brûlés)*
scénario de Jules Furthman d'après la pièce de Benno Vigny, *Amy Jolly.* Photographie : Lee Garmes et Lucien Ballard. Direction artistique : Hans Dreier. Paramount (Hector Turnbull).
Avec Gary Cooper, Marlene Dietrich, Adolphe Menjou, Ullrich Haupt, Francis MacDonald, Juliette Compton, Eve Southern.

1931 **Dishonored** *(Agent X-27)*
scénario de Daniel N. Rubin d'après une histoire de Josef von Sternberg. Photographie : Lee Garmes. Direction artistique : Hans Dreier. Paramount.
Avec Marlene Dietrich, Victor McLaglen, Lew Cody, Gustav von Seyffertitz, Warner Oland, Barry Norton.

An American Tragedy *(Une tragédie américaine)*
scénario de Samuel Hoffenstein d'après le roman de Theodore Dreiser. Photographie : Lee Garmes. Direction artistique : Hans Dreier. Paramount.
Avec Phillips Holmes, Sylvia Sydney, Frances Dee, Irving Pichel, Frederick Burton, Claire McDowell.

1932 **Shanghai Express** *(Shangai Express)*
scénario de Jules Furthman d'après l'histoire de Harry Hervey. Photographie : Lee Garmes. Direction artistique : Hans Dreier. Paramount.
Avec Marlene Dietrich, Clive Brook, Anna May Wong, Warner Oland, Eugene Pallette, Lawrence Grant.

Blonde Venus *(Blonde Vénus)*
scénario de Jules Furthman et S.K. Lauren d'après l'histoire de Josef von Sternberg. Photographie : Bert Glennon. Direction artistique : Wiard Ihnen. Paramount.
Avec Marlene Dietrich, Cary Grant, Dickie Moore, Gene Morgan, Rita Le Roy, Robert Emmett O'Connor, Sidney Toler.

1934 **The Scarlet Empress** *(l'Impératrice rouge)*
scénario de Manuel Komroff d'après le journal de Catherine II de Russie. Photographie : Bert Glennon. Direction artistique : Hans Dreier. Musique d'après Tchaïkovski, Mendelssohn et Wagner arrangée par John M. Leopold et Frank Harling et complétée par Josef von Sternberg. Paramount.
Avec Marlene Dietrich, Sam Jaffe, John Lodge, Louise Dresser, Maria Sieber, C. Aubrey Smith, Ruthelma Stevens.

1935 **The Devil Is a Woman** *(la Femme et le Pantin)*
scénario de John Dos Passos et Sam Winston d'après *la Femme et le Pantin* de Pierre Louÿs. Photographie : Josef von Sternberg et Lucien Ballard. Direction artistique : Hans Dreier. Musique : Rimsky-Korsakov. Paramount.
Avec Marlene Dietrich, Lionel Atwill, Cesar Romero, Edward Everett Horton, Alison Skipworth, Don Alvarado.

Crime and Punishment
scénario de S.K. Lauren et Joseph Anthony d'après le roman de Dostoïevski. Photographie : Lucien Ballard. Direction artistique : Stephen Goosson. Musique : Louis Silvers. Columbia (B.P. Schulberg).
Avec Edward Arnold, Peter Lorre, Marian Marsh, Tala Birell, Elizabeth Risdon, Robert Allen, Douglas Dumbrille.

1936 **The King Steps Out** *(Sa Majesté est de sortie)*
scénario de Sidney Buchman d'après l'opérette *Cissy* de Hubert

1936 et Ernest Marischka. Photographie : Lucien Ballard. Direction artistique : Stephen Goosson. Columbia.
Avec Grace Moore, Franchot Tone, Walter Connolly, Raymond Walburn, Victor Jory, Elizabeth Ridson, Nana Bryant.

1937 **I Claudius** avec Charles Laughton et Merle Oberon. Interrompu après six semaines de tournage.

1939 **New York Cinderella**
scénario de James Kevin McGuinness d'après une histoire de Charles MacArthur. Photographie : Harold Rosson. Direction artistique : Cedric Gibbons et Paul Groesse. Musique : Bronislau Kaper et Arthur Guttman. MGM.
Avec Hedy Lamarr, Spencer Tracy, Verree Teasdale, Kent Taylor, Laraine Day, Mona Barrie, Jack Carson.
Sergeant Madden *(Au service de la loi)*
scénario de Wells Root d'après l'histoire *A Gun in His Hand* de William A. Ullman. Photographie : John F. Seitz. Direction artistique : Cedric Gibbons et Randall Duell. Musique : William Axt. MGM (J. Walter Ruben).
Avec Wallace Beery, Alan Curtis, Tom Brown, Laraine Day, Fay Holden, Marc Lawrence.

1941 **The Shanghai Gesture**
scénario de Karl Vollmoeller, Gesa Herczeg, Jules Furthman et Josef von Sternberg d'après la pièce de John Colton. Photographie : Paul Ivano. Direction artistique : Boris Leven. Décors : Howard Bristol. Musique : Richard Hageman. United Artists (Arnold Pressburger).
Avec Gene Tierney, Victor Mature, Ona Munson, Walter Huston, Phyllis Brooks, Albert Basserman, Maria Ouspenskaya, Marcel Dalio.

1943 **The Town** (US Office of War Information).

1950 **Jet Pilot** *(Les espions s'amusent)* avec John Wayne et Janet Leigh.
Macao *(Macao, paradis des mauvais garçons)* avec Robert Mitchum et Jane Russell.

1952 **The Saga of Anatahan** *(Fièvre sur Anatahan)* avec Akemi Negishi.

W.S. Van Dyke

Dans *King Kong*, le film de Schoedsack et Cooper, par lequel l'Amérique exorcisa la crise économique en fourrant dans une vieille peau de bête la peur archaïque brutalement libérée par la soudaineté catastrophique du Jeudi noir, il est un personnage qui prend la mesure du mythe et le magnifie en lui donnant force d'images : le cinéaste Carl Denham. Celui qui aborde avec son équipe les rivages inconnus où l'aventure commence n'est autre qu'un des mythes vivants de Hollywood, Woodbridge Strong Van Dyke, jouant son propre rôle d'explorateur inlassable pour qui le monde n'est jamais assez vaste et dont l'image repousse les limites jusqu'à l'éblouissement d'une lumière menacée qui trouverait dans la fiction son éternité.

Formé à l'école de Griffith dont il fut le décorateur et l'assistant, Van Dyke fait du cinéma l'instrument de découverte qui permet d'aller plus avant dans la réalité en réduisant par la fiction la résistance du monde inconnu. Sa démarche est exigeante et impatiente plus que curieuse et attentive. Il lui faut faire parler le monde, l'arracher à son mutisme immémorial, rendre visible ce qui se dérobe et tout montrer de ce qui est caché.

Sa remarquable efficacité et sa rapidité d'exécution lui valent le surnom, éminemment enviable aux yeux des producteurs, de « One Take Woody » – celui dont le geste est assez sûr pour qu'une prise suffise à chaque plan – et lui permettent de rejoindre la très puissante Metro-Goldwyn-Mayer où la confiance d'Irving Thalberg le destine aux entreprises difficiles. Vouée aux grands genres, la « major » de Culver City néglige le western, apanage des petites maisons de production, sans pour autant renoncer à son public, et cherche à lui offrir une version à sa mesure des mythes fondateurs de la nation américaine. Van Dyke relève ce défi et réalise sur la réalité indienne des films à costumes qui échappent aux schémas du western par un retour à l'authenticité historique, à la précision du détail, à la minutie ethnographique. Les films réalisés avec Tim McCoy chez les Indiens Arapahos sont tournés sur les lieux où ils sont censés se dérouler et font figurer les Indiens dans leurs propres rôles. Bien avant Delmer Daves, la culture indienne est au centre de *Wyoming* (1927) et de *Spoilers of the West* (1927) qui n'hésite pas à aller à l'encontre de l'historiographie officielle en présentant un général Custer inconscient et suicidaire. Ces films tournés en moins de vingt jours, réunissant parfois des milliers de figurants, et dont le scénario est lié à la découverte des lieux et des paysages, font de Van Dyke l'homme de la situation quand il s'agit d'aller réaliser dans les mers du Sud l'adaptation du roman de Frederick O'Brien, *White Shadows in the South Seas* (*Ombres blanches*, 1928), dont la MGM vient de s'assurer les droits.

Curieusement, Van Dyke semble davantage apprécié pour ses vertus pratiques que pour ses talents dramatiques, et Hunt Stromberg, en accord avec Thalberg, souhaite confier tout ce qui dans le film relève de l'observation de la réalité indigène à l'auteur de *Moana* (*Moana*, 1926), Robert Flaherty, dont la description précise et sensuelle de l'entrée dans l'âge d'homme d'un jeune Polynésien a profondément bouleversé Hollywood[1]. Ni Flaherty ni Van Dyke ne pouvaient réellement partager une approche requérant leur engagement le plus intime, chacun comprenant à sa manière l'approche nécessaire sans pouvoir pour autant frayer une voie commune. Rien ne serait plus vain que d'essayer d'opposer l'un à l'autre deux projets aussi voisins qu'inconciliables, dont l'un passait par la lourde machinerie du studio et pouvait donc l'emporter avec lui, alors que l'autre avait besoin d'échapper à l'appareil hollywoodien. Le malentendu fut vite dissipé et Flaherty rentra aux États-Unis après

1. Cf. *supra*, p. 98-104.

quinze jours passés à Tahiti, laissant à Van Dyke quelques plans déjà filmés, l'analyse de certaines situations et des repérages pour la suite du tournage. Van Dyke restait seul avec l'écrasante responsabilité d'un film au budget de cinq cent mille dollars, le premier tourné aussi loin de Hollywood. Malgré d'inextricables difficultés matérielles : mauvaise volonté des autorités françaises, problèmes logistiques et accidents en tout genre, Van Dyke sut mener l'entreprise à son terme et décrire l'Éden perdu et retrouvé où s'affrontent une société sans histoire et le siècle des hommes blancs qui la rattrape et la soumet en y perdant son âme. Là où Flaherty aurait su montrer l'image immobile de l'identité, Van Dyke inscrit le trouble d'une brutale effraction dont la lumière disperse les éclats jusqu'au fond des regards aveuglés par le piège fascinant des voiles blanches où vibre l'effroi du génocide.

L'enthousiasme de Buñuel et des surréalistes, la trace douloureuse de Flaherty ont fait de *White Shadows in the South Seas* un film quelque peu mythique que Van Dyke fut obligé de répéter en 1929 avec *The Pagan* (*Chanson païenne*) et à nouveau en 1931 (*Cuban Love Song – la Chanson des îles*), mais ce par quoi il appartient pleinement au projet de Van Dyke ne tient pas seulement à son thème profond de l'inexorable corruption de l'état de nature, mais à l'exaltation de celui-ci dans l'immanence du décor à la fiction où le cosmique et l'intime semblent indissociables.

Van Dyke ne pouvait pas trouver aisément de tels matériaux dans les studios de la MGM. La nécessité qui le poussait avait sans doute l'apparence d'une soif inextinguible d'aventures, mais relevait en vérité d'une passion pleinement cinématographique qui mêlait l'image à l'inconnu, la prise de vue au danger et au risque, le film à la souveraine provocation qui arrache le réel au tabou. Van Dyke n'a pas le respect de Flaherty pour ce qui résiste à l'image, il entre avec violence au cœur de la réalité et la soumet à la lettre de ses fictions. C'est dans cet état d'esprit qu'il s'engage dans l'incroyable aventure du tournage de *Trader Horn* (*Horn le Trafiquant,* 1930). Véritable expédition qui voit, pour la première fois, une énorme équipe de tournage pénétrer au cœur de l'Afrique à la recherche des lieux et des situations du célèbre récit d'aventures de Alfred Aloysius Horn. En tant que tel le récit du tournage est un roman d'aventures dans lequel ne manque aucune des péripéties qui font la fortune du genre, Van Dyke allant jusqu'à doubler lui-même Harry Carey dans les scènes les plus dangereuses. La puissance du bestiaire et la somptuosité des images font de cette « épopée cinématographique de la jungle » –

Clark Gable entre deux scènes de l'éprouvant tournage de San Francisco, *Van Dyke, 1936.*

comme la désignait son auteur – le fondement d'un mythe proprement cinématographique. L'aventure de cette fille de missionnaire devenue la déesse d'une tribu cannibale porte en germe les éléments du mythe de Tarzan qui fut conçu à l'origine pour exploiter les « stock shots » de *Trader Horn.* L'origine anecdotique rejoint ici une nécessité plus profonde, faisant de Van Dyke l'intercesseur, fidèle à sa mission à proprement parler épique, entre un monde sans images et des images qui cherchent à s'inventer une nature.

Rentrant à Hollywood tel Noé sur son arche, il fallait à Van Dyke inventer son Adam et, accessoirement, l'Ève de celui-ci, pour qu'ils règnent sur ses fauves, figés dans des kilomètres de pellicule inexploités. Pressentis, Charles Bickford, Joel McCrea, Douglas Fairbanks Jr. avaient l'air plus déshabillés que nus dès qu'ils endossaient le léger costume du rôle. Seul un champion olympique de natation, sans expérience cinématographique, semblait pouvoir se vêtir de ses propres muscles. Ainsi Johnny Weissmuller devint-il jusqu'en 1948, pour onze films successifs, le Tarzan idéal. Mais le plus beau des Tarzan, le plus tendre et le plus drôle, reste *Tarzan the Ape Man* (*Tarzan, l'Homme-singe,* 1932) où se mêlent le merveilleux et le grotesque, la naïveté et la surprise dans une jungle harmonieuse et sensuelle. Van Dyke laisse à d'autres le soin de répéter son moment de découverte et d'user les sandales du mythe. Il part, ailleurs, plus loin, vers l'Alaska où l'attirent les récits de l'explorateur Peter Freuchen et y réalise, dix ans après *Nanook, Eskimo* (*Esquimaux,* 1933). A nouveau il explore la relation ambiguë d'un monde préservé face à la loi des Blancs qui viole l'ordre immanent des choses et lui impose le règne de la violence.

Le prix Pulitzer 1929, *Laughing Boy*, écrit par Oliver La Farge, président de l'Association des Affaires indiennes, provoque en pleine crise économique une sévère remise en cause du sort réservé aux tribus indiennes, parquées dans leurs réserves, prolétarisées, soumises à l'alcoolisme et aux épidémies. Fasciné par ce témoignage, William Wyler commence à travailler à son adaptation avec son scénariste John Houston, mais Carl Laemmle Jr., qui règne sur Universal, trouve le sujet trop sulfureux et le revend à la MGM qui le confie à Van Dyke. Celui-ci s'engage intensément dans le projet, tournant dans la tribu Navajo, mais Louis B. Mayer lui impose dans les rôles principaux les minces et conventionnelles silhouettes de Ramon Novarro et de Lupe Velez, ôtant au film sa force de dénonciation. Celle-ci reste cependant si forte que la Legion of Decency, qui commence à sévir en 1934, exige et obtient

L'inspiration des frères Mankiewicz, le scénariste et le producteur : James Stewart et Claudette Colbert dans It's a Wonderful World (Le monde est merveilleux), *Van Dyke, 1939.*

près d'une demi-heure de coupure. Mutilé, le film est un échec qui permet au studio de remettre en cause les méthodes de Van Dyke et de lui imposer un travail plus conforme aux traditions. Les publicitaires de la MGM ne manquant pas d'humour, ils n'hésitent pas à le présenter alors comme « *the Hollywood's most amazing man in captivity* » !

La captivité de Van Dyke aurait été plus pénible s'il n'avait rencontré une nouvelle génération, et notamment un tout jeune producteur, Joseph L. Mankiewicz, faisant ses premières armes dans la grande maison après y avoir été introduit par son frère, le scénariste Herman Mankiewicz. La complicité entre les deux hommes est immédiate et change profondément le cours du travail de Van Dyke. *Manhattan Melodrama* (*l'Ennemi public nº 1,* 1934) introduit dans le film noir MGM des résonances warnériennes, une âpreté dans le traitement incisif de l'intrigue qui exige d'un Clark Gable une recomposition complète de son personnage. Ce premier fruit de la collaboration du vétéran dont tout le monde se méfie et du jeune producteur qui n'a peur de rien introduit également une nouvelle génération d'acteurs qui, en tant que telle, est porteuse de féconds développements scéniques. La rencontre de William Powell et de Myrna Loy sur le plateau de *Manhattan Melodrama* donne à Van Dyke le sentiment que les deux acteurs livrés à eux-mêmes sont capables de faire surgir de leur jeu une fantaisie tout à fait nouvelle. Il pense à eux pour son prochain film, une adaptation d'un roman de Dashiell Hammett, *The Thin Man,* où apparaît le personnage élégant, désinvolte, irrésistible et alcoolique de Nick Charles et celui de son imprévisible épouse. Mayer s'oppose vigoureusement au projet, ne comprenant vraiment pas pourquoi confier à des comédiens qui n'ont joué jusque-là que des rôles dramatiques le soin d'incarner des personnages dont l'essence comique est la composante principale. Van Dyke s'obstine et fait de *The Thin Man* (*l'Introuvable,* 1934) un chef-d'œuvre de subtile loufoquerie où l'excentricité du jeu de William Powell, dans sa relation précisément ciselée à celui de Myrna Loy, érotise les situations et fait baigner l'atmosphère du film dans la jouissance d'une intimité qui envahit toute la fiction. Condamné par le plaisir qu'il y avait pris et par l'énorme succès du film, Van Dyke ne put éviter de renouveler une alchimie si pleinement réussie. *After the Thin Man* (*Nick Gentleman-Détective,* 1936), *Another Thin Man* (*Nick joue et gagne,* 1939) et *Shadow of the Thin Man* (*l'Énigme de San Francisco,* 1941) sont autant d'exercices de style où les acteurs sont livrés à eux-mêmes dans des intrigues sur mesure.

A la mort de Thalberg en 1936, Van Dyke est un des

monuments de la MGM. Comme tel il n'échappe pas aux plus grosses productions du studio, comme *San Francisco* (*San Francisco,* 1936), film monumental, nationaliste et puritain où Van Dyke retrouve les accents de Griffith, mais où James Basevi tient cependant le meilleur rôle dans les effets spéciaux du tremblement de terre de 1906. Dans la même veine, *Marie Antoinette* (*Marie-Antoinette,* 1938) est avant tout un film de Cedric Gibbons, l'*art director* de la MGM qui passa plusieurs semaines à Versailles à étudier le détail de chaque scène. Mais Van Dyke sait échapper à son succès et profiter de la liberté qu'il lui donne pour tourner, entre deux comédies musicales qui font travailler les costumiers du studio, un film aussi violemment exigeant que *They Gave Him a Gun* (*On lui donna un fusil,* 1937), pamphlet antimilitariste dont le propos rigoureux analyse dans le destin du personnage incarné par Spencer Tracy le passage difficile des habitudes de la guerre aux contradictions de la paix.

Filmographie

1917 **Her Good Name** avec Edna Mayo.
Clouds.
Mother's Ordeal avec Edna Mayo.
The Land of Long Shadows avec Jack Gardner.
The Range Boss avec Edwin Arnold.
The Open Places.
The Men of the Desert avec Jack Gardner et Edwin Arnold.
Our Little Nell avec Nell Craig et Edwin Arnold.
The Gift O'Gab avec Helen Ferguson et Jack Gardner.
Sadies Goes to Heaven avec Edna Mayo et Edwin Arnold.
1919 **Lady of the Dugouts** avec Al Jennings et Frank Jennings.
1920 **Daredevil Jack** *(Jack Sans Peur)* avec Jack Dempsey *(serial).*
The Hawk's Trail *(la Piste de l'épervier)* avec King Baggott *(serial).*
1921 **Double Adventure** avec Charles Hutchinson *(serial).*
The Fortieth Door.
The Avenging Arrow *(la Flèche vengeresse)* avec Ruth Roland *(serial).*
1922 **White Eagle** *(l'Aigle Blanc)* avec Ruth Roland *(serial).*
Ruth of the Range avec Ruth Roland *(serial).*
The Milky Way avec David Butler.
According to Hoyle avec David Butler.
Forget Me Not *(l'Enfant sacrifiée)* avec Irene Hunt.
The Boss of Camp 4 avec Charles « Buck » Jones.
1923 **The Little Girl Next Door** *(la Petite Voisine)* avec Pauline Starke.
The Destroying Angel *(l'Ange destructeur).*
The Miracle Maker *(le Faiseur de miracles).*
Half-a-Dollar Bill *(Capitaine Sans-le-sou).*
1924 **Loving Lies** avec Monte Blue et Evelyn Brent.
The Battling Fool avec William Fairbanks.
The Beautiful Sinner avec William Fairbanks.
Winner Takes All *(Le gagnant prend tout)* avec Buck Jones.
Gold Heels *(la Dernière Course)* avec Robert Agnew.
1925 **The Chicago Fire** avec Mabel Ballin.
Ranger of the Big Pines avec Kenneth Harlan.
The Trail Rider avec Buck Jones.
Hearts and Spurs *(le Hors-la-loi)* avec Buck Jones.
Timber Wolf *(Justice est faite)* avec Buck Jones.
The Desert's Price avec Buck Jones.

1926 **The Gentle Cyclone** *(Poigne d'acier)* avec Buck Jones.
Eyes of the Totem *(les Yeux du totem).*
The Heart of the Yukon *(Au cœur de l'Alaska).*
War Paint *(Œil-de-Faucon)* avec Tim McCoy.
Winners of the Wilderness *(les Écumeurs du Sud)* avec Tim McCoy et Joan Crawford.
1927 **Under the Black Eagle** avec Ralph Forbes.
California avec Tim McCoy.
Foreign Devils *(les Diables jaunes)* avec Tim McCoy.
The Adventurer avec Tim McCoy.
Spoilers of the West avec Tim McCoy.
Wyoming avec Tim McCoy.
Riders of the Dark avec Tim McCoy.
1928 **White Shadows in the South Seas** *(Ombres blanches)*
coréalisé par Robert Flaherty. Scénario de Jack Cunningham d'après le roman de Frederick O'Brien. Photographie : Robert Flaherty, Clyde De Vinna, Bob Roberts et George Nogle. Irving Thalberg/Hearst Cosmopolitan (Hunt Stromberg et David O. Selznick).
Avec Monte Blue, Raquel Torres, Robert Anderson, René Bush.
1929 **The Pagan** *(Chanson païenne)*
scénario de Dorothy Farnum d'après John Russell. Direction artistique : Cedric Gibbons. MGM.
Avec Ramon Novarro, Renée Adorée, Dorothy Janis, Donald Crisp.
1930 **Trader Horn** *(Horn le Trafiquant)*
scénario de Richard Schayer d'après *Trader Horn, the Ivory Coast in the Earlies* de Alfred Aloysius Horn. Photographie : Clyde De Vinna, Bob Roberts, George Nogle et Dale Deverman. Direction artistique : Cedric Gibbons. Musique : William Axt. MGM (Irving Thalberg et Bernard Hyman).
Avec Harry Carey, Edwina Booth, Duncan Renaldo.
1931 **Guilty Hands** *(Mains coupables)*
scénario de Bayard Veiller d'après sa pièce. Photographie : Merritt Gerstad. MGM.
Avec Kay Francis, Lionel Barrymore, Madge Evans, William Blakewell, C. Aubrey Smith, Polly Moran, Alan Mowbray.
Never the Train Shall Meet
scénario de Edwin Justus Meyer et Ruth Cummings. Photographie : Merritt Gerstad. MGM.
Avec Conchita Montenegro, Leslie Howard, C. Aubrey Smith, Karen Morley, Mitchell Lewis, Hale Hamilton, Clyde Cook.
Cuban Love Song *(la Chanson des îles)*
scénario de C. Gardner Sullivan, Bess Meredyth, John Colton et Gilbert Emery. Photographie : Harold Rosson. Musique et chansons : Herbert Stothart et Ralph Rainger. MGM (Albert Lewin).
Avec Lawrence Tibbett, Lupe Velez, Ernest Torrence, Jimmy Durante, Karen Morley, Louise Fazenda.
1932 **Tarzan the Ape Man** *(Tarzan l'Homme-singe)*
scénario de Cyril Hume d'après Edgar Rice Burroughs. Photographie : Harold Rosson et Clyde De Vinna. Direction artistique : Cedric Gibbons. MGM (Bernard Hyman et Irving Thalberg).
Avec Johnny Weissmuller, Maureen O'Sullivan, Neil Hamilton, C. Aubrey Smith, Doris Lloyd, Forrester Harvey.
Night Court
scénario de Bayard Veiller et Leonore Coffee. Photographie : Norbert Brodine. MGM.
Avec Philipps Holmes, Walter Huston, Anita Page, Lewis Stone.
1933 **Penthouse** *(le Cas de l'avocat Durand)*
scénario de Frances Goodrich et Albert Hackett. Photographie : Harold Rosson. Musique : William Axt. MGM (Hunt Stromberg).
Avec Warner Baxter, Myrna Loy, Charles Butterworth, Mae Clarke.
The Prizefighter and the Lady *(Un cœur, deux poings)*
scénario de John Lee Mahin et John Meehan d'après Frances Marion. Photographie : Lester White. MGM (W.S. Van Dyke et Irving Thalberg).
Avec Jack Dempsey, Myrna Loy, Walter Huston, Otto Kruger, Vince Barnett, Robert McWade, Muriel Evans.
Eskimo *(Esquimaux)*
scénario de John Lee Mahin, W.S. Van Dyke et Peter Freuchen d'après *Der Eskimo. Ein Roman von der Hudson-Bai* et *Die Rucht*

in die Weisse Land de P. Freuchen. Photographie : Clyde De Vinna et Bob Roberts. MGM.
Avec Ray Wise, Lotus Long, Lulu Wong Wing, Dortuk, Van Dyke, Peter Freuchen, Joe Sawyer.

1934 **Laughing Boy**
scénario de John Colton et John Lee Mahin d'après le livre de Oliver La Farge. Photographie : Lester White. Direction artistique : Arnold Gillespie et Edwin B. Willis. Musique : Herbert Stothart. MGM (Hunt Stromberg).
Avec Ramon Novarro, Lupe Velez, William Davidson, Chief Thunderbird, Catalina Rambula.

Manhattan Melodrama *(l'Ennemi public n° 1)*
scénario de Joseph L. Mankiewicz et Oliver H.P. Garrett. Photographie : James Wong Howe. Direction artistique : Cedric Gibbons. MGM (David O. Selznick).
Avec Clark Gable, William Powell, Myrna Loy, Leo Carillo, Nat Pendleton, George Sidney, Isabel Jewell, Mickey Rooney.

The Thin Man *(l'Introuvable)*
scénario de Frances Goodrich et Albert Hackett d'après Dashiell Hammett. Photographie : James Wong Howe. Direction artistique : Cedric Gibbons. Musique : William Axt. MGM (Hunt Stromberg).
Avec William Powell, Myrna Loy, Maureen O'Sullivan, Minna Gombell, Porter Hall, Henry Wadsworth, William Henry, Harold Huber.

Hide Out *(Jours heureux)*
scénario de Frances Goodrich et Albert Hackett. Photographie : James Wong Howe et Ray June. Direction artistique : Cedric Gibbons. Musique : William Axt. MGM (Hunt Stromberg).
Avec Maureen O'Sullivan, Robert Montgomery, Edward Arnold, Mickey Rooney, Elizabeth Patterson, Whitford Kane.

Forsaking All Others *(Souvent femme varie)*
scénario de Joseph L. Mankiewicz. Photographie : Gregg Toland. Musique : William Axt. MGM (W.S. Van Dyke et Bernard Hyman).
Avec Joan Crawford, Robert Montgomery, Clark Gable, Billie Burke, Charles Butterworth, Frances Drake.

1935 **Naughty Marietta** *(la Fugue de Mariette)*
scénario de John Lee Mahin, Frances Goodrich et Albert Hackett d'après l'opérette de Victor Herbert. Photographie : William Daniels. MGM (Hunt Stromberg).
Avec Jeanette MacDonald, Nelson Eddy, Frank Morgan, Elsa Lanchester, Akim Tamiroff.

I Live My Life *(Vivre sa vie)*
scénario de Joseph L. Mankiewicz d'après *Claustrophobia* de A. Carter Goodloe. Photographie : George Folsey. Direction artistique : Cedric Gibbons. Musique : Dimitri Tiomkin. MGM (Bernard Hyman).
Avec Joan Crawford, Brian Aherne, Frank Morgan, Aline MacMahon, Eric Blore, Fred Keating, Jessie Ralph.

Rose Marie *(Rose-Marie)*
scénario de Frances Goodrich, Albert Hackett et Alice Duer Miller d'après Arthur Hammerstein. Photographie : William Daniels. MGM (Hunt Stromberg).
Avec Jeanette MacDonald, Nelson Eddy, James Stewart, Reginald Owen, Allan Jones, George Regas, Robert Greig, David Niven.

1936 **His Brother's Wife** *(la Fièvre des Tropiques)*
scénario de Leon Gordon et John Meehan d'après George Auerbach. Photographie : Oliver T. Marsh. Musique : Franz Waxman. MGM (W.S. Van Dyke).
Avec Barbara Stanwyck, Robert Taylor, Jean Hersholt, Joseph Calleia, John Eldredge, Phyllis Clare.

San Francisco *(San Francisco)*
scénario de Anita Loos. Dialogues : Erich von Stroheim. Photographie : Oliver T. Marsh. Direction artistique : Cedric Gibbons. Musique : Herbert Stothart. MGM (W.S. Van Dyke, John Emerson et Bernard Hyman).
Avec Jeanette MacDonald, Clark Gable, Spencer Tracy, Jack Holt, Jessie Ralph, Margaret Irving, Harold Huber, Ted Healy.

The Devil Is a Sissy *(Au seuil de la vie)*
scénario de John Lee Mahin et Richard Schayer d'après Rowland Brown. Photographie : Harold Rosson. Direction artistique : Cedric Gibbons. Musique : Herbert Stothart. MGM (Frank Davis).

1936 Avec Mickey Rooney, Jackie Cooper, Freddie Bartholomew, Ian Hunter, Peggy Conklin, Katherine Alexander, Gene Lockhart.
Love on the Run *(Loufoque et Compagnie)*
scénario de John Lee Mahin. Photographie : Oliver T. Marsh. Musique : Franz Waxman. MGM (Joseph L. Mankiewicz).
Avec Joan Crawford, Clark Gable, Franchot Tone, Reginald Owen.
After the Thin Man *(Nick Gentleman-Détective)*
scénario de Frances Goodrich et Albert Hackett d'après Dashiell Hammet. Photographie : Oliver T. Marsh. Direction artistique : Cedric Gibbons. Musique : Herbert Stothart. MGM (Hunt Stromberg).
Avec William Powell, Myrna Loy, James Stewart, Elissa Landi, Joseph Calleia, Jessie Ralph.

1937 **Personal Property** *(Valet de cœur)*
scénario de Hugh Mills et Ernst Vajda d'après *Man in Possession* de H.M. Harwood. Photographie : William Daniels. Musique : Franz Waxman. MGM (John W. Considine Jr.).
Avec Jean Harlow, Robert Taylor, Reginald Owen, Henrietta Crosmann.
They Gave Him a Gun *(On lui donna un fusil)*
scénario de Cyril Hume, Richard Maibaum et Maurice Rapf d'après William Joyce Cowen. Photographie : Harold Rosson. Direction artistique : Cedric Gibbons. Musique : Franz Waxman. MGM (Harry Rapf).
Avec Spencer Tracy, Franchot Tone, Gladys George, Edgar Dearing, Mary Lou Treen, Cliff Edwards, Charles Trowbridge.
Rosalie *(Rosalie)*
scénario de William Anthony McGuire. Photographie : Oliver T. Marsh. Direction artistique : Cedric Gibbons. Musique : Cole Porter. MGM (W.A. McGuire).
Avec Eleanor Powell, Nelson Eddy, Reginald Owen, Frank Morgan.

1938 **Marie Antoinette** *(Marie-Antoinette)*
scénario de Claudine West, Donald Odgen Stewart et Ernst Vajda d'après Stefan Zweig. Photographie : William Daniels. Direction artistique : Cedric Gibbons. Musique : Herbert Stothart. MGM (Hunt Stromberg).
Avec Norma Shearer, Tyrone Power, John Barrymore, Robert Morley, Anita Louise, Joseph Schildkraut, Gladys George, Henry Stephenson, Reginal Gardiner, Albert Van Dekker.
Sweethearts *(Amants)*
scénario de Dorothy Parker et Alan Campbell d'après l'opérette de Victor Herbert. Photographie : Oliver T. Marsh (Technicolor). Direction artistique : Cedric Gibbons. MGM (Hunt Stromberg).
Avec Jeanette MacDonald, Nelson Eddy, Frank Morgan, Ray Bolger, Florence Rice.
Stand Up and Fight *(Trafic d'hommes)*
scénario de James M. Cain, Jane Murfin et Harvey Ferguson d'après Forbes Parkhill. Photographie : Leonard Smith. Direction artistique : Cedric Gibbons. Musique : William Axt. MGM (Mervyn LeRoy).
Avec Wallace Beery, Robert Taylor, Florence Rice, Helen Broderick, Charles Bickford, Barton MacLane.

1939 **It's a Wonderful World** *(Le monde est merveilleux)*
scénario de Ben Hecht d'après Ben Hecht et Herman J. Mankiewicz. Photographie : Oliver T. Marsh. Direction artistique : Cedric Gibbons. Musique : Edward Ward. MGM (Joseph L. Mankiewicz).
Avec James Stewart, Claudette Colbert, Guy Kibbee, Nat Pendleton, Frances Drake, Edgar Kennedy.
Andy Hardy Gets Spring Fever *(André Hardy s'enflamme)*
commencé par John B. Seitz. Scénario de Kay Van Riper. Photographie : Lester White. Musique : Edward Ward. MGM.
Avec Lewis Stone, Mickey Rooney, Cecilia Parker, Ann Rutherford, Helen Gilbert.
Another Thin Man *(Nick joue et gagne)*
scénario de Frances Goodrich et Albert Hackett d'après Dashiell Hammett. Photographie : Oliver T. Marsh et William Daniels. Musique : Edward Ward. MGM (Hunt Stromberg).
Avec William Powell, Myrna Loy, Virginia Grey, Otto Kruger, C. Aubrey Smith, Ruth Hussey, Nat Pendleton.

I Take this Woman commencé par Josef von Sternberg, repris par Frank Borzage (cf. sa filmographie p. 20), terminé par W.S. Van Dyke.

1940 **I Love You Again** *(Monsieur Wilson perd la tête)* scénario de Charles Lederer et George Oppenheimer. Photographie : Oliver T. Marsh. Musique : Franz Waxman. MGM. Avec William Powell, Myrna Loy, Edmund Lowe, Donald Douglas.

Bitter Sweet *(Chante mon amour)* scénario de Lesser Samuels d'après Noël Coward. Photographie : Oliver T. Marsh et Allen Davey (Technicolor). Musique : Noël Coward et Herbert Stothart. MGM (Victor Saville). Avec Jeanette MacDonald, Nelson Eddy, George Sanders, Ian Hunter, Felix Bressart, Sig Rumann.

1941 **Rage in Heaven** *(la Proie du mort)* commencé par Robert Sinclair. Scénario de Christopher Isherwood et Robert Thoeren d'après James Hilton. Photographie : Oliver T. Marsh. Direction artistique : Cedric Gibbons. Musique : Bronislau Kaper. MGM (Gottfried Reinhardt). Avec Ingrid Bergman, Robert Montgomery, George Sanders, Lucile Watson, Oscar Homolka, Aubrey Matter.

The Feminine Touch *(Quand une femme s'en mêle)* scénario de George Oppenheimer. Photographie : Oliver T. Marsh. Musique : Franz Waxman. MGM (Joseph L. Mankiewicz). Avec Rosalind Russell, Don Ameche, Kay Francis, Donald Meek, Van Heflin, Robert Ryan.

Shadow of the Thin Man *(l'Énigme de San Francisco)* scénario de Irving Brecher et Harry Kurnitz d'après Dashiell Hammett. Photographie : William Daniels. Musique : David Snell. MGM (Hunt Stromberg). Avec William Powell, Myrna Loy, Barry Nelson, Donna Reed, Sam Levene, Alan Baxter.

Dr. Kildare's Victory film de Harold S. Bucquet terminé par W.S. Van Dyke.

1942 **I Married an Angel** *(Ma femme est un ange)* film de Roy Del Ruth terminé par W.S. Van Dyke.

Cairo *(Cairo)* scénario de John McClain d'après Ladislau Fodor. Photographie : Ray June. Musique : Herbert Stothart et George Stoll. MGM (Joseph L. Mankiewicz). Avec Jeanette MacDonald, Robert Young, Ethel Waters, Reginald Owen, Grant Mitchell, Lionel Atwill.

Journey for Margaret *(Margaret de Londres)* scénario de David Hertz et William Ludwig. Photographie : Ray June. Direction artistique : Cedric Gibbons. Musique : Franz Waxman. MGM (B.P. Fineman). Avec Robert Young, Margaret O'Brien, Laraine Day, Fay Bainter, Nigel Bruce.

William Wellman

Le corps de Douglas Fairbanks, la mobilité de son sourire et de ses gestes, la souplesse bondissante qui nourrit l'intrigue d'une substance volatile comme la lumière font du cinéma dans les années vingt la forme exacte d'un vertige que la vitesse et les machines sur les routes et dans les airs exaltent avec les valeurs de la modernité. A la recherche de cette liberté nouvelle, Wellman rencontre la réalité la plus atroce : la guerre, qu'il ne confond pas longtemps avec l'aventure dont il rêvait et d'où il revient, blessé, décoré, nimbé de l'aura du volontaire anticipant l'engagement de l'Amérique et de la légende héroïque des aviateurs de l'escadrille Lafayette, dont Faulkner

rêvait au point d'arranger quelque peu certains détails de sa biographie.

Fairbanks admirait en Wellman l'acteur de l'épopée moderne, celui dont la vie même est l'œuvre du siècle dans lequel il s'engage tout entier jusqu'à se brûler les ailes en gardant pour lui seul le secret de la lumière approchée de si près. Les pressants appels de celui qui, sur la scène du Théâtre Colonial de Boston, un soir de 1914, avait sans doute fondé l'identification héroïque qui devait le conduire sur les champs de bataille de la France en guerre l'entraînèrent jusqu'à Hollywood. Fairbanks voulait en faire un acteur, mais Wellman avait trop souvent misé sa propre vie pour supporter un quelconque dédoublement narcissique, et un irrépressible dégoût le prit la première fois qu'il se vit sur l'écran. L'enjeu véritable pour lui était ailleurs, là où le sujet disparaît, s'absente pour mieux aller au plus profond de lui-même, à la recherche de ce qui fait de la fiction la saisie possible de la vérité du monde. Wellman s'est effacé derrière son œuvre, cultivant une essentielle discrétion et négligeant les formes de reconnaissance qui lui auraient évité le traitement elliptique de certaines histoires du cinéma. Comme Michael Curtiz et Mervyn LeRoy, avec lesquels il a en commun d'avoir fait de la Warner Brothers la plus singulière et la plus exigeante des maisons de production des années trente, Wellman est l'homme d'une œuvre immense – près de soixante-seize films – dont la rigueur et la cohérence ne connaissent aucun relâchement. Mais, soumis à la discipline des studios et à celle, plus contraignante encore, de la nécessité de son œuvre, qui supposait celle de son propre effacement, les films de Wellman apparaissent souvent en ordre dispersé alors que leur continuité est aussi frappante que chez Ford ou Vidor.

La relation vitale de Wellman au contenu de ses films se traduit, au-delà de scénarios qu'il accepte quelles qu'en soient les conventions, les facilités ou les outrances, dans l'univers de valeurs que ses films instaurent avec une rare constance, comme si chacun d'entre eux n'était qu'un fragment d'un projet moral dont l'ascèse fait oublier quelques motifs anecdotiques pour mieux laisser apparaître l'humanité fragile et nue. Pour aller sans détours à l'essentiel, Wellman aime à se retrouver dans l'univers qu'il connaît le mieux, celui des missions périlleuses des débuts de l'aviation, là où les relations entre les êtres se resserrent, où les passions s'accélèrent, où le risque quotidien donne la mesure de l'engagement de chacun. *Wings* (*Ailes*) en 1928 est d'emblée un des chefs-d'œuvre du genre, couronné par l'oscar qui salue davantage le brio des voltiges que la précision de la mise en scène. Mais les deux sont chez Wellman indissociables, et même un succès de malentendu touche au plus juste de son talent. La fable ne véhicule pourtant rien de ces relents d'héroïsme malsain où l'oubli de soi-même passe par la destruction d'autrui dans une exaltation régressive et morbide de la poésie de la guerre. L'absurdité en est au contraire le trait le plus marquant, allant jusqu'à l'anti-héroïsme d'un combat aérien où David, aux commandes d'un avion volé aux Allemands, est abattu par Jack. Dans l'intimité de la guerre la mort n'est jamais aussi abstraite qu'on le voudrait, elle frappe au plus près, au cœur de soi-même. Les héros ne sont que des mutilés qui se survivent. Aucune victoire ne les délivre du poids de leur responsabilité. C'est dans ce film, à maints égards programmatique, que Wellman rencontre un jeune acteur auquel il confie le rôle marquant du cadet qui trouve la mort dans l'un de ses premiers vols. Il fallait que le regard fût clair et qu'il dît la pureté d'une acceptation sans renoncement. Wellman sut le reconnaître dans celui de Gary Cooper avec lequel il réalisa immédiatement un second film d'aviation, en lui confiant cette fois le premier rôle, *The Legion of the Condemned* (*les Pilotes de la mort,* 1928) avant de le retrouver, inentamable sous le poids de la faute et de la culpabilité, dans *Beau Geste* (*Beau Geste,* 1939). Gary Cooper a la raideur aimante de Wellman dont la violence va de pair avec un esprit de compassion qui ne se dément jamais. Et pourtant, peut-il y avoir une fable plus sombre que celle de ce soldat qui, mortellement blessé dans une mission périlleuse, confie son prisonnier à l'ami qui l'accompagne ? Celui-ci ramène l'Allemand dans ses lignes et recueille le fruit de ce geste héroïque, acceptant les honneurs et les décorations qui ne lui sont pas dus. La vérité de la guerre est dans la dépossession absolue dont la mort est la figure limite. Les honneurs ne peuvent être que malentendus dérisoires par lesquels l'homme cherche à se prouver qu'il est encore lui-même alors qu'il a déjà perdu toute trace d'humanité. *Heroes for Sale* (*Héros à vendre,* 1933) – combien le titre est sec, pur et violent, exempt de tout sentimentalisme et de toute consolation – commence dans la guerre et se termine dans la crise, comme si, de l'une à l'autre, le lien n'était pas seulement individuel, mais collectif et moral. Celui à qui l'on a tout pris voit sa femme mourir dans une manifestation et finit par se consacrer à l'aide aux chômeurs, parmi lesquels il retrouve son ancien ami, ruiné par la faillite

James Cagney dans The Public Enemy (l'Ennemi public), *Wellman, 1931.*

de sa banque. La clôture romanesque et mélodramatique du récit n'enlève rien à son âpreté, qui, dans la grande tradition warnérienne, mêle dénonciation et soumission à une morale du destin qui, chez Wellman, réduit plus difficilement le sentiment de révolte que chez Curtiz ou LeRoy.

Les films d'aviation traversent l'époque warnérienne qui est au cœur de son projet sans cesser d'inspirer son sens de la fiction, jusqu'à son dernier film, *Lafayette Escadrille* (1958), œuvre testamentaire qui relève les traces de l'expérience fondatrice et apprivoise la mort qui vient par un humour souverain où tout est dit avec la juste distance d'une compassion sans illusion ni espoir. Mais l'essentiel se joue dans ces années trente où Wellman peut tourner cinq, six ou sept films la même année, dans une activité qui ne revient pas sur elle-même, ne s'interroge pas sur sa légitimité, mais poursuit son cours dans un flux irrésistible qui emporte sur son passage la résistance des conventions les mieux établies. C'est dans ces conditions que sont produits des films aussi virulents et audacieux que *Heroes for Sale, Beggars of Life* (*les Mendiants de la vie*, 1928), *The Public Enemy* (*l'Ennemi public,* 1931), *Love Is a Racket* (1932) et l'extraordinaire *Wild Boys of the Road* (1933). La précision violente, cruelle de ces titres véristes dit assez la densité du matériau traité dans ces films qui comptent parmi les plus beaux fleurons du style Warner. Le poids de la réalité traitée sans complaisance aucune à l'égard des situations paroxystiques sur lesquelles débouche une analyse très serrée des dysfonctionnements de la société américaine, plongée dans la crise par la Grande Dépression, fait de ces films un des exemples rares d'intervention directe d'un cinéma qui se réclame de sa fonction distractive dans le cours des choses. Films de crise qui se présentent comme tels, ils ne recherchent pas l'illusoire fermeture d'une parenthèse ouverte avec eux, mais inscrivent plutôt la catastrophe économique dans une nécessité que sa violente soudaineté n'avait pas préparée. Ils fondent le sentiment tragique d'un drame humain si brutal qu'il n'a pas immédiatement de mots pour se dire ni de représentations pour être accepté, sinon compris.

L'entreprise de Wellman est avant tout généalogique. Il s'agit de comprendre le pourquoi, de trouver les traces d'une origine pour que ce qui se produit, quelle qu'en soit l'horreur, soit reconnaissable dans les figures d'un destin. *The Public Enemy* remonte à l'enfance des deux personnages principaux, Tom Powers (James Cagney) et Matt Doyle (Edwards Woods) pour faire la généalogie de leur délinquance, pour mieux

Anne Baxter et Gregory Peck dans Yellow Sky (la Ville abandonnée), *Wellman, 1948.*

comprendre l'enchaînement des faits qui les transforme en êtres de violence. La trahison est la figure centrale de leur destin, la contrepartie d'une première transgression qu'ils n'en finissent plus de payer en se sacrifiant sur l'autel d'une vengeance qui est leur seule identité, car elle les rapproche, dans l'extase de la mort, de l'innocence qu'ils ont perdue. Le puritanisme de Wellman signe au fer rouge les plaies de la société américaine sans renoncer à rien de ce qui doit être montré tout en utilisant avec une souveraine maîtrise les déplacements de sens les plus lourds de conséquences. La scène finale de *Public Enemy* est à cet égard magistrale. L'ultime règlement de comptes que prépare, pendant tout le film, une irrésistible montée de la tension et qui devient possible un soir où la ville, enveloppée dans une pluie épaisse, est bien la jungle de bitume et de néons où règne une loi primitive, est dérobé au regard. L'action se passe hors champ. Par une formidable métonymie les coups de feu viennent s'incrire sur le bruit mat de la pluie qui tombe, alors que Cagney entre dans le champ, titubant de l'ivresse de la mort qu'il vient de donner et qu'il porte en lui, lavé de son impuissance. Contrairement à certains de ses contemporains, Wellman ne se satisfait pas du spectacle de la violence. Son puritanisme est trop profond et trop rigoureusement moralisateur pour que la monstration suffise. Aussi la montée de la violence est-elle chez lui plus importante que son déchaînement. L'effroi salutaire vient davantage de ce qui la rend inéluctable que de sa nue présence qui a souvent la vertu ambiguë du soulagement suivant la retombée de la tension. Il ne faut pas compter sur Wellman pour nous libérer aussi facilement de nos hantises et de nos angoisses. Il les vrille plutôt en nous jusqu'à nous rendre témoins et, dans notre rôle, coupables de la faute si terriblement humaine dont il est l'historiographe.

Le projet de Wellman transcende la contrainte des genres. Du film noir au western, il poursuit son propos pour atteindre dans les années quarante sa plus pure expression avec deux westerns étranges et implacables : *The Ox-Bow Incident* (*l'Étrange Incident,* 1943) et *Yellow Sky* (*la Ville abandonnée,* 1948), film hiératique où les mobiles secrets de chaque personnage deviennent la matière d'une aventure qui fait surgir entre les plages d'action et d'attente savamment distillées l'irrépressible identité de chaque être. Le western wellmanien est unique en son genre. Aussi pur que celui de Ford, aussi démesuré que celui de Vidor, aussi analytique que celui de Daves, il est à la fois dense du mythe inachevé de l'Ouest et de la fondation des valeurs de la société américaine et brisé des failles qui le rendent pleinement lisible. Le personnage emblématique de Buffalo Bill, incarné par Joel McCrea en 1944 dans le film éponyme, transporte avec lui l'épopée et sa dérision, la justesse des idéaux qui le grandissent et la dérision de ceux-ci par leur mise en spectacle. La société américaine se nourrit de ses propres mythes ; elle les consomme vivants. Buffalo Bill vit dans cette accélération de l'histoire qui précipite le XIXe siècle vers sa fin et qui le voit dans un cirque jouant son propre rôle. Wellman est le cinéaste de l'ambivalence. Ce qui se joue dans ses westerns n'est jamais déjà joué. L'aventure du sens y reste constamment explosive, risquée, dangereuse, impliquant profondément le spectateur dans ce qui se décide avec lui, dans le foyer de son regard. *The Ox-Bow Incident* nous entraîne jusqu'à l'effroi dans la logique d'un lynch. Rien ne peut arrêter la sourde montée de l'injustice. L'iniquité triomphe dans sa bêtise brutalement humaine. Trois hommes sont pendus qui sont innocents, mais rien ne peut empêcher leur mort atroce, car le collectif se nourrit de sa propre colère et réclame ses victimes. Le puritanisme de Wellman ne laisse à l'homme que l'espoir du salut. Et nous en donne une somptueuse version dans *Yellow Sky*, où une bande de tristes malfrats cherche à échapper à ses poursuivants, après avoir dévalisé une banque, en traversant un désert salé. Situation classique que Wellman magnifie en isolant chacun de ses personnages dans ce qui devient son désert intérieur, la sèche vérité à laquelle ils ne peuvent pas davantage échapper qu'à leur ombre. La ville abandonnée dans laquelle ils arrivent est plus une vision, un symbole, citant les conventions idéales du western, qu'une réelle ville de l'Ouest : purgatoire où les passions s'exacerbent, s'épuisent et se retournent en rendant possible une forme d'apaisement. L'opposition de Richard Widmark et de Gregory Peck dans cette ville mythique habitée par un vieil homme et une jeune femme, jalons du passé et de l'avenir possible, s'inscrit comme le schéma d'un combat où s'engagent toutes les forces qui font de l'homme un sujet moral et un être de transgression. Wellman atteint avec ce film toute sa puissance de symbolisation, allant une dernière fois plus loin encore dans l'ascèse de son écriture avec *Track of the Cat* en 1954, plus schématique encore, où, dans le grand espace du CinémaScope qui exalte celui de l'Alaska, toutes les valeurs du film sont ramenées au contraste fondamental du noir et du blanc, de l'homme révolté dans sa quête face à l'immensité neigeuse qui étouffe tous les cris.

Filmographie

1923 **The Man Who Won** avec Dustin Farnum et Jacqueline Gadsten.
Second Hand Love avec Charles Jones et Ruth Dwyer.
Big Dan avec Charles Jones et Marian Nixon.
Cupid's Fireman avec Charles Jones et Marian Nixon.
1924 **Not a Drum Was Heard** avec Charles Jones et Betty Boreton.
The Vagabond Trail avec Charles Jones et Marian Nixon.
The Circus Cowboy avec Charles Jones et Marian Nixon.
1925 **When Husbands Flirt** avec Dorothy Revier, Forrest Stanley et Tom Ricketts.
1926 **The Boob** avec Gertrude Olmsted, George K. Arthur et Joan Crawford.
The Cat's Pajamas avec Betty Bronson et Ricardo Cortez.
You Never Know Women *(Masques d'artistes)* avec Florence Vidor et Lowell Sherman.
1928 **Wings** *(Ailes)* avec Clara Bow et Charles « Buddy » Rogers.
The Legion of the Condemned *(les Pilotes de la mort)* avec Gary Cooper et Fay Wray.
Ladies of the Mob avec Clara Bow et Richard Arlen.
Beggars of Life *(les Mendiants de la vie)* avec Wallace Beery, Louise Brooks et Richard Arlen.
1929 **Chinatown Nights** *(les Nuits de Chinatown)*
scénario de Ben Grauman Kohn d'après le roman de Samuel Ornitz, *Tong's War.* Photographie : Henry Gerrard. Paramount (David O. Selznick).
Avec Wallace Beery, Florence Vidor, Warner Oland, Jack McHugh, Jack Oakie, Tetsu Komaï.
The Man I Love
scénario de Herman J. Mankiewicz. Photographie : Henry Gerrard. Paramount (David O. Selznick).
Avec Richard Arlen, Mary Brian, Baclanova, Harry Green, Jack Oakie, Leslie Fenton.
Woman Trap
scénario de Louise Long d'après la pièce de Edwin Burke, *Brothers.* Photographie : Henry Gerrard. Paramount.
Avec Hal Skelly, Chester Morris, Evelyn Brent, William B. Davidson, Guy Oliver, Leslie Fenton.
1930 **Dangerous Paradise**
scénario de William Slavens McNutt et Grover Jones d'après le roman de Joseph Conrad, *Victory.* Photographie : Archie J. Stout. Paramount.
Avec Nancy Carroll, Richard Arlen, Warner Oland, Gustav von Seyffertitz, Francis McDonald.
Young Eagles
scénario de William Slavens McNutt et Grover Jones d'après les récits de Elliot White Spring. Photographie : Archie J. Stout. Paramount.
Avec Charles Rogers, Jean Arthur, Paul Lukas, Stuart Erwin, Virginia Bruce, Gordon de Main.
Maybe It's Love
scénario de Joseph Jackson et Mark Canfield. Photographie : Robert Kurrle. Warner Bros.
Avec Joan Bennett, Joe E. Brown, James Hall, Laura Lee, Anders Randolph, Summer Getchell.
1931 **Other Men's Women**
scénario de William K. Wells d'après une histoire de Maude Fulton. Photographie : Chick McGill. Musique : Leo Forbstein. Warner Bros.
Avec Grant Withers, Mary Astor, Regis Toomey, James Cagney, Joan Blondell, Fred Kohler, J. Farrell MacDonald.
The Public Enemy *(l'Ennemi public)*
scénario de Harvey Thew. Photographie : Dev Jennings. Musique : David Mendoza. Warner Bros.
Avec James Cagney, Jean Harlow, Edwards Woods, Joan Blondell, Beryl Mercer, Donald Cook, Mae Clarke.
Night Nurse *(l'Ange blanc)*
scénario de Oliver H. P. Garrett d'après le roman de Dora Macy. Photographie : Chick McGill. Warner Bros.
Avec Barbara Stanwyck, Ben Lyon, Clark Gable, Joan Blondell, Charlotte Merriam, Charles Winninger, Vera Lewis.
Star Witness
scénario de Lucien Hubbard. Photographie : James Van Trees. Warner Bros.
Avec Walter Huston, Charles Chic Sale, Dickie Moore, Grant Mitchell, Frances Starr.

La sanction du désir : Barbara Stanwyck et Michael O'Shea dans Lady of Burlesque (l'Étrangleur), *Wellman, 1943.*

1931 **Safe in Hell**
scénario de Joseph Jackson et Maude Fulton. Photographie : Barney « Chick » McGill. Warner Bros.
Avec Dorothy Mackaill, Donald Cook, Ralf Harolde, Morgan Wallace, Victor Varconi, Ivan Simpson.

1932 **The Hatchet Man**
scénario de J. Grubb Alexander d'après la pièce de Achmed Abdullah et David Belasco, *The Honorable Mr. Wong*. Photographie : Sid Hickox. Warner Bros.
Avec Edward G. Robinson, Loretta Young, Dudley Digges, Leslie Fenton, Edmund Breese, Tully Marshall.

Love Is a Racket
scénario de Courtney Terrett. Photographie : Sid Hickox. Direction artistique : Jack Okey. Warner Bros.
Avec Douglas Fairbanks Jr., Ann Dvorak, Frances Dee, Lee Tracy, André Luguet, Warren Hymer, William Burress.

So Big *(Mon grand)*
scénario de J. Grubb Alexander et Robert Lord d'après le roman de Edna Ferber. Photographie : Sid Hickox. Musique : W. Frank Harling. Warner Bros.
Avec Barbara Stanwyck, George Brent, Dickie Moore, Bette Davis, Guy Kibbee, Mae Madison, Hardie Albright.

The Purchase Price
scénario de Robert Lord d'après le roman *The Mud Lark*. Photographie : Sid Hickox. Warner Bros.
Avec Barbara Stanwyck, George Brent, Lyle Talbot, Hardie Albright, David Landau, Murray Kinnell.

The Conquerors *(les Conquérants)*
scénario de Robert Lord. Photographie : Edward Cronjager. Direction artistique : Carroll Clark. Musique : Max Steiner. RKO (David O. Selznick).
Avec Richard Dix, Ann Harding, Ada-May, Guy Kibbee, Julie Haydon, Donald Cook, Harry Holman.

1933 **Frisco Jenny** *(Jenny Frisco)*
scénario de Wilson Mizner et Robert Lord. Photographie : Sid Hickox. Warner Bros.
Avec Ruth Chatterton, Donald Cook, James Murray, Louis Calhern, Hallam Cooley, Pat O'Malley, Robert Warwick, Harold Huber.

Central Airport
scénario de Rian James et James Seymour d'après le roman de Jack Moffitt, *Hawk's Mate*. Photographie : Sid Hickox. Warner Bros.
Avec Richard Barthelmess, Sally Eilers, Thomas Brown, James Murray, Grant Mitchell, Claire McDowell.

Lilly Turner
scénario de Gene Markey et Kathryn Scola. Photographie : James Van Trees. Warner Bros.
Avec Ruth Chatterton, George Brent, Frank McHugh, Ruth Donnelly, Guy Kibbee, Gordon Westcott.

Midnight Mary *(Rose de minuit)*
scénario de Gene Markey et Mathryn Scola d'après *Lady of the Night* de Anita Loos. Photographie : James Van Trees. MGM.
Avec Loretta Young, Ricardo Cortez, Franchot Tone, Andy Devine, Una Merkel, Frank Conroy.

Heroes for Sale *(Héros à vendre)*
scénario de Robert Lord et Wilson Mizner. Photographie : James Van Trees. Warner Bros.
Avec Richard Barthelmess, Loretta Young, Aline MacMahon, Gordon Westcott, Robert Barrat, Grant Mitchell, Ward Bond.

Wild Boys of the Road
scénario de Earl Baldwin. Photographie : Sid Hickox. Musique : Leo Forbstein. Warner Bros. (Robert Presnell).
Avec Frankie Darro, Dorothy Coonan, Edwin Phillips, Rochelle Hudson, Ann Hovey, Arthur Hohl, Grant Mitchell.

College Coach
scénario de Niven Busch et Manuel Seff. Warner Bros.
Avec Dick Powell, Pat O'Brien, Arthur Byron, Lyle Talbot, Hugh Herbert, Arthur Hohl, Nat Pendleton, John Wayne.

1934 **Looking for Trouble**
scénario de Leonard Praskins et Elmer Harris. Photographie : James Van Trees. Musique : Alfred Newman. 20th Century-Fox (William Goetz et Raymond Griffith).
Avec Spencer Tracy, Jack Oakie, Constance Cummings, Morgan Conway, Arline Judge, Paul Harvey, Judith Wood.

The President Vanishes
scénario de Carey Wilson et Cedric Worth. Photographie : Barney « Chick » McGill. Musique : Hugo Riesenfeld. Paramount (Walter Wanger).
Avec Arthur Byron, Janet Beecher, Paul Kelly, Peggy Conklin, Rosalind Russell, Sidney Blackmer, Douglas Wood.

Stingaree
scénario de Becky Gardiner. Photographie : James Van Trees. Musique : Max Steiner. RKO.
Avec Irene Dunne, Richard Dix, Mary Boland, Conway Tearle, Andy Devine, Henry Stephenson.

1935 **The Call of the Wild** *(l'Appel de la forêt)*
scénario de Gene Fowler et Leonard Praskins d'après le roman de Jack London. Photographie : Charles Rosher. Musique : Alfred Newman. 20th Century-Fox (Darryl F. Zanuck).
Avec Clark Gable, Jack Oakie, Loretta Young, Reginald Owen, Sidney Toler, Charles Stevens.

1936 **Small Town Girl** *(la Petite Provinciale)*
scénario de John Lee Mahin, Frances Goodrich et Edith Fitzgerald. Photographie : Charles Rosher. Direction artistique : Cedric Gibbons. MGM (Hunt Stromberg).
Avec Janet Gaynor, Robert Taylor, Binnie Barnes, Lewis Stone, Andy Devine, Elizabeth Patterson, Frank Craven, James Stewart.

Robin Hood of El Dorado *(Robin des Bois d'Eldorado)*
scénario de Joseph Calleia, Melvin Levy et William Wellman. Photographie : Chester Lyons. MGM (John W. Considine Jr.).
Avec Warner Baxter, Ann Loring, Bruce Cabot, Margo, J. Carroll Naish, Soledad Jimenez, Edgar Kennedy.

1937 **A Star Is Born** *(Une étoile est née)*
scénario de Dorothy Parker, Alan Campbell et Robert Carson. Photographie : W. Howard Greene. Direction artistique : Lyle Wheeler. Musique : Max Steiner. Artistes Associés (David O. Selznick).
Avec Fredric March, Janet Gaynor, Adolphe Menjou, May Robson, Andy Devine, Lionel Stander, Elizabeth Jenns, Edgar Kennedy.

Nothing Sacred *(la Joyeuse Suicidée)*
scénario de Ben Hecht et Charles McArthur. Photographie : Howard Greene. Direction artistique : Lyle Wheeler. Musique : Oscar Levant. Artistes Associés (David O. Selznick).
Avec Carole Lombard, Fredric March, Charles Winninger, Walter Connolly, Sig Ruman, Frank Fay, Maxie Rosenbloom.

1938 **Men with Wings** *(les Hommes volants)*
scénario de Robert Carson. Photographie : W. Howard Greene. Paramount (William Wellman).
Avec Fred MacMurray, Ray Milland, Louise Campbell, Walter Abel, Kitty Kelly, James Burke, Andy Devine, Lynne Overman.

1939 **Beau Geste** *(Beau Geste)*
scénario de Robert Carson d'après le roman de Percival Christopher Wrens. Photographie : Theodor Sparkhul et Archie Stout. Direction artistique : Hans Dreier. Musique : Alfred Newman. Paramount (William Wellman).
Avec Gary Cooper, Ray Milland, Robert Preston, Brian Donlevy, Susan Hayward, J. Carroll Naish, Albert Dekker, Broderick Crawford.

1940 **The Light That Failed** *(la Lumière qui s'éteint)*
scénario de Robert Carson d'après le roman de Rudyard Kipling. Photographie : Theodore Sparkuhl. Direction artistique : Hans Dreier. Paramount (William Wellman).
Avec Ronald Colman, Walter Huston, Muriel Angelus, Ida Lupino, Ernest Cossart, Ferike Borros, Pedro de Cordoba.

1941 **Reaching for the Sun**
scénario de W. L. Rover d'après un roman de Wissel Smittel. Photographie : William Mellor. Paramount (William Wellman).
Avec Joel McCrea, Ellen Drew, Eddie Bracken, Billy Gilbert, George Chandler, Bodill Ann Rosing, James Burke.

1942 **Roxie Hart**
scénario de Nunnaly Johnson d'après la pièce de Maureen Watkins, *Chicago*. Photographie : Leon Shamroy. Direction artistique : Ri-

1942 chard Day. Musique : Alfred Newman. 20th Century-Fox.
Avec Ginger Rogers, Adolphe Menjou, George Montgomery, Lynne Overman, Nigel Bruce, Phil Silvers.
The Great Man's Lady *(l'Inspiratrice)*
scénario de W.L. Rover. Photographie : William Mellor. Paramount (William Wellman).
Avec Barbara Stanwyck, Joel McCrea, Brian Donlevy, Katherine Stevens, Thurston Hall, Lloyd Corrigan.
Thunder Birds
scénario de Lamar Trotti d'après une histoire originale de Melville Crossman. Photographie : Ernest Palmer ; 20th Century-Fox.
Avec Gene Tierney, Preston Foster, John Sutton, Jack Holt, Dame May Whitty, George Barbier, Richard Haydn.

1943 **Lady of Burlesque** *(l'Étrangleur)*
scénario de James Gunn d'après le roman de Gypsy Rose Lee, *G. Strings Murders.* Photographie : Robert de Grasse. Musique : Arthur Lange. Artistes Associés/Hal Roach (Hunt Stromberg).
Avec Barbara Stanwyck, Michael O. Shea, J. Edward Bromberg, Charles Dingle, Frank Conroy, Gloria Dickson, Iris Adrian.
The Ox-Bow Incident *(l'Étrange Incident)*
scénario de Lamar Trotti d'après le roman de Walter Tilburg Clark. Photographie : Arthur Miller. Musique : Cyril Mockridge. 20th Century-Fox (Lamar Trotti).
Avec Henry Fonda, Dana Andrews, Mary Beth Hughes, Anthony Quinn, William Eythe, Henry Morgan, Jane Darwell.

1944 **Buffalo Bill** *(Buffalo Bill)*
scénario de Aeneas MacKenzie, Clement Ripley et Cecile Kramer d'après un roman de Frank Winch. Photographie : Leon Shamroy. Musique : David Buttolph. 20th Century-Fox (Harry A. Sherman).
Avec Joel McCrea, Maureen O'Hara, Linda Darnell, Thomas Mitchell, Edgar Buchanan, Anthony Quinn, Moroni Olsen.
This Man's Navy
scénario de Borden Chase. Photographie : Sidney Wagner. Direction artistique : Cedric Gibbons. Musique : Nathaniel Schilkret. MGM (Samuel Marx).
Avec Wallace Beery, Tom Drake, James Gleason, Jan Clayton, Selena Royle, Noah Beery Sr., Henry O'Neill.

1945 **The Story of GI Joe** *(les Forçats de la gloire)*
scénario de Leopold Atlas, Guy Endore et Philip Stevenson. Photographie : Russell Metty. Omnium International (Lester Cowan).
Avec Burgess Meredith, Robert Mitchum, Freddie Steele, Wally Cassell, Jimmy Lloyd, Jack Relly.

1946 **Gallant Journey** avec Glenn Ford et Janet Blair.

1947 **Magic Town** avec James Stewart et Jane Wyman.

1948 **Yellow Sky** *(la Ville abandonnée)* avec Gregory Peck et Richard Widmark.
Iron Curtain avec Dana Andrews et Gene Tierney.

1949 **Battleground** *(Bastogne)* avec Van Johnson et John Hodiak.

1950 **The Happy Years** avec Dean Stockwell et Darryl Hickman.
The Next Voice You Hear *(la Voix que vous allez entendre)* avec James Whitmore et Nancy Smith.

1951 **Across the Wide Missouri** *(Au-delà du Missouri)* avec Clark Gable.
Westward the Women *(Convoi de femmes)* avec Robert Taylor et Denise Darcel.

1952 **My Man and I** avec Shelley Winters et Ricardo Montalban.

1953 **Island In the Sky** *(Aventure dans le Grand Nord)* avec John Wayne.

1954 **The High and the Mighty** *(Écrit dans le ciel)* avec John Wayne, Claire Trevor et Robert Stack.
Track of the Cat avec Robert Mitchum.
Blood Alley avec John Wayne et Lauren Bacall.

1956 **Goodbye, My Lady** avec Walter Brennan.

1957 **Darby's Rangers** *(Les commandos passent à l'attaque)* avec James Garner et Jack Warden.

1958 **Lafayette Escadrille** avec Tab Hunter.

William Wyler

Wyler parlait peu pendant les tournages, laissant ses acteurs perplexes sur leurs propres performances et les faisant répéter jusqu'à ce qu'ils puissent s'abstraire complètement de la sanction qu'ils attendaient du metteur en scène. Bette Davis ne manqua pas de se plaindre, sur le plateau de *Jezebel* (*l'Insoumise*, 1938), de devoir reprendre six fois la même scène sans savoir s'il y en avait une meilleure que les autres. Ce à quoi Wyler répondit en ajoutant chaque fois qu'il coupait la caméra : « *marvelous, Miss Davis* » sur un ton monocorde qui ne laissait rien deviner de son réel enthousiasme. A tout prendre, Bette Davis préféra le silence. Plutôt que de valoriser l'expressivité des acteurs, Wyler semble dégager le champ où leur jeu peut advenir, dans un espace précisément mesuré et contraignant, où toutes les lignes sont déjà tracées, comme si le dessin de la mise en scène anticipait chaque geste et chaque mouvement. Le jeu est le contrepoint de ce qui a déjà été joué dans la quadrature de l'espace réalisée par des cadrages serrés qui limitent les échappées et concentrent les points de vue sur deux ou trois axes dominants à travers lesquels se focalise toute l'action. L'image de Wyler est saturée, la seule pensable à travers toutes les autres possibles que le metteur en scène s'interdit. Un des plus beaux moments de cette écriture, qui n'a pas toujours su échapper au formalisme qu'appelaient ses partis pris, est sans doute le long travelling qui ouvre *The Letter* (*la Lettre*, 1940). La moiteur oppressante de l'atmosphère tropicale est rendue sensible par l'approche de la caméra qui cerne le bungalow où va se dérouler l'action, délimitant le champ de l'intrigue, comme le sorcier qui trace sur le sol le cercle des sortilèges. Bette Davis, dont la personnalité d'actrice est indissociable de l'œuvre de Wyler, commente cet extraordinaire prologue dans ces termes : « *This long opening shot in* The Letter *is, in my opinion, the finest opening shot I've ever seen in a film. This was due to the genius, and I use the word advisely, of William Wyler, our director.* » La star ne tenait pas rigueur au metteur en scène de ses incertitudes passées et comprenait parfaitement bien quelles étaient les conditions de sa direction d'acteurs. Bette Davis avait par ailleurs les moyens de résister à ce regard quasi entomologique qui fait de l'acteur le point ultime de réfraction, celui qui soutient tout l'édifice construit contre lui.

C'est dans l'adaptation de situations théâtrales que l'écriture de Wyler trouve le mieux son rythme. Les contraintes dramaturgiques renforcent sa propre tendance à la concen-

tration de l'action, à sa densification par la limitation de l'espace. Dans *Jezebel,* l'unité de lieu n'est que l'élément apparent de l'enfermement intérieur que subit le personnage incarné par Bette Davis, dont la superbe hystérie transforme son propre corps en théâtre écarlate où viennent se refléter les moments clés de l'intrigue. Le fameux bal où l'on s'attend à voir apparaître Julie Marston dans la traditionnelle robe blanche et où celle-ci surgit dans la robe rouge éclatante de l'affirmation de son désir est une figure limite de l'écriture de Wyler. Subissant la pression la plus grande, le personnage apparaît dans son conflit avec le récit, lui résistant de toute son énergie intérieure, refusant de se laisser réduire à la place qu'il occupe dans la fiction. Bette Davis est le plus bel exemple de ce personnage insurgé pris dans le glacis d'une mise en scène qui fige son destin d'un sceau tragique. Mais, dans un autre registre, il y a aussi la merveilleuse Greer Garson que Wyler magnifie dans *Mrs. Miniver* (*Madame Miniver,* 1942), malgré un scénario quelque peu conformiste où la tension de la mise en scène cède souvent la place au poids des conventions narratives. Greer Garson est une des très rares comédiennes qui sait intégrer sa propre aura à son jeu, dans une constante retenue, comme si tout devait apparaître dans la réserve de son expression, par ce qu'elle ne donne pas immédiatement mais qui fait partie du mystère dont elle sait tisser les liens.

L'écriture de Wyler ne pouvait qu'entrer en coïncidence avec celle qui, littérairement, s'en rapproche le plus : celle de Henry James qui lui aussi enserre ses personnages dans le tissu serré d'un commentaire qui révèle l'énigme enfouie, indicible, de l'être de fiction prisonnier des figures sociales de son existence. La rencontre a lieu au cœur du travail de James, là où les déterminations les plus profondes de son œuvre se nouent dans une équation parfaite, mystérieuse, imprenable. *Washington Square* est un pur exemple de ce que James désignait dans sa préface à *la Coupe d'or* (vol. 23 de l'édition de New York) comme la caractéristique essentielle de son écriture : ce « caractère invétéré [...] d'une certaine vision oblique et indirecte de l'action que je présente, à moins que je ne me décide vraiment, en dépit de toute apparence superficielle, à appeler au contraire ce mode d'écriture le plus direct et le plus rigoureux qui soit[1] ». Wyler admet pleinement ce postulat et cherche dans *The Heiress* (*l'Héritière,* 1949)

1. *La Création littéraire,* préface à l'édition de New York, Paris, Denoël-Gonthier, coll. « Médiations », p. 350.

à cerner l'énigme des personnages par une vision frontale, qui est à la fois la plus directe et la plus opaque, comme dans le tableau de Holbein, *les Ambassadeurs,* explicitement convoqué dans le titre d'une des œuvres majeures et testamentaires de James, où la vision frontale dissimule la mort présente entre les deux personnages que seule une vision oblique peut faire surgir de l'image. Wyler sait que l'allusion est le contraire du non-dit, et le dessin de la mise en scène ne recèle aucun arrière-plan : tout est crypté mais tout est également immédiatement visible dans un très particulier vertige qui veut que l'on recherche la solution ailleurs alors qu'elle est d'emblée sous nos yeux. L'académisme souvent reproché à Wyler, parfois avec quelques raisons, notamment dans ses derniers films qui ne manquent pas des facilités d'un grand faiseur, sert ici son dessein en délivrant l'image de tout ce qui n'y a pas sa place, comme dans un intérieur bien tenu où l'on cherche désespérément une trace de vie. La fonctionnalité du décor figure l'oppression de l'adresse prestigieuse, son caractère impératif qui se confond avec le nom du père d'autant plus pesamment qu'il est aussi celui du père fondateur de la nation américaine. Olivia de Havilland apparaît sertie dans ses robes victoriennes qui paralysent tout mouvement, comme le point obscur d'où surgissent des images dont Montgomery Clift est le reflet, amant sincère ou coureur de dot selon ce qu'éclaire la vision oblique.

Comme pour d'autres metteurs en scène d'origine européenne – Wyler est né à Mulhouse en 1902 ; il aurait pu être français si la ville à l'époque n'avait été allemande –, l'attention portée au scénario privilégie souvent chez lui la situation au récit, à cette inévitable « story » qui causa à Brecht bien des déboires pendant son séjour à Hollywood, où l'enchaînement serré des événements tient lieu de continuité dramatique. Ce qui ne l'empêche pas de donner pleinement satisfaction à son cousin Carl Laemmle, quand celui-ci le fait venir à la Universal, en se soumettant aux règles narratives du studio et en réalisant sans trop se faire remarquer les petits westerns qui contribuaient à en assurer la prospérité. Mais à la fin des années trente Wyler peut s'entourer, en travaillant pour la United Artists, de scénaristes au sens dramatique accompli et dont l'inspiration emprunte davantage à l'avant-garde théâtrale de la côte Est qu'aux ficelles narratives du studio. Preston Sturges donne à *The Good Fairy* (*la Bonne Fée,* 1935), adaptation de Ferencz Molnar, une fantaisie qui n'a rien de routinier, mais la rencontre la plus féconde est celle de Lillian

Walter Pidgeon et Greer Garson dans Mrs. Miniver (Madame Miniver), *Wyler, 1942.*

Hellman qui apporte non seulement un ton nouveau et une écriture dramatique libérée des contraintes des genres, mais aussi des situations nouvelles liées à l'évolution des relations entre les êtres au sein du couple, comme dans *These Three* (*Ils étaient trois,* 1936), ou aux conséquences de la crise économique, comme dans *Dead End* (*Rue sans issue,* 1937) dont l'âpreté s'apparente mal à l'image que l'on veut garder de Wyler, cinéaste reconnu, compassé, pilier de l'establishment hollywoodien, achevant sa carrière dans des superproductions grandiloquentes à la Cecil B. DeMille. Le théâtre du crime, parfaitement codifié dans le film noir, sort de ses règles et acquiert sa pleine valeur transgressive quand l'apprentissage de la délinquance se confond avec celui de la société. Les enfants de *Dead End* réinventent le monde selon la seule représentation qui leur en est donnée ; celle-ci est terrible. Sans cultiver le mythe de la transparence, force est de constater que la pression de la crise économique et sociale est dans les années trente si forte qu'elle travaille profondément des œuvres qui semblent l'ignorer, dont celle de Wyler, pourtant préservée par le cocon de ses références littéraires.

Un paradoxe est constamment à l'œuvre dans l'approche cinématographique de Wyler : échapper à la dure loi subie à la Universal en réalisant en quelques semaines des westerns où s'enchaînent des actions prévisibles sur un canevas contraignant, suivre le détour de la littérature ou de situations dramatiques indécidables comme chez Emily Brontë ou Henry James, mais en ne disposant que des armes du studio. Et jamais Wyler ne résiste, après avoir su figer la progression de l'action en y inscrivant les contradictions paralysantes qu'elle ne peut dépasser, à la résolution définitive de l'intrigue dans un dénouement qui en accepte les limites, plus proche en cela de Somerset Maugham que de Henry James.

Il est cependant un film, tout entier pétri de ce débat intérieur, où Wyler montre d'où il vient et jusqu'où il a pu aller. *The Westerner* (*le Cavalier du désert,* 1940) est son premier western depuis sa période de formation et sera également son dernier. L'intrigue ne retient que l'essence de la fiction : le passage d'un homme, Gary Cooper, dans l'espace illimité de l'Ouest mythique, comme si le metteur en scène s'était délibérément dépris de tout ce qui aurait pu nourrir son récit pour ne conserver que le relevé de ses traces, exhibant par là combien son œuvre tient à Hollywood et lui doit sa part la plus authentique.

Telle qu'en elle-même : Bette Davis dans Jezebel (l'Insoumise), *Wyler, 1938.*

Filmographie

1925 **Riding for Love** avec Art Acord.
The Two Fister avec Art Acord.
The Silent Partner avec Art Acord.
The Square Shooter avec Art Acord et Fred Humes.
The Tender Foot Courage avec Art Acord et Bruce Gordon.

1926 **Lazy Lightning** avec Art Acord, Fay Wray et Bruce Gordon.
The Stolen Ranch avec Fred Humes et Louise Lorraine.

1927 **Blazing Days** avec Bruce Gordon et Fred Humes.
Hard Fists avec Art Acord et Louise Lorraine.
The Border Cavalier avec Fred Humes et Evelyn Pierce.
Desert Dust *(Dans les sables du désert)* avec Ted Wells.
Straight Shooting avec Ted Wells.

1928 **Thunder Riders** *(Far West)* avec Ted Wells et Charlotte Stevens.
Has Anybody Seen Kelly ? *(Un cœur à la traîne)* avec Tom Moore et Bessie Love.

1929 **The Shakedown** *(l'École du courage)*
scénario de Charles Logue et Clarence Marks. Photographie : Charles Stumar. Universal.
Avec James Murray, Barbara Kent, Wheeler Oakman, George Kotsonaros, Harry Gribon, Jack Raymond.
The Love Trap
scénario de John B. Clymer et Clarence Marks. Photographie : Gilbert Warrenton. Universal.
Avec Laura La Plante, Neil Hamilton, Norman Trevor, Robert Ellis, Jocelyn Lee, Rita Le Roy.

1930 **Hell's Heroes** *(les Héros de l'enfer)*
scénario de Tom Reed d'après *The Three Godfathers* de B. Kyne. Photographie : George Robinson. Universal.
Avec Charles Bickford, Raymond Hatton, Fred Kohler, Maria Alba, Joe De La Cruz, Chuck Connors, Walter James.
The Storm
scénario de Wells Root et Charles Logue. Photographie : Alvin Wyckoff. Universal.
Avec Lupe Velez, William Boyd, Paul Cavanagh, Alphonse Eithier, Ernie Adams, Tom London, Nick Thompson.

1932 **A House Divided** *(Orage)*
scénario de Dale Van Every et John B. Clymer. Photographie : Charles Stumar. Universal.
Avec Walter Huston, Kent Douglass, Helen Chandler, Marjorie Main, Vivian Oakland.
Tom Brown of Culver *(Cadets américains)* scénario de Jack Cunningham. Photographie : Charles Stumar. Universal.
Avec Tom Brown, H. B. Warner, Richard Cromwell, Sidney Toler, Slim Summerville, Ben Alexander, Tyrone Power.

1933 **Her First Mate**
scénario de Earl Snell, H. M. Walker et Clarence Marks. Photographie : George Robinson. Universal.
Avec ZaSu Pitts, Slim Summerville, Una Merkel, Warren Hymer, Berton Churchill, George Marion, Henry Armetta.
Counsellor-at-Law *(Journal d'un avocat)*
scénario de Elmer Rice. Photographie : Norbert Brodine. Universal.
Avec John Barrymore, Bebe Daniels, Doris Kenyon, Onslow Stevens, Isabel Jewell, Melvyn Douglas, Thelman Todd, Marvin Kline.

1934 **Glamour**
scénario de Doris Anderson et Gladys Unger d'après le roman de Edna Ferber. Photographie : George Robinson. Universal.
Avec Constance Cummings, Paul Lukas, Phillip Reed, Joseph Cawthorne, Doris Lloyd, Alice Lake, Olaf Hytten, Louise Beavers.

1935 **The Good Fairy** *(la Bonne Fée)*
scénario de Preston Sturges d'après Ferencz Molnar. Photographie : Norbert Brodine. Universal.
Avec Margaret Sullavan, Herbert Marshall, Frank Morgan, Reginald Owen, Alan Hale, Beulah Bondi, Eric Blore, Cesar Romero.
The Gay Deception
scénario de Stephen Avery. Photographie : Joseph Valentino. Universal.
Avec Francis Lederer, Frances Dee, Benita Hume, Richard Carle, Ferdinand Gotts, Alan Mowbray, Akim Tamiroff.

1936 **These Three** *(Ils étaient trois)*
scénario de Lillian Hellman. Photographie : Gregg Toland. Direction

artistique : Richard Day. Musique : Alfred Newman. United Artists. Avec Miriam Hopkins, Merle Oberon, Joel McCrea, Catherine Doucet, Alma Kruger, Bonita Granville, Marcia Mae Jones.

Dodsworth
scénario de Sidney Howard d'après le roman de Sinclair Lewis. Photographie : Rudolph Maté. Direction artistique : Richard Day. Musique : Alfred Newman. United Artists. Avec Walter Huston, Ruth Chatterton, Mary Astor, Paul Lukas, David Niven, Gregory Gaye, Maria Ouspenskaia, Spring Byington.

Come and Get It *(le Vandale)*
scénario de Sidney Howard, Jules Furtham et Jane Murfin d'après le roman de Edna Ferber. Coréalisé par Howard Hawks. Photographie : Gregg Toland et Rudolph Maté. United Artists.
Avec Edwin Arnold, Frances Farmer, Joel McCrea, Andrea Leeds, Walter Brennan, Charles Halton, Frank Shields, Mary Nash.

1937 **Dead End** *(Rue sans issue)*
scénario de Lillian Hellman d'après la pièce de Sidney Kingsley. Photographie : Gregg Toland. Direction artistique : Richard Day. Musique : Alfred Newman. United Artists. Avec Sylvia Sidney, Joel McCrea, Claire Trevor, Humphrey Bogart, Wendy Barrie, Allen Jenkins, Marjorie Main, Billy Halop.

1938 **Jezebel** *(l'Insoumise)*
scénario de Clements Ripley, Abem Finkel et John Huston d'après la pièce de Owen Davis Sr. Photographie : Ernest Haller. Direction artistique : Robert Haas. Musique : Harry Warren et Max Steiner. Warner Bros.
Avec Bette Davis, Henry Fonda, George Brent, Margaret Lindsay, Fay Bainter, Richard Cromwell, Donald Crisp, Henry O'Neill.

1939 **Wuthering Heights** *(les Hauts de Hurlevent)*
scénario de Ben Hecht et Charles McArthur d'après le roman de Emily Brontë. Photographie : Gregg Toland. Direction artistique : James Basevi et Julie Heron. Musique : Alfred Newman. United Artists.
Avec Merle Oberon, Laurence Olivier, Flora Robson, David Niven, Donald Crisp, Geraldine Fitzgerald, Hugh Williams, Leo G. Carroll.

1940 **The Letter** *(la Lettre)*
scénario de Howard Koch d'après Somerset Maugham. Photographie : Tony Gaudio. Direction artistique : Thomas Little. Musique : Hugo Friedhofer. Warner Bros.
Avec Bette Davis, Herbert Marshall, Gale Sondergaard, James Stephenson, Frieda Inescort, Bruce Lester, Elizabeth Earl.

The Westerner *(le Cavalier du désert)*
scénario de Jo Swerling et Niven Busch. Photographie : Gregg Toland. Direction artistique : Julie Heron. Musique : Dimitri Tiomkin. United Artists.
Avec Gary Cooper, Walter Brennan, Doris Davenport, Fred Stone, Paul Hurst, Chill Wills, Charles Halton, Forrest Tucker.

1941 **The Little Foxes** *(la Vipère)*
scénario de Lillian Hellman, Niven Busch, Daniel Mandel, Dorothy Parker, Arthur Kober et Alan Campbell d'après la pièce de Lillian Hellman. Photographie : Gregg Toland. Direction artistique : Stephen Goosson et Howard Bristol. Musique : Meredith Wilson. RKO. Avec Bette Davis, Herbert Marschall, Teresa Wright, Dan Duryea, Richard Carlson, Patricia Collinge, Carl Benton Reid.

1942 **Mrs. Miniver** *(Madame Miniver)*
scénario de Arthur Wimperis, George Froeschel, James Hilton et Claudine West d'après le roman de Jean Struther. Photographie : Joseph Ruttenberg. Direction artistique : Cedric Gibbons. Musique : Herbert Stothart. MGM.
Avec Greer Garson, Teresa Wright, Walter Pidgeon, Richard Ney, Henry Travers, Dame May Whitty, Reginald Owen, Henry Wilcoxon.

1942-1944 **The Fighting Lady, Menphis Belle, Thunderbolt** documentaires à la gloire de l'US Air Force dont Wyler dirige la section cinéma.

1946 **The Best Years of Our Lives** *(les Plus Belles Années de notre vie)* avec Fredric March et Myrna Loy.

1949 **The Heiress** *(l'Héritière)* avec Olivia de Havilland et Montgomery Clift.

1951 **Detective Story** *(Histoire de détective)* avec Kirk Douglas et Eleanor Parker.

Wyler

1952 **Carrie** *(Un amour désespéré)* avec Jennifer Jones et Laurence Olivier.
1953 **Roman Holiday** *(Vacances romaines)* avec Audrey Hepburn et Gregory Peck.
1955 **The Desperate Hours** *(la Maison des otages)* avec Humphrey Bogart et Fredric March.
1956 **Friendly Persuasion** *(la Loi du Seigneur)* avec Gary Cooper.
1958 **The Big Country** *(les Grands Espaces)* avec Gregory Peck.
1959 **Ben-Hur** *(Ben-Hur)* avec Charlton Heston.
1962 **The Children's Hour** *(la Rumeur)* avec Audrey Hepburn et Shirley MacLaine.
1964 **The Collector** *(l'Obsédé)* avec Terence Stamp.
1966 **How to Steel a Million** *(Comment voler un million de dollars)* avec Audrey Hepburn et Peter O'Toole.
1968 **Funny Girl** avec Barbara Streisand.

Index
des films cités

Abroad with Two Yanks	Dwan, 1944.
According To Hoyle	Van Dyke, 1922.
Accused (The)	*Mirages de la peur,* Dieterle, 1948.
Acquittal (The)	Brown, 1923.
Across the Wide Missouri	*Au-delà du Missouri,* Wellman, 1951.
Act of Desire	Borzage, 1923.
Adam's Rib	*La Rançon d'un trône,* DeMille, 1922.
Adorable	Dieterle, 1933.
Adventurer (The)	Van Dyke, 1927.
Adventures of Huckleberry Finn (The)	Curtiz, 1960.
Adventures of Robin Hood (The)	*Les Aventures de Robin des Bois,* Curtiz, 1938.
Affair to Remember (An)	*Elle et Lui,* McCarey, 1957.
Affairs of Anatol (The)	DeMille, 1920.
After The Thin Man	*Nick Gentleman-Détective,* Van Dyke, 1936.
After Tomorrow	Borzage, 1932.
Ah ! Wilderness	*Impétueuse Jeunesse,* Brown, 1935.
Alias the Doctor	Curtiz, 1932.
All That Money Can Buy	*Tous les biens de la terre,* Dieterle, 1941.
Als Ich Tot War	Lubitsch, 1916.
American Madness	Capra, 1932.
American Tragedy (An)	*Une tragédie américaine,* Sternberg (von), 1931.
Andy Hardy Gets Spring Fever	*André Hardy s'enflamme,* Van Dyke, 1939.
Angel	*Ange,* Lubitsch, 1937.
Angel in Exile	Dwan, 1948.
Angels in the Outfield	Brown, 1951.
Angels with Dirty Faces	*Les Anges aux figures sales,* Curtiz, 1938.
Anna Boleyn	Lubitsch, 1920.
Anna Christie	*Anna Christie,* Brown, 1929.
Anna Karenina	*Anna Karénine,* Brown, 1935.
Another Dawn	*La Tornade,* Dieterle, 1937.
Another Thin Man	*Nick joue et gagne,* Van Dyke, 1939.
Applause	Mamoulian, 1929.

Arab (The)	DeMille, 1915.
Around the World	Dwan, 1943.
Arsenic and Old Lace	*Arsenic et Vieilles Dentelles,* Capra, 1944.
Ashes of Desire	*La Roturière,* Borzage, 1919.
As Young As You Feel	Borzage, 1931.
Atom (The)	Borzage, 1918.
Auf Eis Geführt	Lubitsch, 1915.
Augen Der Mummie Ma (Die)	Lubitsch, 1918.
Austernprinzessin (Die)	Lubistch, 1919.
Avenging Arrow (The)	*La Flèche vengeresse,* Van Dyke, 1921.
Awful Truth (The)	*Cette sacrée vérité,* McCarey, 1937.
Back Pay	*Le Repentir,* Borzage, 1922.
Bad Company	*Chicago,* Garnett, 1931.
Bad Girl	Borzage, 1931.
Bataan	*Bataan,* Garnett, 1943.
Battle of Britain (The)	Capra, 1943.
Battle of China	Capra, 1944.
Battle of Russia (The)	Capra 1944.
Battleground	*Bastogne,* Wellman, 1949.
Battling Fool (The)	Van Dyke, 1924.
Beau Geste	*Beau Geste,* Wellman, 1939.
Beautiful Sinner (The)	Van Dyke, 1924.
Becky Sharp	Mamoulian, 1935.
Beggars of Life	*Les Mendiants de la vie,* Wellman, 1928.
Belle Le Grand	*La Belle du Montana,* Dwan, 1950.
Belle of the Nineties	McCarey, 1934.
Bells of St Mary (The)	*Les Cloches de Sainte-Marie,* McCarey, 1945.
Ben-Hur	*Ben-Hur,* Wyler, 1959.
Bergkatze (Die)	Lubitsch, 1921.
Best Things in Life Are Free (The)	Curtiz, 1956.
Best Years of Our Lives (The)	*Les Plus Belles Années de notre vie,* Wyler, 1946.
Big City (The)	*La Grande Ville,* Borzage, 1937.
Big Country (The)	*Les Grands Espaces,* Wyler, 1958.

Big Dan	Wellman, 1923.
Big Fisherman (The)	*Simon le Pêcheur,* Borzage, 1959.
Billy Jim	Borzage, 1922.
Bitter Sweet	*Chante mon amour,* Van Dyke, 1940.
Bitter Tea of General Yen (The)	Capra, 1933.
Black Fury	*Furie Noire,* Curtiz, 1935.
Black Knight (The)	*Le Serment du chevalier noir,* Garnett, 1954.
Black Sheep	Dwan, 1935.
Blaue Engel (Der)	*L'Ange bleu,* Sternberg (von), 1930.
Blazing Days	Wyler, 1927.
Blinde Kuh	Lubitsch, 1915.
Blockade	*Blocus,* Dieterle, 1938.
Blonde Venus	*Blonde Vénus,* Sternberg (von), 1932.
Blondie of the Follies	*La Blonde des Folies-Bergère,* Goulding, 1932.
Blood Alley	Wellman, 1954.
Blood and Sand	*Arènes sanglantes,* Mamoulian, 1941.
Bluebeard's Eighth Wife	*La Huitième Femme de Barbe-Bleue,* Lubitsch, 1938.
Blusenkönig (Der)	Lubitsch, 1917.
Boob (The)	Wellman, 1926.
Boots Malone	*Vocation secrète,* Dieterle, 1951.
Border Cavalier (The)	Wyler, 1927.
Boss of Camp 4 (The)	Van Dyke, 1922.
Boy from Oklahoma (The)	Curtiz, 1954.
Breaking Point (The)	Curtiz, 1950.
Breath of Scandal (A)	Curtiz, 1960.
Brewster's Millions	Dwan, 1945.
Bright Leaf	*Le Roi du tabac,* Curtiz, 1950.
Bright Lights	Curtiz, 1930.
British Agent	*Agent britannique,* Curtiz, 1934.
Broadway Bill	Capra, 1934.
Buccaneer (The)	*Les Flibustiers,* DeMille, 1937.
Buffalo Bill	*Buffalo Bill,* Wellman, 1944.
Butterfly	*La Papillonne,* Brown, 1924.

Teresa Wright dans l'aura de Greer Garson : Mrs. Miniver (Madame Miniver), *Wyler, 1942.*

Cabin in the Cotton	*Ombres vers le Sud,* Curtiz, 1932.
Cairo	*Cairo,* Van Dyke, 1942.
Calendar Girl	Dwan, 1947.
California	Van Dyke, 1927.
Call of the North (The)	DeMille, 1914.
Call of the Wild (The)	*L'Appel de la forêt,* Wellman, 1935.
Captain Blood	*Capitaine Blood,* Curtiz, 1935.
Captains of the Clouds	Curtiz, 1942.
Captive (The)	DeMille, 1915.
Carmen	*Carmen,* DeMille, 1915.
Carmen	Lubitsch, 1918.
Carrie	*Un amour désespéré,* Wyler, 1952.
Casablanca	*Casablanca,* Curtiz, 1943.
Case of Lena Smith (The)	Van Dyke, 1929.
Case of the Curious Bride (The)	Curtiz, 1935.
Cat's Pajamas (The)	Wellman, 1926.
Cattle Queen of Montana	*La Reine de la prairie,* Dwan, 1954.
Cause for Alarm	*Jour de terreur,* Garnett, 1951.
Celebrity	*Célébrité,* Garnett, 1928.
Central Airport	Wellman, 1933.
Chained	*La Passagère,* Brown, 1934.
Chances	Dwan, 1931.
Charge of the Light Brigade	*La Charge de la brigade légère,* Curtiz, 1936.
Cheat (The)	*Forfaiture,* DeMille, 1915.
Cheers for Miss Bishop	Garnett, 1941.
Chicago Fire (The)	Van Dyke, 1925.
Children of Dust	Borzage, 1923.
Children's Hour (The)	*La Rumeur* Borzage, 1923.
Chimmie Fadden	DeMille, 1915.
China Doll	Borzage, 1958.
China Seas	*La Malle de Singapour,* Garnett, 1935.
Chinatown Nights	*Les Nuits de Chinatown,* Wellman, 1929.
Circle (The)	Borzage, 1925.
Circus (The)	*Le Cirque,* Chaplin, 1927.
Circus Cowboy (The)	Wellman, 1924.
City Lights	*Les Lumières de la ville,* Chaplin, 1931.

City Streets	*Les Carrefours de la ville,* Mamoulian, 1931.
Claudia	Goulding, 1944.
Cleopatra	*Cléopâtre,* DeMille, 1934.
Clouds	Van Dyke, 1917.
Cluny Brown	*La Folle Ingénue,* Lubitsch, 1946.
Code of Honor (The)	Borzage, 1916.
Collector (The)	*L'Obsédé,* Wyler, 1964.
College Coach	Wellman, 1933.
Comancheros (The)	*Les Comancheros,* Curtiz, 1962.
Come and Get It	*Le Vandale,* Wyler, 1936.
Come Live with Me	*Viens avec moi,* Brown, 1940.
Connecticut Yankee in King Arthur's Court (A)	*Un Yankee à la cour du roi Arthur,* Garnett, 1949.
Conquerors (The)	*Les Conquérants,* Wellman, 1932.
Conquest	*Marie Walewska,* Brown, 1937.
Constant Nymph	*La Nymphe au cœur fidèle,* Goulding, 1943.
Counsellor-at-Law	*Journal d'un avocat,* Wyler, 1933.
Counsel's Opinion	Dwan, 1933.
Countess from Hong Kong (A)	*La Comtesse de Hong Kong,* Chaplin, 1967.
Courtin' of Calliope Clew (The)	Borzage, 1916.
Crash (The)	Dieterle, 1932.
Crime and Punishment	Sternberg (von), 1935.
Cross of Lorraine (The)	Garnett, 1943.
Crusades (The)	*Les Croisades,* DeMille, 1935.
Cuban Love Song	*La Chanson des îles,* Van Dyke, 1951.
Cupid's Fireman	Wellman, 1923.
Curse of Iku (The)	Borzage, 1918.
Daddy's Gone a Hunting	Borzage, 1925.
Dangerous Paradise	Wellman, 1930.
Darby's Rangers	*Les commandos passent à l'attaque,* Wellman, 1957.
Daredevil Jack	*Jack Sans Peur,* Van Dyke, 1920.
Dark City	*La Main qui venge,* Dieterle, 1950.
Dark Victory	*Victoire sur la nuit,* Goulding, 1939.
Daughters Courageous	Curtiz, 1939.

Dawn Patrol (The) *La Patrouille de l'aube,* Goulding, 1938.
Dead End *Rue sans issue,* Wyler, 1937.
Delta Factor (The) Garnett, 1970.
Demon of Fear (The) Borzage, 1916.
Desert Dust *Dans les sables du désert,* Wyler, 1927.
Desert's Price (The) Van Dyke, 1925.
Design for Living *Sérénade à trois,* Lubitsch, 1933.
Desire *Désir,* Borzage, 1936.
Desired Woman (The) Curtiz, 1927.
Desperate Hours (The) *La Maison des otages,* Wyler, 1955.
Destination Unknown Garnett, 1932.
Destroying Angel (The) *L'Ange destructeur,* Van Dyke, 1923.
Detective Story *Histoire de détective,* Wyler, 1931.
Devil Is a Sissy (The) *Au seuil de la vie,* Van Dyke, 1936.
Devil Is a Woman (The) *La Femme et le Pantin,* Sternberg (von), 1935.
Devil's Holiday *Les Vacances du diable,* Goulding, 1930.
Devil's in Love (The) Dieterle, 1933.
Devil-Stone (The) *Le Talisman,* DeMille, 1917.
Dirigible Capra, 1931.
Dishonored *Agent X-27,* Sternberg (von), 1931.
Dispatch from Reuters (A) *Une dépêche Reuter,* Dieterle, 1940.
Disputed Passage *Chirurgiens,* Borzage, 1939.
Dive Bomber Curtiz, 1941.
Divide and Conquer Capra, 1943.
Dixie Merchant (The) Borzage, 1926.
Docks of New York (The) *Les Damnés de l'océan,* Sternberg (von), 1929.
Doctor's Wives Borzage, 1931.
Doctor X *Docteur X,* Curtiz, 1932.
Dodge City *Les Conquérants,* Curtiz, 1939.
Dodsworth Wyler, 1936.
Dollars of Dross Borzage, 1916.
Don't Change Your Husband *Après la pluie, le beau temps,* DeMille, 1918.
Don't Marry for Money *Or et Poison,* Brown, 1923.

Le mouvement de la comédie : Joan Crawford et Clark Gable dans Love on the Run (Loufoque et Compagnie), *Van Dyke, 1936.*

Double Adventure	Van Dyke, 1921.
Down Among the Sheltering Palms	*Le Désir sous les palmes,* Goulding, 1953.
Dr. Jekill and Mr. Hyde	*Docteur Jekyll et M. Hyde,* Mamoulian, 1931.
Dr. Kildare's Victory	Van Dyke, 1931.
Dr. Socrates	*Docteur Socrate,* Dieterle, 1935.
Drag-Net (The)	*La Rafle,* Sternberg (von), 1928.
Dream Girl (The)	DeMille, 1916.
Driftwood	Dwan, 1947.
Duck of Chimney Butte (The)	Borzage, 1921.
Duck Soup	*La Soupe aux canards,* McCarey, 1933.
Dynamite	*Dynamite,* DeMille, 1929.
Eagle (The)	*L'Aigle noir,* Brown, 1925.
Early to Wed	Borzage, 1926.
Edison, the Man	*La Vie de Thomas Edison,* Brown, 1940.
Ein Fideles Gefängnis	Lubitsch, 1917.
Egyptian (The)	*L'Égyptien,* Curtiz, 1954.
Elephant Boy	*Elephant Boy,* Flaherty, 1937.
Elephant Walk	*La Piste des éléphants,* Dieterle, 1953.
Emma	*Emma,* Brown, 1931.
Enchanted Island	Dwan, 1958.
Enchantment	Borzage, 1916.
Escape to Burma	*Les Rubis du prince birman,* Dwan, 1955.
Eskimo	*Esquimaux,* Van Dyke, 1933.
Eternal Love	Lubitsch, 1929.
Eternally Yours	*Divorcé malgré lui,* Garnett, 1939.
Everybody Does It	Goulding, 1948.
Exquisite Sinner (The)	Sternberg (von), 1925.
Eyes of the Totem	*Les Yeux du Totem,* Van Dyke, 1926.
Far Call (The)	Dwan, 1929.
Far Rosentopf (Der)	Lubitsch, 1918.
Farewell to Arms (A)	*L'Adieu au drapeau,* Borzage, 1932.

Fashions of 1934 — *Pirates de la mode,* Dieterle, 1934.
Feet of Clay — *Le Tourbillon des âmes,* DeMille, 1924.
Female — *Femmes,* Dieterle, 1933.
Feminine Touch (The) — *Quand une femme s'en mêle,* Van Dyke, 1941.
15 Maiden Lane — Dwan, 1936.
Fighting Lady (The) — Wyler, 1942-1944.
Fireball (The) — Garnett, 1950.
Firebird (The) — *L'Oiseau de feu,* Dieterle, 1934.
First Year (The) — *Giboulées conjugales,* Borzage, 1926.
Flame Within (The) — Goulding, 1935.
Flamingo Road — Curtiz, 1949.
Flamme (Die) — Lubitsch, 1922.
Flesh and the Devil — *La Chair et le Diable,* Brown, 1927.
Flight — Capra, 1929.
Flight Command — Borzage, 1940.
Flight Nurse — Dwan, 1953.
Flirtation Walk — *Mademoiselle Général,* Borzage, 1934.
Flying Colours — *Au pays de l'or,* Borzage, 1917.
Flying Fool (The) — Garnett, 1929.
Fog over Frisco — Dieterle, 1934.
Foolish Matrons (The) — Brown, 1921.
Fool's Paradise — *Le Paradis d'un fou,* DeMille, 1921.
For Better, for Worse — DeMille, 1919.
For Ever and a Day — Goulding, 1943.
For the Love of Mike — *L'Homme le plus laid du monde,* Capra, 1927.
Forbidden — Capra, 1932.
Forbidden Fruit (The) — DeMille, 1920.
Forbidden Paradise — Lubitsch, 1924.
Force of Arms — Curtiz, 1951.
Foreign Devils — *Les Diables jaunes,* Van Dyke, 1927.
Forget Me Not — *L'Enfant sacrifiée,* Van Dyke, 1922.
Forgotten Prayer (The) — Borzage, 1916.
Forsaking All Others — *Souvent femme varie,* Van Dyke, 1934.

Fortieth Door (The)	Van Dyke, 1921.
Four Daughters	Curtiz, 1938.
Four Frightened People	DeMille, 1933.
Four Wives	Curtiz, 1939.
Four's a Crowd	Curtiz, 1938.
Francis of Assisi	Curtiz, 1961.
Fräulein Seifenschaum	Lubitsch, 1914.
Free Soul (A)	*Ames Libres,* Brown, 1931.
Friendly Enemies	Dwan, 1942.
Friendly Persuasion	*La Loi du Seigneur,* Wyler, 1956.
Frisco Jenny	*Jenny Frisco,* Wellman, 1933.
From Headquaters	Dieterle, 1933.
Front Page Woman	*Sixième Édition,* Curtiz, 1935.
Frontier Marshal (The)	Dwan, 1939.
Frozen Justice	Dwan, 1929.
Fultah Fisher Boarding House	Capra, 1922.
Funny Girl	*Funny Girl,* Wyler, 1968.

Gallant Journey	Wellman, 1946.
Gamblers (The)	*Les Joueurs,* Curtiz, 1929.
Gay Deception (The)	Wyler, 1935.
Gay Desperado (The)	*Le Joyeux Bandit,* Mamoulian, 1936.
Gemischte Frauenchor (Der)	Lubitsch, 1916.
Gentle Cyclone (The)	*Poigne d'acier,* Van Dyke, 1926.
Get Rich Quick Wallingford	*Pour faire fortune,* Borzage, 1921.
Getting Gertie's Garters	Dwan, 1945.
Ghost Flower (The)	Borzage, 1918.
Gift O'Gab (The)	Van Dyke, 1917.
Girl of the Golden West (The)	DeMille, 1914.
Glad Rag Doll	*Poupée de chiffons,* Curtiz, 1929.
Glamour	Wyler, 1934.
G.M.B.H. Tenor (Der)	Lubitsch, 1916.
Godless Girl (The)	*Les Damnés du cœur,* DeMille, 1928.
God's Gift to Women	Curtiz, 1931.
Going My Way	*La Route semée d'étoiles,* McCarey, 1943.
Gold Heels	*La Dernière Course,* Van Dyke, 1924.
Gold Is Where You Find It	*La Bataille de l'or,* Curtiz, 1938.
Gold Rush (The)	*La Ruée vers l'or,* Chaplin, 1925.

Golden Bed (The)	DeMille, 1924.
Golden Boy	*L'Esclave aux mains d'or,* Mamoulian, 1939.
Golden Chance (The)	DeMille, 1915.
Goodbye Again	Curtiz, 1933.
Goodbye My Lady	Wellman, 1956.
Good Fairy (The)	*La Bonne Fée,* Wyler, 1935.
Good Provider (The)	*Un père,* Borzage, 1922.
Good Sam	*Ce bon vieux Sam,* McCarey, 1948.
Good Time Charley	Curtiz, 1927.
Goose Woman (The)	*Déchéance,* Brown, 1925.
Gorgeous Hussy (The)	*L'Enchanteresse,* Brown, 1936.
Gorilla (The)	*Le Gorille,* Dwan, 1939.
Grand Hotel	*Grand Hôtel,* Goulding, 1932.
Grand Parade (The)	Goulding, 1930.
Grand Slam	Dieterle, 1933.
Great Dictator (The)	*Le Dictateur,* Chaplin, 1940.
Great Lie (The)	*Le Grand Mensonge,* Goulding, 1941.
Great Man's Lady (The)	*L'Inspiratrice,* Wellman, 1942.
Great O'Malley (The)	*Septième District,* Dieterle, 1937.
Great Redeemer (The)	*Un lâche,* Brown, 1920.
Greatest Show on Earth (The)	*Sous le plus grand chapiteau du monde,* DeMille, 1952.
Green Light	*La Lumière verte,* Borzage, 1937.
Guernica	Flaherty, 1949.
Guilty Hands	*Mains coupables,* Van Dyke, 1931.
Gun Woman (The)	*La Ville du ranch,* Borzage, 1918.
Guns of Wyoming	*Les Ranchers du Wyoming,* Garnett, 1963.
Half-a-Dollar Bill	*Capitaine Sans-le-sou,* Van Dyke, 1923.
Hangman (The)	Curtiz, 1959.
Hans Trutz in Schlaraffenland	Lubitsch, 1914.
Happy Years (The)	Wellman, 1950.
Hard Fists	Wyler, 1927.
Has Anybody Seen Kelly ?	*Un cœur à la traîne,* Wyler, 1928.
Hatched Man (The)	Wellman, 1932.
Hawk's Trail (The)	*La Piste de l'épervier,* Van Dyke, 1920.

Sans compter celles qui sont hors cadre : Claudette Colbert et quelques-unes des figurantes de Cleopatra (Cléopâtre), *DeMille, 1934.*

Heart of Nora Flynn (The) DeMille, 1916.
Heart of the Yukon (The) *Au cœur de l'Alaska,* Van Dyke, 1926.
Hearts and Spurs *Le Hors-la-loi,* Van Dyke, 1925.
Hearts Divided *Betsy,* Borzage, 1936.
Hearts in Exile *Cœurs en exil,* Curtiz, 1929.
Heaven Can Wait *Le ciel peut attendre,* Lubitsch, 1943.
Heidi *Heidi,* Dwan, 1937.
Heiress (The) *L'Héritière,* Wyler, 1949.
Helen Morgan Story (The) Curtiz, 1957.
Hell's Heroes *Les Héros de l'enfer,* Wyler, 1930.
Hemo the Magnificent Capra, 1957.
Her First Affair Dwan, 1933.
Her First Mate Wyler, 1933.
Her Good Name Van Dyke, 1917.
Her Majesty, Love Dieterle, 1931.
Her Man *Son homme,* Garnett, 1930.
Here Comes the Groom *Si l'on mariait papa ?,* Capra, 1951.
Here We Go Again Dwan, 1942.
Heroes for Sale *Héros à vendre,* Wellman, 1933.
Hide Out *Jours heureux,* Van Dyke, 1934.
High and the Mighty (The) *Écrit dans le ciel,* Wellman, 1954.
High Tension Dwan, 1936.
High, Wide and Handsome *La Furie de l'or noir,* Mamoulian, 1937.
His Brother's Wife *La Fièvre des Tropiques,* Van Dyke, 1936.
His Butler's Sister *La Sœur de son valet,* Borzage, 1943.
History Is Made at Night *Le destin se joue la nuit,* Borzage, 1937.
Hold Back the Night *Bataillon dans la nuit,* Dwan, 1956.
Hole in the Head (A) *Un trou dans la tête,* Capra, 1959.
Honest Man (An) Borzage, 1918.
House Divided (A) *Orage,* Wyler, 1932.
How To Steel a Million *Comment voler un million de dollars,* Wyler, 1966.
Human Cargo Dwan, 1936.
Human Comedy (The) *Et la vie continue,* Brown, 1943.
Humoresque *Humoresque,* Borzage, 1920.

Hunchback of Notre-Dame (The)	*Quasimodo,* Dieterle, 1939.
I Claudius	Sternberg (von), 1937.
I Dream of Jeanie	Dwan, 1952.
Ich Möchte Kein Mann Sein	Lubitsch, 1918.
Idiot's Delight	*La Ronde des pantins,* Brown, 1938.
If I Had a Million	*Si j'avais un million,* Lubitsch, 1932.
I Live My Life	*Vivre sa vie,* Van Dyke, 1935.
I'll Be Seeing You	*Étranges Vacances,* Dieterle, 1944.
I'll See You in My Dreams	Curtiz, 1952.
I Love You Again	*Monsieur Wilson perd la tête,* Van Dyke, 1940.
I Married an Angel	*Ma femme est un ange,* Van Dyke, 1942.
Immediate Lee	Borzage, 1916.
Indiscreet	*Indiscret,* McCarey, 1931.
Industrial Britain	Flaherty, 1933.
Innocent's Progress	Borzage, 1918.
Inside Story (The)	Dwan, 1948.
Inspiration	*La Belle Ténébreuse,* Brown, 1930.
Intruder in the Dust	*L'Intrus,* Brown, 1949.
Iron Curtain	Wellman, 1948.
Iron Mask (The)	Dwan, 1929.
Island in the Sky	*Aventure dans le Grand Nord,* Wellman, 1953.
I Spy	Dwan, 1933.
I Take this Woman	Borzage, 1939.
It Happened One Night	*New York-Miami,* Capra, 1934.
It's a Wonderful Life	*La vie est belle,* Capra, 1946.
It's a Wonderful World	*Le monde est merveilleux,* Van Dyke, 1939.
I've Always Loved You	Borzage, 1946.
Janie	Curtiz, 1944.
Jazz Singer (The)	Curtiz, 1953.

Jet Pilot	*Les espions s'amusent,* Sternberg (von), 1950.
Jewel Robbery	Dieterle, 1932.
Jezebel	*L'Insoumise,* Wyler, 1938.
Jim Thorpe-All American	Curtiz, 1951.
Jimmy the Gent	Curtiz, 1934.
Joan the Woman	*Jeanne d'Arc,* DeMille, 1916.
Josette	*Josette et Compagnie,* Dwan, 1938.
Journey for Margaret	*Margaret de Londres,* Van Dyke, 1942.
Joy of Living	*Quelle joie de vivre,* Garnett, 1938.
Juarez	Dieterle, 1939.
Keneel Murder Case (The)	*Meurtre au chenil,* Curtiz, 1933.
Key (The)	Curtiz, 1934.
Keyhole (The)	Curtiz, 1933.
Kid from Spain (The)	*Le Roi de l'arène,* McCarey, 1932.
Kid Galahad	*Le Dernier Round,* Curtiz, 1937.
Kiki	*Kiki,* Brown, 1926.
Kindling	DeMille, 1915.
King Creole	*King Creole,* Curtiz, 1958.
King in New York (A)	*Un roi à New York,* Chaplin, 1957.
King of Kings (The)	DeMille, 1926.
King Steps Out (The)	*Sa Majesté est de sortie,* Sternberg (von), 1926.
Kismet	*Kismet,* Dieterle, 1943.
Kiss Me Again	Lubitsch, 1924.
Know Your Ally : Britain	Capra, 1944.
Know Your Enemy : Germany	Capra, 1945.
Know Your Enemy : Japan	Capra, 1945.
Köhlhiesels Töchter	Lubitsch, 1920.
Ladies of Leisure	*Femmes de luxe,* Capra, 1930.
Ladies of the Mob	Wellman, 1928.
Lady (The)	*Sa vie,* Borzage, 1925.
Lady for a Day	Capra, 1933.
Lady of Burlesque	*L'Étrangleur,* Wellman, 1943.
Lady of the Dugouts	Van Dyke, 1919.

Lady Takes a Sailor (The)	Curtiz, 1949.
Lady Windermere's Fan	*L'Éventail de Lady Windermere,* Lubitsch, 1924.
Lafayette Escadrille	Wellman, 1958.
Land (The)	Flaherty, 1942.
Land of Long Shadows (The)	Van Dyke, 1917.
Land O'Lizards	Borzage, 1916.
Last Command (The)	*Crépuscule de gloire,* Sternberg (von), 1928.
Last Flight (The)	Dieterle, 1931.
Laughing Boy	Van Dyke, 1934.
Lawyer Man	*L'Avocat,* Dieterle, 1932.
Lazy Lightning	Wyler, 1926.
Legion of the Condemned (The)	*Les Pilotes de la mort,* Wellman, 1928.
Let's Go to Native	McCarey, 1930.
Letter (The)	*La Lettre,* Wyler, 1940.
Letty Lynton	*Captive,* Brown, 1932.
Leutnant Auf Befehl	Lubitsch, 1916.
Life of Emile Zola	*La Vie d'Émile Zola,* Dieterle, 1937.
Life with Father	Curtiz, 1947.
Life's Harmony	Borzage, 1916.
Light in the Dark (The)	Brown, 1922.
Light That Failed (The)	*La Lumière qui s'éteint,* Wellman, 1940.
Liliom	Borzage, 1930.
Lilly Turner	Wellman, 1933.
Limelight	*Les Feux de la rampe,* Chaplin, 1952.
Little American (The)	*Mary, la petite Américaine,* De-Mille, 1917.
Little Big Shot	Curtiz, 1935.
Little Foxes (The)	*La Vipère,* Wyler, 1941.
Little Girl Next Door (The)	*La Petite Voisine,* Van Dyke, 1923.
Little Man, What Now ?	*Et demain ?,* Borzage, 1934.
Living on Velvet	*Sur le velours,* Borzage, 1935.
Lone Star	*Texas,* Brown, 1951.
Long Pants	*Sa dernière culotte,* Capra, 1927.
Look Who's Laughing	Dwan, 1941.

Looking for Trouble Wellman, 1934.
Looking Forward Brown, 1933.
Lost Horizon *Horizons perdus,* Capra, 1937.
Louisiana Story Flaherty, 1948.
Love *Anna Karénine,* Goulding, 1928.
Love Affair *Elle et Lui,* McCarey, 1939.
Love Is a Racket Wellman, 1932.
Love Is News *L'Amour en première page,* Garnett, 1937.
Love Me Tonight *Aimez-moi ce soir,* Mamoulian, 1932.
Love on the Run *Loufoque et Compagnie,* Van Dyke, 1936.
Love Parade (The) *Parade d'amour,* Lubitsch, 1929.
Love Trap (The) Wyler, 1929.
Loves of Omar Khayyam (The) *Les Amours d'Omar Khayyam,* Dieterle, 1956.
Loving Lies Van Dyke, 1924.
Lucky Star *L'Isolé,* Borzage, 1929.
Lustige Ehemann (Der) Lubitsch, 1919.

Macao *Macao, paradis des mauvais garçons,* Sternberg (von), 1950.
Madame Du Barry Lubitsch, 1919.
Madame Du Barry *Madame Du Barry,* Dieterle, 1934.
Madame Satan DeMille, 1930.
Mad Genius (The) *Le Génie fou,* Curtiz, 1931.
Madonna of Avenue (A) *La Madone de l'avenue,* Curtiz, 1929.
Magic Fire *Feu magique,* Dieterle, 1954.
Magic Town Wellman, 1947.
Magnificent Doll Borzage, 1946.
Main Street to Broadway Garnett, 1952.
Make Way for Tomorrow *Place aux jeunes,* McCarey, 1937.
Male and Female *L'Admirable Crichton,* DeMille, 1919.
Mammy *Mammy,* Curtiz, 1930.
Mammy's Rose Borzage, 1916.
Man from Home (The) DeMille, 1914.
Man I Killed (The) *L'Homme que j'ai tué,* Lubitsch, 1932.

Le rire de Garbo : Ninotchka (Ninotchka), *Lubitsch, 1939.*

Man I Love (The)	Wellman, 1929.
Man of Aran	*L'Homme d'Aran,* Flaherty, 1934.
Man to Man	Dwan, 1930.
Man Wanted	Dieterle, 1932.
Man in the Net (The)	Curtiz, 1959.
Man Who Won (The)	Wellman, 1923.
Mandalay	*Mandalay,* Curtiz, 1934.
Manhattan Melodroma	*L'Ennemi public nº 1,* Van Dyke, 1934.
Mannequin	*Mannequin,* Borzage, 1937.
Man's Castle	*Ceux de la zone,* Borzage, 1933.
Manslaughter	*Le Réquisitoire,* DeMille, 1922.
Mardi-Gras	Goulding, 1958.
Maria Rosa	*Maria-Rosa,* DeMille, 1915.
Marie Antoinette	*Marie-Antoinette,* Van Dyke, 1938.
Marionetten	Lubitsch, 1918.
Mark of Zorro (The)	*Le Signe de Zorro,* Mamoulian, 1940.
Marriage Circle (The)	Lubitsch, 1924.
Marriage Licence	*La Roturière,* Borzage, 1926.
Masked Bride (The)	Sternberg (von), 1925.
Matinee Idol (The)	Capra, 1928.
Matrimonial Bed (The)	Curtiz, 1930.
Maybe It's Love	Wellman, 1930.
Meet John Doe	*L'Homme de la rue,* Capra, 1941.
Meier Aus Berlin	Lubitsch, 1919.
Meine Frau, die Film Schauspielerin	Lubitsch, 1919.
Men of the Desert (The)	Van Dyke, 1917.
Menphis Belle	Wyler, 1942-1944.
Men with Wings	*Les Hommes volants,* Wellman, 1938.
Merry Widow (The)	*La Veuve joyeuse,* Lubitsch, 1934.
Meyer Als Soldat	Lubitsch, 1914.
Midnight Mary	*Rose de minuit,* Wellman, 1933.
Midsummer Night's Dream (A)	Dieterle, 1935.
Mildred Pierce	*Mildred Pierce,* Curtiz, 1945.
Milky Way (The)	Van Dyke, 1922.
Milky Way (The)	*Soupe au lait,* McCarey, 1935.
Million Bid (A)	Curtiz, 1927.

Miracle Maker (The) *Le Faiseur de miracles,* Van Dyke, 1923.
Miracle Woman (The) Capra, 1931.
Mission to Moscow Curtiz, 1943.
Mister 880 Goulding, 1950.
Moana : A Romance of the Golden Age *Moana,* Flaherty, 1926.
Model von Ballet (Das) Lubitsch, 1918.
Modern Times *Les Temps modernes,* Chaplin, 1936.
Monsieur Verdoux *Monsieur Verdoux,* Chaplin, 1947.
Montana Belle Dwan, 1952.
Monte Carlo *Monte-Carlo,* Lubitsch, 1930.
Moonrise *Le Fils du pendu,* Borzage, 1949.
Morning After (The) Dwan, 1934.
Morocco *Cœurs brûlés,* Sternberg (von), 1930.
Mortal Storm (The) Borzage, 1940.
Most Dangerous Man Alive (The) Dwan, 1958.
Mother's Ordeal Van Dyke, 1917.
Mountain Justice Curtiz, 1937.
Mr. Deeds Goes to Town *L'Extravagant M. Deeds,* Capra, 1936.
Mr. Smith Goes to Washington *Monsieur Smith au Sénat,* Capra, 1939.
Mrs. Miniver *Madame Miniver,* Wyler, 1942.
Mrs. Parkington *Madame Parkington,* Garnett, 1944.
My Dream Is Yours Curtiz, 1949.
My Favourite Spy Garnett, 1942.
My Man and I Wellman, 1952.
My Son John McCarey, 1951.
Mystery of the Wax Museum (The) *Masques de cire,* Curtiz, 1933.

Nanook of the North *Nanook l'Esquimau,* Flaherty, 1922.
National Velvet *Le Grand National,* Brown, 1944.
Naughty Marietta *La Fugue de Mariette,* Van Dyke, 1935.
Navy Blues Brown, 1929.

Navy Wife	Dwan, 1935.
Nazis Strike (The)	Capra, 1943.
Negro Soldier in World War II (The)	Capra, 1944.
Nell Dale's Men Folks	Borzage, 1916.
Never the Train Shall Meet	Van Dyke, 1931.
New York Cinderella	Sternberg (von), 1939.
Next Voice You Hear (The)	*La Voix que vous allez entendre,* Wellman, 1950.
Night Angel	*L'Ange de minuit,* Goulding, 1931.
Night and Day	Curtiz, 1946.
Night Court	Van Dyke, 1932.
Night Fighters (The)	*Les Combattants de la nuit,* Garnett, 1960.
Night Flight	*Vol de nuit,* Brown, 1933.
Night Nurse	*L'Ange blanc,* Wellman, 1931.
Nightmare Alley	*Le Charlatan,* Goulding, 1947.
Ninotchka	*Ninotchka,* Lubitsch, 1939.
Noah's Ark	*L'Arche de Noé,* Curtiz, 1929.
No Greater Glory	*Comme les grands,* Borzage, 1934.
Northwest Mounted Police	*Les Tuniques écarlates,* DeMille, 1940.
Northwest Outpost	*Poste avancé,* Dwan, 1947.
Not a Drum Was Heard	Wellman, 1924.
Nothing Sacred	*La Joyeuse Suicidée,* Wellman, 1937.
Nth Commandment (The)	Borzage, 1923.
Nugget Jim's Pardner	Borzage, 1916.

Officer O'Brien	Garnett, 1930.
Of Human Bondage	Goulding, 1946.
Of Human Hearts	Brown, 1938.
Oh Yeah !	Garnett, 1929.
Okay America	Garnett, 1932.
Old Maid (The)	*La Vieille Fille,* Goulding, 1939.
Old Wives for New	DeMille, 1918.
Once Upon a Honeymoon	*Lune de miel mouvementée,* McCarey, 1942.
One Hour with You	*Une heure avec vous,* Lubitsch, 1932.
One Mile from Heaven	Dwan, 1937.

One Minute to Zero — *Une minute avant l'heure H,* Garnett, 1952.
One Way Passage — *Voyage sans retour,* Garnett, 1932.
Open Places (The) — Van Dyke, 1917.
Ossis Tagebuch — Lubitsch, 1917.
Other Men's Women — Wellman, 1931.
Our Little Nell — Van Dyke, 1917.
Our Mr. Sun — Capra, 1956.
Ox-Bow Incident — *L'Étrange Incident,* Wellman, 1943.

Pagan (The) — *Chanson païenne,* Van Dyke, 1929.
Paid in Full — *La Rue de traverse,* Dieterle, 1948.
Paris — Goulding, 1926.
Part-Time Wife — *Madame et ses partenaires,* McCarey, 1930.
Passage to Marseille — Curtiz, 1944.
Passion — *Le Fouet de la vengeance,* Dwan, 1954.
Patriot (The) — *Le Patriote,* Lubitsch, 1928.
Pearl of the South Pacific — Dwan, 1955.
Peking Express — *Pékin-Express,* Dieterle, 1951.
Penthouse — *Le Cas de l'avocat Durand,* Van Dyke, 1933.
Perfect Specimen (The) — Curtiz, 1937.
Personnal Property — *Valet de cœur,* Van Dyke, 1937.
Plainsman (The) — *Une aventure de Buffalo Bill,* DeMille, 1936.
Platinum Blonde — Capra, 1931.
Plymouth Adventure — *Capitaine sans loi,* Brown, 1952.
Pocketful of Miracles — *Milliardaire pour un jour,* Capra, 1961.
Portrait of Jennie — *Le Portrait de Jennie,* Dieterle, 1947-1949.
Possessed — *Fascination,* Brown, 1931.
Postman Always Rings Twice (The) — *Le facteur sonne toujours deux fois,* Garnett, 1946.
Pottery Maker (The) — Flaherty, 1925.
Power of the Press (The) — Capra, 1928.
Prelude To War — Capra, 1942.
President Vanishes (The) — Wellman, 1934.

Acteurs, costumes et rôles : To Be or Not to Be (Jeux dangereux), *Lubitsch, 1942.*

Prestige	Garnett, 1932.
Pride and the Man (The)	Borzage, 1916.
Pride of Palomar (The)	Borzage, 1922.
Prinz Sami	Lubitsch, 1918.
Private Detective 62	Curtiz, 1933.
Private Lives of Elizabeth and Essex (The)	*La Vie privée d'Élisabeth et d'Essex,* Curtiz, 1939.
Prizefighter and the Lady (The)	*Un cœur, deux poings,* Van Dyke, 1933.
Professionnal Soldier	Garnett, 1935.
Proud Rebel (The)	Curtiz, 1958.
Prudence of Broadway	Borzage, 1919.
Public Enemy (The)	*L'Ennemi public,* Wellman, 1931.
Puppe (Die)	Lubitsch, 1919.
Purchase Price (The)	Wellman, 1932.
Queen Christina	*La Reine Christine,* Mamoulian, 1933.
Rage in Heaven	*La Proie du mort,* Van Dyke, 1941.
Rain or Shine	Capra, 1930.
Rains Came (The)	*La Mousson,* Brown, 1939.
Rally Round the Flag, Boys !	*La Brune brûlante,* McCarey, 1958.
Range Boss (The)	Van Dyke, 1917.
Ranger of the Big Pines	Van Dyke, 1925.
Rausch	Lubitsch, 1919.
Razor's Edge (The)	*Le Fil du rasoir,* Goulding, 1946.
Reaching for the Moon	Goulding, 1931.
Reaching for the Stars	Capra, 1964.
Reaching for the Sun	Wellman, 1941.
Reap the Wild Wind	*Les Naufrageurs des mers du Sud,* DeMille, 1941.
Rebecca of Sunnybrook Farm	*Mam'zelle Vedette,* Dwan, 1938.
Red Hot Rhythm	McCarey, 1929.
Red Moutain	*Montagne rouge,* Dieterle, 1950.
Rendez-vous with Annie	Dwan, 1946.
Restless Breed (The)	Dwan, 1957.
Riders of the Dark	Van Dyke, 1927.

Riding for Love Wyler, 1925.
Riding High *Jour de chance,* Capra, 1950.
Rings on Her Fingers *Qui perd gagne,* Mamoulian, 1942.
Riptide *Quand une femme aime,* Goulding, 1934.
Rise and Shine Dwan, 1941.
River (The) *La Femme au corbeau,* Borzage, 1928.
River's Edge (The) Dwan, 1957.
River's End Curtiz, 1930.
Road to Yesterday (The) *L'Empreinte du passé,* DeMille, 1925.
Robin Hood of El Dorado *Robin des Bois d'Eldorado,* Wellman, 1936.
Rodelkavalier (Der) Lubitsch, 1918.
Romance *Romance,* Brown, 1930.
Romance of Redwoods (A) DeMille, 1917.
Romance on the High Seas Curtiz, 1948.
Roman Holiday *Vacances romaines,* Wyler, 1953.
Romeo und Julia im Schnee Lubitsch, 1920.
Rope of Sand *La Corde de sable,* Dieterle, 1949.
Rosalie *Rosalie,* Van Dyke, 1937.
Rose Marie *Rose-Marie,* Van Dyke, 1935.
Rose of the Rancho (The) DeMille, 1914.
Rosita Lubitsch, 1923.
Roughly Speaking Curtiz, 1945.
Roxie Hart Wellman, 1942.
Ruggles of Red Gap *L'Extravagant M. Ruggles,* McCarey, 1934.
Rund um die Ehe Lubitsch, 1914.
Ruth of the Range Van Dyke, 1922.

Sadie Goes to Heaven Van Dyke, 1917.
Sadie McKee *Sadie McKee,* Brown, 1934.
Safe in Hell Wellman, 1931.
Saga of Anatahan (The) *Fièvre sur Anatahan,* Sternberg (von), 1952.
Sailor's Lady Dwan, 1940.
Sally, Irene and Mary Goulding, 1925.

Salome	*Salomé,* Dieterle, 1952.
Salvation Hunters	Sternberg (von), 1925.
Samson and Delilah	*Samson et Dalila,* DeMille, 1949.
Sands of Iwo-Jima	*Iwo-Jima,* Dwan, 1950.
San Francisco	*San Francisco,* Van Dyke, 1936.
Santa Fe Trail	*La Piste de Santa-Fe,* Curtiz, 1941.
Satan Met a Lady	Dieterle, 1936.
Satan Never Sleeps	*Une histoire de Chine,* McCarey, 1961.
Saturday Night	*Le Détour,* DeMille, 1921.
Say It with Sables	Capra, 1928.
Scarlet Dawn	Dieterle, 1932.
Scarlet Empress (The)	*L'Impératrice rouge,* Sternberg (von), 1934.
Scarlet Hour (The)	Curtiz, 1956.
Schuhpalast Pinkus	Lubitsch, 1916.
Schwabenmädle	Lubitsch, 1919.
Schwarze Moritz (Der)	Lubitsch, 1916.
Sea Hawk (The)	*L'Aigle des mers,* Curtiz, 1940.
Searching Wind (The)	*Un fils accuse,* Dieterle, 1946.
Sea Wolf (The)	*Le Vaisseau fantôme,* Curtiz, 1941.
Second Hand Love	Wellman, 1923.
Secret Bride (The)	*Mariage secret,* Dieterle, 1935.
Secrets	Borzage, 1924.
Secrets	Borzage, 1933.
See Her Private Hargrove	Garnett, 1944.
September Affair	Dieterle, 1949.
Sergeant Madden	*Au service de la loi,* Sternberg (von), 1939.
Seven Sinners	*La Maison des sept péchés,* Garnett, 1940.
Seven Sweethearts	*Les Sept Amoureux,* Borzage, 1942.
Seventh Heaven	*L'Heure suprême,* Borzage, 1927.
Seven Wonders of the World	*Les Sept Merveilles du monde,* Garnett, 1956.
Shadow of the Thin Man	*L'Énigme de San Francisco,* Van Dyke, 1941.
Shakedown (The)	*L'École du courage,* Wyler, 1929.
Shangai Express	*Shangai Express,* Sternberg (von), 1932.

Shangai Gesture (The)	Sternberg (von), 1941.
She Couldn't Take It	*Gosse de riche,* Garnett, 1935.
Shining Hour (The)	*L'Ensorceleuse,* Borzage, 1938.
Shipmates Forever	Borzage, 1935.
Shoes That Danced	*Le Premier Pas,* Borzage, 1918.
Shop around the Corner (The)	*Rendez-vous,* Lubitsch, 1939.
Signal Tower (The)	*Le Veilleur du rail,* Brown, 1924.
Sign of the Cross (The)	*Sous le signe de la croix,* DeMille, 1932.
Silent Partner (The)	Wyler, 1925.
Silken Spider (The)	Borzage, 1916.
Silk Stockings	*La Belle de Moscou,* Mamoulian, 1957.
Silver Lode	*Quatre Étranges Cavaliers,* Dwan, 1954.
Six Hours to Live	*Six Heures à vivre,* Dieterle, 1932.
Six of a King	McCarey, 1934.
Slave Ship (The)	*Le Dernier Négrier,* Garnett, 1937.
Slightly Honorable	*Le Poignard mystérieux,* Garnett, 1940.
Slightly Scarlet	*Deux Rouquines dans la bagarre,* Dwan, 1956.
Small Town Girl	*La Petite Provinciale,* Wellman, 1936.
Smiling Lieutenant (The)	*Le Lieutenant souriant,* Lubitsch, 1931.
Smilin' Through	*Chagrins d'amour,* Borzage, 1941.
Smouldering Fires	*La Femme de quarante ans,* Brown, 1925.
So Big	*Mon grand,* Wellman, 1932.
Society for Sale	Borzage, 1918.
Society Secrets	McCarey, 1921.
Soldier's Plaything (A)	Curtiz, 1931.
Soldier's Three	*Trois Troupiers,* Garnett, 1951.
Something to Think About	DeMille, 1920.
Son-Daughter (The)	*Dans la nuit des pagodes,* Brown, 1932.
Song and Dance Man (The)	Dwan, 1936.
Song of Love	*Passion immortelle,* Brown, 1947.
Song of Songs (The)	*Le Cantique des cantiques,* Mamoulian, 1933.
Song O'My Heart	Borzage, 1930.
Sophomore (The)	McCarey, 1929.

S.O.S. Iceberg Garnett, 1933.
So This Is Love Capra, 1928.
So This Is Paris *Les Surprises de la TSF,* Lubitsch, 1926.
South Sea Rose Dwan, 1929.
Spanish Main (The) *Pavillon noir,* Borzage, 1945.
Spieler (The) *Tragédie foraine,* Garnett, 1928.
Spoilers of the West Van Dyke, 1927.
Square Shooter (The) Wyler, 1925.
Squaw Man (The) DeMille, 1913.
Squaw Man (The) *Un cœur en exil,* DeMille, 1918.
Squaw Man (The) DeMille, 1931.
Stage Door Canteen Borzage, 1943.
Stand-In *Monsieur Dood part pour Hollywood,* Garnett, 1937.
Stand Up and Fight *Trafic d'hommes,* Van Dyke, 1938.
Star Is Born (A) *Une étoile est née,* Wellman, 1937.
Star Witness Wellman, 1931.
State of the Union *L'Enjeu,* Capra, 1948.
Stingaree Wellman, 1937.
Stolen Holiday Curtiz, 1937.
Stolen Ranch (The) Wyler, 1926.
Storm (The) Wyler, 1930.
Story of Dr. Ehrlich's Magic Bullet Dieterle, 1940.
Story of Dr. Wassell *L'Odyssée du Dr Wassel,* DeMille, 1943.
Story of GI Joe *Les Forçats de la gloire,* Wellman, 1945.
Story of Louis Pasteur (The) *La Vie de Louis Pasteur,* Dieterle, 1936.
Story of Will Rogers (The) Curtiz, 1952.
Straight Shooting Wyler, 1927.
Stranded *Bureau des épaves,* Borzage, 1935.
Strange Cargo *Le Cargo maudit,* Borzage, 1940.
Strange Case of the Comic Rays (The) Capra, 1957.
Strange Love of Molly Louvain (The) *L'Étrange Passion de Molly Louvain,* Curtiz, 1932.
Street Angel *L'Ange de la rue,* Borzage, 1928.
Strong Man (The) *L'Athlète incomplet,* Capra, 1926.
Student Prince (The) *Vieil Heidelberg,* Lubitsch, 1927.

Submarine	Capra, 1928.
Suez	*Suez,* Dwan, 1938.
Summer Holiday	*Belle Jeunesse,* Mamoulian, 1948.
Sumurun	Lubitsch, 1920.
Sun-Up	Goulding, 1925.
Surrender	Dwan, 1950.
Sweethearts	*Amants,* Van Dyke, 1938.
Sweethearts on Parade	Dwan, 1953.
Syncopation	Dieterle, 1942.
Tabu : A Story of the South Seas	*Tabou,* Flaherty, 1931.
Tarzan the Ape Man	*Tarzan, l'Homme-singe,* Van Dyke, 1932.
Teenage Rebel	Goulding, 1956.
Temptation	DeMille, 1915.
Ten Commandments (The)	*Les Dix Commandements,* DeMille, 1923.
Ten Commandments (The)	*Les Dix Commandements,* DeMille, 1956.
Tender Foot Courage (The)	Wyler, 1925.
Tenderloin	Curtiz, 1928.
Tennessee Johnson	Dieterle, 1942.
Tennessee's Partner	*Le mariage est pour demain,* Dwan, 1955.
That Certain Thing	Capra, 1928.
That Certain Woman	*Une certaine femme,* Goulding, 1937.
That Gal of Burke's	Borzage, 1916.
That I May Live	Dwan, 1937.
That's My Man	*Le Bébé de mon mari,* Borzage, 1947.
That Uncertain Feeling	*Illusions perdues,* Lubitsch, 1941.
These Three	*Ils étaient trois,* Wyler, 1936.
They Gave Him a Gun	*On lui donna un fusil,* Van Dyke, 1937.
They Had to See Paris	Borzage, 1929.
They Met in Bombay	*Rencontre à Bombay,* Brown, 1941.
Thin Man (The)	*L'Introuvable,* Van Dyke, 1934.
Third Degree (The)	Curtiz, 1936.
This Day and Age	*La Loi du lynch,* DeMille, 1933.

This Is the Army Curtiz, 1943.
This Love of Ours *Notre cher amour,* Dieterle, 1945.
This Man's Navy Wellman, 1944.
Three Comrades *Trois Camarades,* Borzage, 1938.
Three Musketeers (The) *Les Trois Loufquetaires,* Dwan, 1939.
Three Women Lubitsch, 1924.
Thunder Birds Wellman, 1942.
Thunderbolt Sternberg (von), 1929.
Thunderbolt Wyler, 1942-1944.
Thunder Riders *Far West,* Wyler, 1928.
Tide of Empire Dwan, 1929.
Till I Come Back to You DeMille, 1918.
Till We Meet Again *Voyage sans espoir,* Goulding, 1940.
Till We Meet Again *Ce n'est qu'un au revoir,* Borzage, 1944.
Timber Wolf *Justice est faite,* Van Dyke, 1925.
To Be or Not to Be *Jeux dangereux,* Lubitsch, 1942.
To Please a Lady *Pour plaire à sa belle,* Brown, 1950.
Toton Borzage, 1919.
Tom Brown of Culver *Cadets américains,* Wyler, 1932.
Town (The) Sternberg (von), 1943.
Track of the Cat Wellman, 1954.
Trader Horn *Horn le Trafiquant,* Van Dyke, 1930.
Trade Winds *La Femme aux cigarettes blondes,* Garnett, 1938.
Trespasser (The) Goulding, 1929.
Trail of the Lonesome Pine (The) DeMille, 1916.
Trail of '98 (The) *La Piste de 98,* Brown, 1928.
Trail of the Vigilantes *Sur la piste des vigilants,* Dwan, 1940.
Trail Rider (The) Van Dyke, 1925.
Tramp, Tramp, Tramp *Plein les bottes,* Capra, 1926.
Triumph DeMille, 1924.
Trouble along the Way Curtiz, 1953.
Trouble in Paradise *Haute Pègre,* Lubitsch, 1932.
Tunisian Victory Capra, 1944.
Turning Point (The) *Le Cran d'arrêt,* Dieterle, 1951.
Twenty-Four Dollars Island Flaherty, 1927.

Gary Cooper et Marlene Dietrich dans Desire (Désir), *Borzage, 1936.*

20 000 Years in Sing Sing	*20 000 Ans sous les verrous,* Curtiz, 1933.
Two Down, One to Go	Capra, 1945.
Two Fister (The)	Wyler, 1925.
Unafraid (The)	DeMille, 1915.
Unchained Goddess (The)	Capra, 1958.
Unconquered	*Les Conquérants d'un nouveau monde,* DeMille, 1946.
Under a Texas Moon	Curtiz, 1930.
Under the Black Eagle	Van Dyke, 1927.
Underworld	*Les Nuits de Chicago,* Sternberg (von), 1927.
Union Pacific	*Pacific-Express,* DeMille, 1938.
Unsuspected (The)	Curtiz, 1947.
Until They Get Me	*Le Piège,* Borzage, 1917.
Up in Mabel's Room	Dwan, 1944.
Vagabond King (The)	Curtiz, 1956.
Vagabond Trail (The)	Wellman, 1924.
Valley of Decision	*La Vallée du jugement,* Garnett, 1945.
Valley of Silent Men	Borzage, 1922.
Vanishing Virginian (The)	*Au temps des tulipes,* Borzage, 1941.
Virginia City	Curtiz, 1940.
Virginian (The)	DeMille, 1914.
Volga Boatman (The)	*Le Batelier de la Volga,* DeMille, 1925.
Vulcano	Dieterle, 1949.
Wages for Wives	*Si les hommes pouvaient,* Borzage, 1925.
War Comes to America	Capra, 1945.
War Paint	*Œil-de-Faucon,* Van Dyke, 1926.
Warrens of Virginia (The)	DeMille, 1915.
Way of the Strong (The)	Capra, 1928.
We Are Not Alone	*Nous ne sommes pas seuls,* Goulding, 1939.

We Are Not Married	*Cinq Mariages à l'essai,* Goulding, 1952.
We Can't Have Everything	*L'Illusion du bonheur,* DeMille, 1918.
Weib des Pharao (Das)	Lubitsch, 1922.
We Lady Betty	*La Petite Châtelaine,* Borzage, 1917.
We Live Again	Mamoulian, 1934.
Wen Vier Dasselbe Machen	Lubitsch, 1917.
We're No Angels	*La Cuisine des anges,* Curtiz, 1955.
Westerner (The)	*Le Cavalier du désert,* Wyler, 1940.
Westward the Women	*Convoi de femmes,* Wellman, 1951.
What a Widow	*Quelle veuve !,* Dwan, 1930.
What's His Name ?	DeMille, 1914.
When Husbands Flirt	Wellman, 1925.
When in Rome	Brown, 1951.
While Paris Sleeps	Dwan, 1932.
Whispering Chorus (The)	*Le Rachat suprême,* DeMille, 1917.
White Angel	*L'Ange blanc,* Dieterle, 1936.
White Banners	*La Femme errante* ou *La Bannière blanche,* Goulding, 1938.
White Christmas	Curtiz, 1954.
White Cliffs of Dover (The)	*Les Blanches Falaises de Douvres,* Brown, 1944.
White Eagle	*L'Aigle blanc,* Van Dyke, 1922.
White Shadows in the South Seas	*Ombres blanches,* Van Dyke, 1928.
Who Is To Blame ?	Borzage, 1918.
Whom the Gods Destroy	*Ceux que les dieux détruiront,* Borzage, 1919.
Why Change Your Wife ?	DeMille, 1919.
Wicked	Dwan, 1931.
Wife Versus Secretary	*Sa femme et sa dactylo,* Brown, 1936.
Wild Blue Yonder (The)	*Tonnerre sur le Pacifique,* Dwan, 1951.
Wild Boys of the Road	Wellman, 1933.
Wild Company	McCarey, 1930.
Wild Goose Chase	DeMille, 1915.

Wild Harvest	*Les Corsaires de la terre,* Garnett, 1947.
Wings	*Ailes,* Wellman, 1928.
Winner Takes All	*Le gagnant prend tout,* Van Dyke, 1924.
Winners of the Wilderness	*Les Écumeurs du Sud,* Van Dyke, 1926.
Wo Ist Mein Schatz?	Lubitsch, 1916.
Woman from Monte Carlo (The)	*La Dame de Monte-Carlo,* Curtiz, 1932.
Woman God Forgot (The)	*Les Conquérants,* DeMille, 1917.
Woman of Affairs (A)	*Intrigues,* Brown, 1929.
Woman of Paris (A)	*L'Opinion publique,* Chaplin, 1923.
Woman of the Sea (A)	Sternberg (von), 1926.
Woman They Almost Lynched	*La Femme qui faillit être lynchée,* Dwan, 1953.
Woman Trap	Wellman, 1929.
Woman Wise	Dwan, 1937.
Women Love Diamonds	Goulding, 1927.
Wonder of Women	Brown, 1929.
Wuthering Heights	*Les Hauts de Hurlevent,* Wyler, 1939.
Wyoming	Van Dyke, 1927.
Yankee Doodle Dandy	*La Parade de la gloire,* Curtiz, 1942.
Yearling (The)	*Jody et le Faon,* Brown, 1946.
Yellow Sky	*La Ville abandonnée,* Wellman, 1948.
You Can't Take It With You	*Vous ne l'emporterez pas avec vous,* Capra, 1938.
You Never Know Women	*Masques d'artistes,* Wellman, 1926.
Young America	*Jeune Amérique,* Borzage, 1932.
Young Eagles	Wellman, 1930.
Young Man with a Horn	Curtiz, 1950.
Young People	Dwan, 1940.
Younger Generation (The)	Capra, 1929.
Zucker und Zimt	Lubitsch, 1915.

Illustrations

Stars-Films : 8, 13, 14-15, 21, 25, 27, 29, 36, 39, 41, 43, 45, 50, 53, 55, 59, 61, 63, 65, 72, 75, 80, 87, 93, 105, 107, 115, 117, 120, 125, 134-135, 137, 141, 149, 150-151, 153, 161, 168, 173, 177, 182, 187, 196-197, 201, 206-207, 213, 218-219, 227.
Coll. *Cahiers du Cinéma* : 17, 31, 57, 101, 127, 145, 159, 171, 185.

Achevé d'imprimer par l'imprimerie Maury à Malesherbes
Dépôt légal : février 1986. N° 9109 (J85/17358).

Collection Points

SERIE POINT-VIRGULE

V1. Manuel de savoir-vivre à l'usage des rustres et des malpolis
par Pierre Desproges
V2. Petit Fictionnaire illustré
par Alain Finkielkraut
V3. Quand j'avais cinq ans, je m'ai tué
par Howard Buten
V4. Lettres à sa fille (1877-1902)
par Calamity Jane
V5. Café Panique, *par Roland Topor*
V6. Le Jardin de ciment, *par Ian McEwan*
V7. L'Age-déraison, *par Daniel Rondeau*
V8. Juliette a-t-elle un grand Cui ?
par Hélène Ray
V9. T'es pas mort !, *par Antonio Skarmeta*
V10. Petite Fille rouge avec un couteau
par Myrielle Marc
V11. Manuel à l'usage des enfants qui ont des parents difficiles
par Jeanne Van den Brouck
V12. Le A nouveau est arrivé
par Pierre Ziegelmeyer et Jean-Benoît Thirion
V13. Comment faire l'enfant (17 leçons pour ne pas grandir)
par Delia Ephron
V14. Zig-Zag, *par Alain Cahen*
V15. Plumards, de cheval, *par Groucho Marx*
V16. Bleu, je veux, *par Gisèle Bienne*
V17. Moi et les Autres, *par Albert Jacquard*
V18. Au vrai chic anatomique, *par Frédéric Pagès*
V19. Le Petit Pater illustré, *par Jacques Pater*
V20. Cherche souris pour garder chat, *par Hélène Ray*
V21. Un enfant dans la guerre, *par Saïd Ferdi*
V22. La Danse du coucou, *par Aidan Chambers*
V23. Mémoires d'un amant lamentable
par Groucho Marx
V24. Le Cœur sous le rouleau compresseur
par Howard Buten
V25. Le Cinéma américain des années cinquante
par Olivier-René Veillon
V26. Voilà un baiser, *par Anne Perry-Bouquet*
V27. Le Cycliste de San Cristobal, *par Antonio Skarmeta*
V28. Tchao l'enfance, craignos l'amour,
par Delia Ephron
V29. Mémoires capitales, *par Groucho Marx*
V30. Dieu, Shakespeare et Moi, *par Woody Allen*
V31. Dictionnaire superflu à l'usage de l'élite et des bien nantis
par Pierre Desproges
V32. Je t'aime, je te tue, *par Morgan Sportès*
V33. Rock-Vinyl (Pour une discothèque du rock)
par Jean-Marie Leduc

V34. Le Manuel du parfait petit masochiste
par Dan Greenburg
V35. L'Oiseau Canadèche, *par Jim Dodge*
V36. Des sous et des hommes
par Jean-Marie Albertini
V37. De l'univers à nous, *par Robert Clarke*
V38. Pour en finir une bonne fois pour toutes avec la culture
par Woody Allen
V39. Le Gone du Chaâba
par Azouz Begag
V40. Le Cinéma américain des années trente
par Olivier-René Veillon
V41. Mistral gagnant, chansons et dessins
par Renaud

Collection Points

SERIE ROMAN

R1. Le Tambour, *par Günter Grass*
R2. Le Dernier des Justes, *par André Schwarz-Bart*
R3. Le Guépard, *par Giuseppe Tomasi di Lampedusa*
R4. La Côte sauvage, *par Jean-René Huguenin*
R5. Acid Test, *par Tom Wolfe*
R6. Je vivrai l'amour des autres, *par Jean Cayrol*
R7. Les Cahiers de Malte Laurids Brigge
par Rainer Maria Rilke
R8. Moha le fou, Moha le sage, *par Tahar Ben Jelloun*
R9. L'Horloger du Cherche-Midi, *par Luc Estang*
R10. Le Baron perché, *par Italo Calvino*
R11. Les Bienheureux de La Désolation, *par Hervé Bazin*
R12. Salut Galarneau !, *par Jacques Godbout*
R13. Cela s'appelle l'aurore, *par Emmanuel Roblès*
R14. Les Désarrois de l'élève Törless, *par Robert Musil*
R15. Pluie et Vent sur Télumée Miracle, *par Simone Schwarz-Bart*
R16. La Traque, *par Herbert Lieberman*
R17. L'Imprécateur, *par René-Victor Pilhes*
R18. Cent Ans de solitude, *par Gabriel Garcia Marquez*
R19. Moi d'abord, *par Katherine Pancol*
R20. Un jour, *par Maurice Genevoix*
R21. Un pas d'homme, *par Marie Susini*
R22. La Grimace, *par Heinrich Böll*
R23. L'Age du tendre, *par Marie Chaix*
R24. Une tempête, *par Aimé Césaire*
R25. Moustiques, *par William Faulkner*
R26. La Fantaisie du voyageur, *par François-Régis Bastide*
R27. Le Turbot, *par Günter Grass*
R28. Le Parc, *par Philippe Sollers*
R29. Ti Jean L'horizon, *par Simone Schwarz-Bart*
R30. Affaires étrangères, *par Jean-Marc Roberts*
R31. Nedjma, *par Kateb Yacine*
R32. Le Vertige, *par Evguénia Guinzbourg*
R33. La Motte rouge, *par Maurice Genevoix*
R34. Les Buddenbrook, *par Thomas Mann*
R35. Grand Reportage, *par Michèle Manceaux*
R36. Isaac le mystérieux (Le Ver et le Solitaire)
par Jerome Charyn
R37. Le Passage, *par Jean Reverzy*
R38. Chesapeake, *par James A. Michener*
R39. Le Testament d'un poète juif assassiné, *par Elie Wiesel*
R40. Candido, *par Leonardo Sciascia*
R41. Le Voyage à Paimpol, *par Dorothée Letessier*
R42. L'Honneur perdu de Katharina Blum, *par Heinrich Böll*
R43. Le Pays sous l'écorce, *par Jacques Lacarrière*
R44. Le Monde selon Garp, *par John Irving*
R45. Les Trois Jours du cavalier, *par Nicole Ciravégna*
R46. Nécropolis, *par Herbert Lieberman*

R47. Fort Saganne, *par Louis Gardel*
R48. La Ligne 12, *par Raymond Jean*
R49. Les Années de chien, *par Günter Grass*
R50. La Réclusion solitaire, *par Tahar Ben Jelloun*
R51. Senilità, *par Italo Svevo*
R52. Trente Mille Jours, *par Maurice Genevoix*
R53. Cabinet Portrait, *par Jean-Luc Benoziglio*
R54. Saison violente, *par Emmanuel Roblès*
R55. Une comédie française, *par Erik Orsenna*
R56. Le Pain nu, *par Mohamed Choukri*
R57. Sarah et le Lieutenant français, *par John Fowles*
R58. Le Dernier Viking, *par Patrick Grainville*
R59. La Mort de la phalène, *par Virginia Woolf*
R60. L'Homme sans qualités, tome 1, *par Robert Musil*
R61. L'Homme sans qualités, tome 2, *par Robert Musil*
R62. L'Enfant de la mer de Chine, *par Didier Decoin*
R63. Le Professeur et la Sirène
par Giuseppe Tomasi di Lampedusa
R64. Le Grand Hiver, *par Ismaïl Kadaré*
R65. Le Cœur du voyage, *par Pierre Moustiers*
R66. Le Tunnel, *par Ernesto Sabato*
R67. Kamouraska, *par Anne Hébert*
R68. Machenka, *par Vladimir Nabokov*
R69. Le Fils du pauvre, *par Mouloud Feraoun*
R70. Cités à la dérive, *par Stratis Tsirkas*
R71. Place des Angoisses, *par Jean Reverzy*
R72. Le Dernier Chasseur, *par Charles Fox*
R73. Pourquoi pas Venise, *par Michèle Manceaux*
R74. Portrait de groupe avec dame, *par Heinrich Böll*
R75. Lunes de fiel, *par Pascal Bruckner*
R76. Le Canard de bois (Les Fils de la liberté, I)
par Louis Caron
R77. Jubilee, *par Margaret Walker*
R78. Le Médecin de Cordoue, *par Herbert Le Porrier*
R79. Givre et Sang, *par John Cowper Powys*
R80. La Barbare, *par Katherine Pancol*
R81. Si par une nuit d'hiver un voyageur, *par Italo Calvino*
R82. Gerardo Laïn, *par Michel del Castillo*
R83. Un amour infini, *par Scott Spencer*
R84. Une enquête au pays, *par Driss Chraïbi*
R85. Le Diable sans porte (*tome 1 :* Ah, mes aïeux !)
par Claude Duneton
R86. La Prière de l'absent, *par Tahar Ben Jelloun*
R87. Venise en hiver, *par Emmanuel Roblès*
R88. La Nuit du Décret, *par Michel del Castillo*
R89. Alejandra, *par Ernesto Sabato*
R90. Plein Soleil, *par Marie Susini*
R91. Les Enfants de fortune, *par Jean-Marc Roberts*
R92. Protection encombrante, *par Heinrich Böll*
R93. Lettre d'excuse, *par Raphaële Billetdoux*
R94. Le Voyage indiscret, *par Katherine Mansfield*
R95. La Noire, *par Jean Cayrol*
R96. L'Obsédé (L'Amateur), *par John Fowles*

R97. Siloé, *par Paul Gadenne*
R98. Portrait de l'artiste en jeune chien
par Dylan Thomas
R99. L'Autre, *par Julien Green*
R100. Histoires pragoises, *par Rainer Maria Rilke*
R101. Bélibaste, *par Henri Gougaud*
R102. Le Ciel de la Kolyma (Le Vertige, II)
par Evguénia Guinzbourg
R103. La Mulâtresse Solitude, *par André Schwarz-Bart*
R104. L'Homme du Nil, *par Stratis Tsirkas*
R105. La Rhubarbe, *par René-Victor Pilhes*
R106. Gibier de potence, *par Kurt Vonnegut*
R107. Memory Lane, *par Patrick Modiano*
dessins de Pierre Le Tan
R108. L'Affreux Pastis de la rue des Merles
par Carlo Emilio Gadda
R109. La Fontaine obscure, *par Raymond Jean*
R110. L'Hôtel New Hampshire, *par John Irving*
R111. Les Immémoriaux, *par Victor Segalen*
R112. Cœur de lièvre, *par John Updike*
R113. Le Temps d'un royaume, *par Rose Vincent*
R114. Poisson-chat, *par Jerome Charyn*
R115. Abraham de Brooklyn, *par Didier Decoin*
R116. Trois Femmes, *suivi de* Noces, *par Robert Musil*
R117. Les Enfants du sabbat, *par Anne Hébert*
R118. La Palmeraie, *par François-Régis Bastide*
R119. Maria Republica, *par Agustin Gomez-Arcos*
R120. La Joie, *par Georges Bernanos*
R121. Incognito, *par Petru Dumitriu*
R122. Les Forteresses noires, *par Patrick Grainville*
R123. L'Ange des ténèbres, *par Ernesto Sabato*
R124. La Fiera, *par Marie Susini*
R125. La Marche de Radetzky, *par Joseph Roth*
R126. Le vent souffle où il veut
par Paul-André Lesort
R127. Si j'étais vous..., *par Julien Green*
R128. Le Mendiant de Jérusalem, *par Elie Wiesel*
R129. Mortelle, *par Christopher Frank*
R130. La France m'épuise, *par Jean-Louis Curtis*
R131. Le Chevalier inexistant, *par Italo Calvino*
R132. Dialogues des Carmélites, *par Georges Bernanos*
R133. L'Étrusque, *par Mika Waltari*
R134. La Rencontre des hommes, *par Benigno Cacérès*
R135. Le Petit Monde de Don Camillo, *par Giovanni Guareschi*
R136. Le Masque de Dimitrios, *par Eric Ambler*
R137. L'Ami de Vincent, *par Jean-Marc Roberts*
R138. Un homme au singulier, *par Christopher Isherwood*
R139. La Maison du désir, *par France Huser*
R140. Moi et ma cheminée, *par Herman Melville*
R141. Les Fous de Bassan, *par Anne Hébert*
R142. Les Stigmates, *par Luc Estang*
R143. Le Chat et la Souris, *par Günter Grass*
R144. Loïca, *par Dorothée Letessier*

R145. Paradiso, *par José Lezama Lima*
R146. Passage de Milan, *par Michel Butor*
R147. Anonymus, *par Michèle Manceaux*
R148. La Femme du dimanche
par Carlo Fruttero et Franco Lucentini
R149. L'Amour monstre, *par Louis Pauwels*
R150. L'Arbre à soleils, *par Henri Gougaud*
R151. Traité du zen et de l'entretien des motocyclettes
par Robert M. Pirsig
R152. L'Enfant du cinquième Nord, *par Pierre Billon*
R153. N'envoyez plus de roses, *par Éric Ambler*
R154. Les Trois Vies de Babe Ozouf, *par Didier Decoin*
R155. Le Vert Paradis, *par André Brincourt*
R156. Varouna, *par Julien Green*
R157. L'Incendie de Los Angeles, *par Nathanaël West*
R158. Les Belles de Tunis, *par Nine Moati*
R159. Vertes Demeures, *par William Henry Hudson*
R160. Les Grandes Vacances, *par Francis Ambrière*
R161. Ceux de 14, *par Maurice Genevoix*
R162. Les Villes invisibles, *par Italo Calvino*
R163. L'Agent secret, *par Graham Greene*
R164. La Lézarde, *par Edouard Glissant*
R165. Le Grand Escroc, *par Herman Melville*
R166. Lettre à un ami perdu, *par Patrick Besson*
R167. Evaristo Carriego, *par Jorge Luis Borges*
R168. La Guitare, *par Michel del Castillo*
R169. Épitaphe pour un espion, *par Eric Ambler*
R170. Fin de saison au Palazzo Pedrotti
par Frédéric Vitoux
R171. Jeunes années. Autobiographie 1, *par Julien Green*
R172. Jeunes années. Autobiographie 2, *par Julien Green*
R173. Les Égarés, *par Frédérick Tristan*
R174. Une affaire de famille
par Christian Giudicelli
R175. Le Testament amoureux, *par Rezvani*
R176. C'était cela notre amour, *par Marie Susini*
R177. Souvenirs du triangle d'or
par Alain Robbe-Grillet
R178. Les Lauriers du lac de Constance
par Marie Chaix
R179. Plan B, *par Chester Himes*
R180. Le Sommeil agité, *par Jean-Marc Roberts*
R181. Roman Roi, *par Renaud Camus*
R182. Vingt Ans et des poussières, *par Didier van Cauwelaert*
R183. Le Château des destins croisés
par Italo Calvino
R184. Le Vent de la nuit, *par Michel del Castillo*
R185. Une curieuse solitude, *par Philippe Sollers*
R186. Les Trafiquants d'armes, *par Eric Ambler*
R187. Un printemps froid, *par Danièle Sallenave*
R188. Mickey l'Ange, *par Geneviève Dormann*
R189. Histoire de la mer, *par Jean Cayrol*
R190. Senso, *par Camillo Boito*

R191. Sous le soleil de Satan, *par Georges Bernanos*
R192. Niembsch ou l'immobilité, *par Peter Härtling*
R193. Prends garde à la douceur des choses
par Raphaële Billetdoux
R194. L'Agneau carnivore, *par Agustin Gomez-Arcos*
R195. L'Imposture, *par Georges Bernanos*
R196. Ararat, *par D. M. Thomas*
R197. La Croisière de l'angoisse, *par Eric Ambler*
R198. Léviathan, *par Julien Green*
R199. Sarnia, *par G. B. Edwards*
R200. Le Colleur d'affiches, *par Michel del Castillo*
R201. Un mariage poids moyen, *par John Irving*
R202. John l'Enfer, *par Didier Decoin*
R203. Les Chambres de bois, *par Anne Hébert*
R204. Mémoires d'un jeune homme rangé, *par Tristan Bernard*
R205. Le Sourire du Chat, *par François Maspero*
R206. L'Inquisiteur, *par Henri Gougaud*
R207. La Nuit américaine, *par Christopher Frank*
R208. Jeunesse dans une ville normande
par Jacques-Pierre Amette
R209. Fantôme d'une puce, *par Michel Braudeau*
R210. L'Avenir radieux, *par Alexandre Zinoviev*
R211. Constance D., *par Christian Combaz*
R212. Épaves, *par Julien Green*
R213. La Leçon du maître, *par Henry James*
R214. Récit des temps perdus, *par Aris Fakinos*
R215. La Fosse aux chiens, *par John Cowper Powys*
R216. Les Portes de la forêt, *par Elie Wiesel*
R217. L'Affaire Deltchev, *par Eric Ambler*
R218. Les amandiers sont morts de leurs blessures
par Tahar Ben Jelloun
R219. L'Admiroir, *par Anny Duperey*
R220. Les Grands Cimetières sous la lune
par Georges Bernanos
R221. La Créature, *par Étienne Barilier*
R222. Un Anglais sous les tropiques, *par William Boyd*
R223. La Gloire de Dina, *par Michel del Castillo*
R224. Poisson d'amour, *par Didier van Cauwelaert*
R225. Les Yeux fermés, *par Marie Susini*
R226. Cobra, *par Severo Sarduy*
R227. Cavalerie rouge, *par Isaac Babel*
R228. Tous les soleils, *par Bertrand Visage*
R229. Pétersbourg, *par Andréi Biély*
R230. Récits d'un jeune médecin, *par Mikhaïl Boulgakov*

Collection Points

SERIE BIOGRAPHIE

B1. George Sand ou le scandale de la liberté
par Joseph Barry
B2. Mirabeau, *par Guy Chaussinand-Nogaret*
B3. George Orwell, une vie, *par Bernard Crick*
B4. Colette, libre et entravée, *par Michèle Sarde*
B5. Raymond Chandler, le gentleman de Californie
par Frank MacShane
B6. Lewis Carroll, une vie, *par Jean Gattégno*
B7. Van Gogh ou l'enterrement dans les blés
par Viviane Forrester
B8. Frère François, *par Julien Green*
B9. Blaise Cendrars, *par Miriam Cendrars*
B10. Albert Camus, *par Herbert R. Lottman*
B11. Gaston Gallimard, *par Pierre Assouline*
B12. Edgar Poe, *par Claude Delarue*

Collection Points

SERIE FILMS

dirigée par Jacques Charrière

F1. Octobre, *S. M. Eisenstein*
F2. La Grande Illusion, *Jean Renoir* (épuisé)
F3. Le Procès, *Orson Welles*
F4. Le Journal d'une femme de chambre, *Luis Buñuel*
F5. Deux ou trois choses que je sais d'elle, *Jean-Luc Godard*
F6. Jules et Jim, *François Truffaut*
F7. Le Silence, *Ingmar Bergman*

Collection Points

SERIE MUSIQUE

dirigée par François-Régis Bastide

Mu1. Histoire de la danse en Occident, *par Paul Bourcier*
Mu2. L'Opéra, t. I, *par François-René Tranchefort*
Mu3. L'Opéra, t. II, *par François-René Tranchefort*
Mu4. Les Instruments de musique, t. I
par François-René Tranchefort
Mu5. Les Instruments de musique, t. II
par François-René Tranchefort

Collection Points

SERIE PRATIQUE

P1. Guide pratique du logement
Institut national de la consommation (épuisé)
P2. Guide pratique de l'épargne et des placements
Institut national de la consommation (épuisé)
P3. Guide pratique de l'automobile et des deux roues
Institut national de la consommation
P4. Guide des médicaments les plus courants
par le Dr Henri Pradal (épuisé)
P5. Donner la vie, *par Jacqueline Dana et Sylvie Marion*
P6. Le temps qu'il fera, *par le Centre nautique des Glénans* (épuisé)
P7. Les Dangers des produits domestiques
par Jean-Pierre Fréjaville
P8. Comment payer moins d'impôts, *par Pierre Tardy* (épuisé)
P9. L'Hérédité racontée aux parents, *par Jacques-Michel Robert*

Collection Points

1. Histoire du surréalisme, *par Maurice Nadeau*
2. Une théorie scientifique de la culture
par Bronislaw Malinowski
3. Malraux, Camus, Sartre, Bernanos, *par Emmanuel Mounier*
4. L'Homme unidimensionnel, *par Herbert Marcuse* (épuisé)
5. Ecrits I, *par Jacques Lacan*
6. Le Phénomène humain, *par Pierre Teilhard de Chardin*
7. Les Cols blancs, *par C. Wright Mills*
8. Stendhal, Flaubert, *par Jean-Pierre Richard*
9. La Nature dé-naturée, *par Jean Dorst*
10. Mythologies, *par Roland Barthes*
11. Le Nouveau Théâtre américain, *par Franck Jotterand* (épuisé)
12. Morphologie du conte, *par Vladimir Propp*
13. L'Action sociale, *par Guy Rocher*
14. L'Organisation sociale, *par Guy Rocher*
15. Le Changement social, *par Guy Rocher*
16. Les Étapes de la croissance économique, *par W. W. Rostow*
17. Essais de linguistique générale, *par Roman Jakobson* (épuisé)
18. La Philosophie critique de l'histoire, *par Raymond Aron*
19. Essais de sociologie, *par Marcel Mauss*
20. La Part maudite, *par Georges Bataille* (épuisé)
21. Ecrits II, *par Jacques Lacan*
22. Eros et Civilisation, *par Herbert Marcuse* (épuisé)
23. Histoire du roman français depuis 1918
par Claude-Edmonde Magny
24. L'Écriture et l'Expérience des limites, *par Philippe Sollers*
25. La Charte d'Athènes, *par Le Corbusier*
26. Peau noire, Masques blancs, *par Frantz Fanon*
27. Anthropologie, *par Edward Sapir*
28. Le Phénomène bureaucratique, *par Michel Crozier*
29. Vers une civilisation du loisir ?, *par Joffre Dumazedier*
30. Pour une bibliothèque scientifique, *par François Russo* (épuisé)
31. Lecture de Brecht, *par Bernard Dort*
32. Ville et Révolution, *par Anatole Kopp*
33. Mise en scène de Phèdre, *par Jean-Louis Barrault*
34. Les Stars, *par Edgar Morin*
35. Le Degré zéro de l'écriture, *suivi de* Nouveaux Essais critiques
par Roland Barthes
36. Libérer l'avenir, *par Ivan Illich*
37. Structure et Fonction dans la société primitive
par A. R. Radcliffe-Brown
38. Les Droits de l'écrivain, *par Alexandre Soljénitsyne*
39. Le Retour du tragique, *par Jean-Marie Domenach*
41. La Concurrence capitaliste
par Jean Cartell et Pierre-Yves Cossé (épuisé)
42. Mise en scène d'Othello, *par Constantin Stanislavski*
43. Le Hasard et la Nécessité, *par Jacques Monod*
44. Le Structuralisme en linguistique, *par Oswald Ducrot*
45. Le Structuralisme : Poétique, *par Tzvetan Todorov*
46. Le Structuralisme en anthropologie, *par Dan Sperber*

47. Le Structuralisme en psychanalyse, *par Moustafa Safouan*
48. Le Structuralisme : Philosophie, *par François Wahl*
49. Le Cas Dominique, *par Françoise Dolto*
51. Trois Essais sur le comportement animal et humain
par Konrad Lorenz
52. Le Droit à la ville, *suivi de* Espace et Politique
par Henri Lefebvre
53. Poèmes, *par Léopold Sédar Senghor*
54. Les Élégies de Duino, *suivi de* les Sonnets à Orphée
par Rainer Maria Rilke (édition bilingue)
55. Pour la sociologie, *par Alain Touraine*
56. Traité du caractère, *par Emmanuel Mounier*
57. L'Enfant, sa « maladie » et les autres
par Maud Mannoni
58. Langage et Connaissance, *par Adam Schaff*
59. Une saison au Congo, *par Aimé Césaire*
61. Psychanalyser, *par Serge Leclaire*
63. Mort de la famille, *par David Cooper*
64. A quoi sert la Bourse ?, *par Jean-Claude Leconte* (épuisé)
65. La Convivialité, *par Ivan Illich*
66. L'Idéologie structuraliste, *par Henri Lefebvre*
67. La Vérité des prix, *par Hubert Lévy-Lambert* (épuisé)
68. Pour Gramsci, *par Maria-Antonietta Macciocchi*
69. Psychanalyse et Pédiatrie, *par Françoise Dolto*
70. S/Z, *par Roland Barthes*
71. Poésie et Profondeur, *par Jean-Pierre Richard*
72. Le Sauvage et l'Ordinateur, *par Jean-Marie Domenach*
73. Introduction à la littérature fantastique
par Tzvetan Todorov
74. Figures I, *par Gérard Genette*
75. Dix Grandes Notions de la sociologie
par Jean Cazeneuve
76. Mary Barnes, un voyage à travers la folie
par Mary Barnes et Joseph Berke
77. L'Homme et la Mort, *par Edgar Morin*
78. Poétique du récit, *par Roland Barthes, Wayne Booth*
Philippe Hamon et Wolfgang Kayser
79. Les Libérateurs de l'amour, *par Alexandrian*
80. Le Macroscope, *par Joël de Rosnay*
81. Délivrance, *par Maurice Clavel et Philippe Sollers*
82. Système de la peinture, *par Marcelin Pleynet*
83. Pour comprendre les média, *par M. McLuhan*
84. L'Invasion pharmaceutique
par Jean-Pierre Dupuy et Serge Karsenty
85. Huit Questions de poétique, *par Roman Jakobson*
86. Lectures du désir, *par Raymond Jean*
87. Le Traître, *par André Gorz*
88. Psychiatrie et Anti-Psychiatrie, *par David Cooper*
89. La Dimension cachée, *par Edward T. Hall*
90. Les Vivants et la Mort, *par Jean Ziegler*
91. L'Unité de l'homme, *par le Centre Royaumont*
1. Le primate et l'homme
par E. Morin et M. Piattelli-Palmarini

92. L'Unité de l'homme, *par le Centre Royaumont*
2. Le cerveau humain, *par E. Morin et M. Piattelli-Palmarini*
93. L'Unité de l'homme, *par le Centre Royaumont*
3. Pour une anthropologie fondamentale
par E. Morin et M. Piattelli-Palmarini
94. Pensées, *par Blaise Pascal*
95. L'Exil intérieur, *par Roland Jaccard*
96. Semeiotiké, recherches pour une sémanalyse
par Julia Kristeva
97. Sur Racine, *par Roland Barthes*
98. Structures syntaxiques, *par Noam Chomsky*
99. Le Psychiatre, son « fou » et la psychanalyse
par Maud Mannoni
100. L'Écriture et la Différence, *par Jacques Derrida*
101. Le Pouvoir africain, *par Jean Ziegler*
102. Une logique de la communication
par P. Watzlawick, J. Helmick Beavin, Don D. Jackson
103. Sémantique de la poésie, *par T. Todorov, W. Empson*
J. Cohen, G. Hartman et F. Rigolot
104. De la France, *par Maria-Antonietta Macciocchi*
105. Small is beautiful, *par E. F. Schumacher*
106. Figures II, *par Gérard Genette*
107. L'Œuvre ouverte, *par Umberto Eco*
108. L'Urbanisme, *par Françoise Choay*
109. Le Paradigme perdu, *par Edgar Morin*
110. Dictionnaire encyclopédique des sciences du langage
par Oswald Ducrot et Tzvetan Todorov
111. L'Évangile au risque de la psychanalyse (tome 1)
par Françoise Dolto
112. Un enfant dans l'asile, *par Jean Sandretto*
113. Recherche de Proust, *ouvrage collectif*
114. La Question homosexuelle, *par Marc Oraison*
115. De la psychose paranoïaque dans ses rapports
avec la personnalité, *par Jacques Lacan*
116. Sade, Fourier, Loyola, *par Roland Barthes*
117. Une société sans école, *par Ivan Illich*
118. Mauvaises Pensées d'un travailleur social
par Jean Marie Geng
120. Poétique de la prose, *par Tzvetan Todorov*
121. Théorie d'ensemble, *par Tel Quel*
122. Némésis médicale, *par Ivan Illich*
123. La Méthode
1. La Nature de la Nature, *par Edgar Morin*
124. Le Désir et la Perversion, *ouvrage collectif*
125. Le langage, cet inconnu, *par Julia Kristeva*
126. On tue un enfant, *par Serge Leclaire*
127. Essais critiques, *par Roland Barthes*
128. Le Je-ne-sais-quoi et le Presque-rien
1. La manière et l'occasion, *par Vladimir Jankélévitch*
129. L'Analyse structurale du récit, Communications 8
ouvrage collectif
130. Changements, Paradoxes et Psychothérapie
par P. Watzlawick, J. Weakland et R. Fisch

131. Onze Études sur la poésie moderne
par Jean-Pierre Richard
132. L'Enfant arriéré et sa mère, *par Maud Mannoni*
133. La Prairie perdue (Le Roman américain)
par Jacques Cabau
134. Le Je-ne-sais-quoi et le Presque-rien
2. La méconnaissance, *par Vladimir Jankélévitch*
135. Le Plaisir du texte, *par Roland Barthes*
136. La Nouvelle Communication, *ouvrage collectif*
137. Le Vif du sujet, *par Edgar Morin*
138. Théories du langage, théories de l'apprentissage
par le Centre Royaumont
139. Baudelaire, la Femme et Dieu
par Pierre Emmanuel
140. Autisme et Psychose de l'enfant, *par Frances Tustin*
141. Le Harem et les Cousins, *par Germaine Tillion*
142. Littérature et Réalité, *ouvrage collectif*
143. La Rumeur d'Orléans, *par Edgar Morin*
144. Partage des femmes, *par Eugénie Lemoine-Luccioni*
145. L'Évangile au risque de la psychanalyse (tome 2)
par Françoise Dolto
146. Rhétorique générale, *par le Groupe* μ
147. Système de la Mode, *par Roland Barthes*
148. Démasquer le réel, *par Serge Leclaire*
149. Le Juif imaginaire, *par Alain Finkielkraut*
150. Travail de Flaubert, *ouvrage collectif*
151. Journal de Californie, *par Edgar Morin*
152. Pouvoirs de l'horreur, *par Julia Kristeva*
153. Introduction à la philosophie de l'histoire de Hegel
par Jean Hyppolite
154. La Foi au risque de la psychanalyse
par Françoise Dolto et Gérard Sévérin
155. Un lieu pour vivre, *par Maud Mannoni*
156. Scandale de la vérité, *suivi de* Nous autres Français
par Georges Bernanos
157. Enquête sur les idées contemporaines
par Jean-Marie Domenach
158. L'Affaire Jésus, *par Henri Guillemin*
159. Paroles d'étranger, *par Elie Wiesel*
160. Le Langage silencieux, *par Edward T. Hall*
161. La Rive gauche, *par Herbert R. Lottman*
162. La Réalité de la réalité, *par Paul Watzlawick*
163. Les Chemins de la vie, *par Joël de Rosnay*
164. Dandies, *par Roger Kempf*
165. Histoire personnelle de la France, *par François George*
166. La Puissance et la Fragilité, *par Jean Hamburger*
167. Le Traité du sablier, *par Ernst Jünger*
168. Pensée de Rousseau, *ouvrage collectif*
169. La Violence du calme, *par Viviane Forrester*
170. Pour sortir du XXe siècle, *par Edgar Morin*
171. La Communication, Hermès I, *par Michel Serres*
172. Sexualités occidentales, Communications 35
ouvrage collectif

173. Lettre aux Anglais, *par Georges Bernanos*
174. La Révolution du langage poétique
par Julia Kristeva
175. La Méthode
2. La Vie de la Vie, *par Edgar Morin*
176. Théories du symbole, *par Tzvetan Todorov*
177. Mémoires d'un névropathe
par Daniel Paul Schreber
178. Les Indes, *par Édouard Glissant*
179. Clefs pour l'Imaginaire ou l'Autre Scène
par Octave Mannoni
180. La Sociologie des organisations
par Philippe Bernoux
181. Théorie des genres, *ouvrage collectif*
182. Le Je-ne-sais-quoi et le Presque-rien
3. La volonté de vouloir
par Vladimir Jankélévitch

Collection Points

SERIE ACTUELS

A1. Lettres de prison, *par Gabrielle Russier*
A2. J'étais un drogué, *par Guy Champagne*
A3. Les Dossiers noirs de la police française, *par Denis Langlois*
A4. Do It, *par Jerry Rubin*
A5. Les Industriels de la fraude fiscale, *par Jean Cosson*
A6. Entretiens avec Allende, *par Régis Debray* (épuisé)
A7. De la Chine, *par Maria-Antonietta Macciocchi*
A8. Après la drogue, *par Guy Champagne*
A9. Les Grandes Manœuvres de l'opium
par Catherine Lamour et Michel Lamberti
A10. Les Dossiers noirs de la justice française
par Denis Langlois
A11. Le Dossier confidentiel de l'euthanasie
par Igor Barrère et Étienne Lalou
A12. Discours américains, *par Alexandre Soljénitsyne*
A13. Les Exclus, *par René Lenoir*
A14. Souvenirs obscurs d'un Juif polonais né en France
par Pierre Goldman
A15. Le Mandarin aux pieds nus, *par Alexandre Minkowski*
A16. Une Suisse au-dessus de tout soupçon, *par Jean Ziegler*
A17. La Fabrication des mâles
par Georges Falconnet et Nadine Lefaucheur
A18. Rock babies, *par Raoul Hoffmann et Jean-Marie Leduc*
A19. La nostalgie n'est plus ce qu'elle était
par Simone Signoret
A20. L'Allergie au travail, *par Jean Rousselet*
A21. Deuxième Retour de Chine
par Claudie et Jacques Broyelle et Evelyne Tschirhart
A22. Je suis comme une truie qui doute, *par Claude Duneton*
A23. Travailler deux heures par jour, *par Adret*
A24. Le rugby, c'est un monde, *par Jean Lacouture*
A25. La Plus Haute des solitudes, *par Tahar Ben Jelloun*
A26. Le Nouveau Désordre amoureux
par Pascal Bruckner et Alain Finkielkraut
A27. Voyage inachevé, *par Yehudi Menuhin*
A28. Le communisme est-il soluble dans l'alcool ?
par Antoine et Philippe Meyer
A29. Sciences de la vie et Société
par François Gros, François Jacob et Pierre Royer
A30. Anti-manuel de français
par Claude Duneton et Jean-Pierre Pagliano
A31. Cet enfant qui se drogue, c'est le mien, *par Jacques Guillon*
A32. Les Femmes, la Pornographie, l'Érotisme
par Marie-Françoise Hans et Gilles Lapouge
A33. Parole d'homme, *par Roger Garaudy*
A34. Nouveau Guide des médicaments, *par le Dr Henri Pradal*
A35. Rue du Prolétaire rouge, par Nina et Jean Kéhayan
A36. Main basse sur l'Afrique, *par Jean Ziegler*

A37. Un voyage vers l'Asie, *par Jean-Claude Guillebaud*
A38. Appel aux vivants, *par Roger Garaudy*
A39. Quand vient le souvenir, *par Saul Friedländer*
A40. La Marijuana, *par Solomon H. Snyder*
A41. Un lit à soi, *par Évelyne Le Garrec*
A42. Le lendemain, elle était souriante...
par Simone Signoret
A43. La Volonté de guérir, *par Norman Cousins*
A44. Les Nouvelles Sectes, *par Alain Woodrow*
A45. Cent Ans de chanson française
par Chantal Brunschwig, Louis-Jean Calvet et Jean-Claude Klein
A46. La Malbouffe, *par Stella et Joël de Rosnay*
A47. Médecin de la liberté, *par Paul Milliez*
A48. Un Juif pas très catholique, *par Alexandre Minkowski*
A49. Un voyage en Océanie, *par Jean-Claude Guillebaud*
A50. Au coin de la rue, l'aventure
par Pascal Bruckner et Alain Finkielkraut
A51. John Reed, *par Robert Rosenstone*
A52. Le Tabouret de Piotr, *par Jean Kéhayan*
A53. Le temps qui tue, le temps qui guérit
par le Dr Fernand Attali
A54. La Lumière médicale, *par Norbert Bensaïd*
A55. Californie (Le Nouvel Age)
par Sylvie Crossman et Édouard Fenwick
A56. La Politique du mâle, *par Kate Millett*
A57. Contraception, Grossesse, IVG
par Pierrette Bello, Catherine Dolto et Aline Schiffmann
A58. Marthe, *anonyme*
A59. Pour un nouveau-né sans risque
par Alexandre Minkowski
A60. La Vie, tu parles, *par Libération*
A61. Les Bons Vins et les Autres, *par Pierre-Marie Doutrelant*
A62. Comment peut-on être breton ?
par Morvan Lebesque
A63. Les Français, *par Theodore Zeldin*
A64. La Naissance d'une famille, *par T. Berry Brazelton*
A65. Hospitalité française, *par Tahar Ben Jelloun*
A66. L'enfant à tout prix
par Geneviève Delaisi de Parseval et Alain Janaud
A67. La Rouge Différence, *par F. Edmonde Morin*
A68. Regard sur les Françaises, *par Michèle Sarde*
A69. A hurler le soir au fond des collèges
par Claude Duneton avec la collaboration de Frédéric Pagès
A70. L'Avenir en face, *par Alain Minc*
A71. Je t'aime d'amitié
par la revue « Autrement »
A72. Couples !, *par la revue « Autrement »*

Collection Points

SERIE POLITIQUE

1. La Démocratie, *par Georges Burdeau*
2. L'Afrique noire est mal partie, *par René Dumont*
3. Communisme, Anarchie et Personnalisme, *par E. Mounier*
4. Que faire ?, *par Lénine*
5. Machiavel, *par Georges Mounin* (épuisé)
6. Dans trente ans la Chine, *par Robert Guillain* (épuisé)
7. Citations du président Mao Tsé-toung
8. Pour une réforme de l'entreprise, *par François Bloch-Lainé* (épuisé)
9. Les Socialistes, *par André Philip* (épuisé)
10. Hô Chi-minh, *par Jean Lacouture* (épuisé)
11. Histoire de la révolution russe, 1. Février, *par Trotsky*
12. Histoire de la révolution russe, 2. Octobre, *par Trotsky*
13. Réflexions sur l'histoire d'aujourd'hui, *par Tibor Mende* (épuisé)
14. Histoire du syndicalisme britannique, *par Henry Pelling* (épuisé)
15. Trois Encycliques sociales, *de Jean* XXIII et *Paul* VI (épuisé)
16. Bilan de l'URSS, 1917-1967, *par J.-P. Nettl* (épuisé)
17. Mahomet, *par Maxime Rodinson*
18. Citations du président de Gaulle, *par Jean Lacouture* (épuisé)
20. Les Libertés à l'abandon, *par Roger Errera* (épuisé)
21. Qu'est-ce que la politique ?, *par Julien Freund*
22. Citations de Fidel Castro
    par Henri de la Vega et Raphaël Sorin
23. Les lycéens gardent la parole, *par les CAL* (épuisé)
24. Les Communistes français, *par Annie Kriegel* (épuisé)
25. La CGT, *par André Barjonet* (épuisé)
26. Les 20 Amériques latines, t. 1, *par Marcel Niedergang*
27. Les 20 Amériques latines, t. 2, *par Marcel Niedergang*
28. Les 20 Amériques latines, t. 3, *par Marcel Niedergang*
29. Introduction à une politique de l'homme, *par Edgar Morin*
30. Le Nouveau Christianisme, *par H. de Saint-Simon*
31. Le PSU, *par Michel Rocard* (épuisé)
32. La Nouvelle Classe ouvrière, *par Serge Mallet* (épuisé)
33. Réforme et Révolution, *par André Gorz*
34. L'État SS, *par Eugen Kogon*
35. L'État, *par Georges Burdeau*
36. Cuba est-il socialiste ?, *par René Dumont* (épuisé)
37. Les Paysans dans la lutte des classes, *par Bernard Lambert*
38. La Pensée de Karl Marx, *par Jean-Yves Calvez*
39. La Pensée politique arabe contemporaine
    par Anouar Abdel-Maleck
40. Pour le nouveau parti socialiste, *par Alain Savary*
41. Autogestion, *par Daniel Chauvey*
42. Un socialisme du possible, *par François Mitterrand* (épuisé)
43. La CFDT, *ouvrage collectif* (épuisé)
44. Paris libre 1871, *par Jacques Rougerie*
45. Les Nouveaux Intellectuels, *par F. Bon et M.-A. Burnier* (épuisé)
46. Les Origines du gauchisme, *par Richard Gombin*
47. La Société bloquée, *par Michel Crozier*

48. Classe ouvrière et Révolution, *par F. Bon et M.-A. Burnier* (épuisé)
49. Histoire des démocraties populaires
1. L'ère de Staline, *par François Fejtö*
50. Histoire des démocraties populaires
2. Après Staline, *par François Fejtö*
51. La Faute à Voltaire, *par Nelcya Delanoë*
52. Géographie de la faim, *par Josué de Castro*
53. Le Système totalitaire, *par Hannah Arendt*
Les origines du totalitarisme, 3
54. Le Communisme utopique, *par Alain Touraine*
55. Japon, troisième grand, *par Robert Guillain*
56. Les Partis politiques dans la France d'aujourd'hui
par François Borella
57. Pour un nouveau contrat social, *par Edgar Faure*
58. Le Marché commun contre l'Europe
par Bernard Jaumont, Daniel Lenègre et Michel Rocard (épuisé)
59. Le Métier de militant, *par Daniel Mothé*
60. Chine-URSS, *par François Fetjö* (épuisé)
61. Critique de la division du travail, *par André Gorz*
62. La Civilisation au carrefour, *par Radovan Richta*
63. Les Cinq Communismes, *par Gilles Martinet*
64. Bilan et Perspectives, *par Léon Trotsky*
65. Pour une sociologie politique, t. 1, *par J.-P. Cot et J.-P. Mounier*
66. Pour une sociologie politique, t. 2, *par J.-P. Cot et J.-P. Mounier*
67. L'Utopie ou la Mort, *par René Dumont*
68. Fascisme et Dictature, *par Nicos Poulantzas*
69. Mao Tsé-toung et la Construction du socialisme
textes inédits traduits et présentés par Hu Chi-hsi
70. Autocritique, *par Edgar Morin*
71. Nouveau Guide du militant, *par Denis Langlois*
72. Les Syndicats en France, t. 1, *par Jean-Daniel Reynaud*
73. Les Syndicats en France, t. 2. Textes et documents
par Jean-Daniel Reynaud
74. Force ouvrière, *par Alain Bergounioux*
75. De l'aide à la recolonisation, *par Tibor Mende*
76. Le Patronat, histoire, structure, stratégie du CNPF
par Bernard Brizay
77. Lettres à une étudiante, *par Alain Touraine*
78. Sur la France, *par Stanley Hoffmann* (épuisé)
79. La Cuisinière et le Mangeur d'hommes,
par André Glucksmann
80. L'Age de l'autogestion, *par Pierre Rosanvallon*
81. Les Classes sociales dans le capitalisme aujourd'hui
par Nicos Poulantzas
82. Regards froids sur la Chine, *ouvrage collectif*
83. Théorie politique, *par Saint-Just*
84. La Crise des dictatures, *par Nicos Poulantzas* (épuisé)
85. Les Dégâts du progrès, *par la CFDT*
86. Les Sommets de l'État, *par Pierre Birnbaum*
87. Du contrat social, *par Jean-Jacques Rousseau*
88. L'Enfant et la Raison d'État, *par Philippe Meyer*
89. Écologie et Politique, *par A. Gorz / M. Bosquet*
90. Les Racines du libéralisme, *par Pierre-François Moreau*

91. Syndicat libre en URSS, *par le Comité international contre la répression*
92. L'Informatisation de la société, *par Simon Nora et Alain Minc*
93. Manuel de l'animateur social, *par Saul Alinsky*
94. Mémoires d'un révolutionnaire, *par Victor Serge*
95. Les Partis politiques en Europe *par François Borella*
96. Le Libéralisme, *par Georges Burdeau*
97. Parler vrai, *par Michel Rocard*
98. Mythes révolutionnaires du tiers monde *par Gérard Chaliand*
99. Qu'est-ce que la social-démocratie ?, *par la revue « Faire »*
100. La Démocratie et les Partis politiques, *par Moisei Ostrogorsky*
101. Crise et Avenir de la classe ouvrière, *par la revue « Faire »* (épuisé)
102. Le Socialisme des intellectuels, *par Jan Waclav Makhaïski*
103. Reconstruire l'espoir, *par Edmond Maire*
104. Le Tertiaire éclaté, *par la CFDT*
105. Le Reflux américain, *par la revue « Faire »*
106. Les Pollueurs, *par Anne Guérin-Henni*
107. Qui a peur du tiers monde ? *par Jean-Yves Carfantan et Charles Condamines*
108. La Croissance... de la famine, *par René Dumont*
109. Stratégie de l'action non-violente, *par Jean-Marie Muller*
110. Retournez les fusils !, *par Jean Ziegler*
111. L'Acteur et le Système *par Michel Crozier et Erhard Friedberg*
112. Adieux au prolétariat, *par André Gorz*
113. Nos droits face à l'État, *par Gérard Soulier*
114. Les Partis politiques, *par Maurice Duverger*
115. Les « Disparus », *par Amnesty International*
116. L'Afrique étranglée *par René Dumont et Marie-France Mottin*
117. La CGT, *par René Mouriaux*
118. Le Mal-Développement en Amérique latine *par René Dumont et Marie-France Mottin*
119. Les Assassinats politiques, *par Amnesty International*
120. Vaincre la faim, c'est possible *par Jean-Yves Carfantan et Charles Condamines*
121. La Crise de l'État-providence, *par Pierre Rosanvallon*
122. La Deuxième Gauche, *par Hervé Hamon et Patrick Rotman*
123. Sur l'antisémitisme, *par Hannah Arendt* Les origines du totalitarisme, 1
124. La Torture, *par Amnesty International*
125. L'Impérialisme, *par Hannah Arendt* Les origines du totalitarisme, 2
126. Les Rebelles, *par Jean Ziegler*
127. Le Pari français, *par Michel Albert*
128. La Fin des immigrés *par Françoise Gaspard et Claude Servan-Schreiber*
129. Les Régimes politiques occidentaux *par Jean-Louis Quermonne*

Collection Points

SERIE HISTOIRE

H1. Histoire d'une démocratie : Athènes
des origines à la conquête macédonienne, *par Claude Mossé*
H2. Histoire de la pensée européenne
1. L'éveil intellectuel de l'Europe du IXe au XIIe siècle
par Philippe Wolff
H3. Histoire des populations françaises et de leurs attitudes
devant la vie depuis le XVIIIe siècle, *par Philippe Ariès*
H4. Venise, portrait historique d'une cité
par Philippe Braunstein et Robert Delort
H5. Les Troubadours, *par Henri-Irénée Marrou*
H6. La Révolution industrielle (1780-1880)
par Jean-Pierre Rioux
H7. Histoire de la pensée européenne
4. Le siècle des Lumières, *par Norman Hampson*
H8. Histoire de la pensée européenne
3. Des humanistes aux hommes de science, *par Robert Mandrou*
H9. Histoire du Japon et des Japonais
1. Des origines à 1945, *par Edwin O. Reischauer*
H10. Histoire du Japon et des Japonais
2. De 1945 à 1970, *par Edwin O. Reischauer*
H11. Les Causes de la Première Guerre mondiale, *par Jacques Droz*
H12. Introduction à l'histoire de notre temps. L'Ancien Régime et
la Révolution, *par René Rémond*
H13. Introduction à l'histoire de notre temps. Le XIXe siècle
par René Rémond
H14. Introduction à l'histoire de notre temps. Le XXe siècle
par René Rémond
H15. Photographie et Société, *par Gisèle Freund*
H16. La France de Vichy (1940-1944), *par Robert O. Paxton*
H17. Société et Civilisation russes au XIXe siècle
par Constantin de Grunwald
H18. La Tragédie de Cronstadt (1921), *par Paul Avrich*
H19. La Révolution industrielle du Moyen Age, *par Jean Gimpel*
H20. L'Enfant et la Vie familiale sous l'Ancien Régime
par Philippe Ariès
H21. De la connaissance historique, *par Henri-Irénée Marrou*
H22. Malraux, une vie dans le siècle, *par Jean Lacouture*
H23. Le Rapport Khrouchtchev et son histoire, *par Branko Lazitch*
H24. Le Mouvement paysan chinois (1840-1949)
par Jean Chesneaux
H25. Les Misérables dans l'Occident médiéval, *par Jean-Louis Goglin*
H26. La Gauche en France depuis 1900, *par Jean Touchard*
H27. Histoire de l'Italie du Risorgimento à nos jours
par Sergio Romano
H28. Genèse médiévale de la France moderne, XIVe-XVe siècle
par Michel Mollat
H29. Décadence romaine ou Antiquité tardive ? IIIe-VIe siècle
par Henri-Irénée Marrou

H30. Carthage ou l'Empire de la mer, *par François Decret*
H31. Essais sur l'histoire de la mort en Occident du Moyen Age à nos jours, *par Philippe Ariès*
H32. Le Gaullisme (1940-1969), *par Jean Touchard*
H33. Grenadou, paysan français *par Ephraïm Grenadou et Alain Prévost*
H34. Piété baroque et Déchristianisation en Provence au XVIIIe siècle *par Michel Vovelle*
H35. Histoire générale de l'Empire romain
1. Le Haut-Empire, *par Paul Petit*
H36. Histoire générale de l'Empire romain
2. La crise de l'Empire, *par Paul Petit*
H37. Histoire générale de l'Empire romain
3. Le Bas-Empire, *par Paul Petit*
H38. Pour en finir avec le Moyen Age, *par Régine Pernoud*
H39. La Question nazie, *par Pierre Ayçoberry*
H40. Comment on écrit l'histoire, *par Paul Veyne*
H41. Les Sans-culottes, *par Albert Soboul*
H42. Léon Blum, *par Jean Lacouture*
H43. Les Collaborateurs (1940-1945), *par Pascal Ory*
H44. Le Fascisme italien (1919-1945) *par Pierre Milza et Serge Berstein*
H45. Comprendre la Révolution russe, *par Martin Malia*
H46. Histoire de la pensée européenne
6. L'ère des masses, *par Michael D. Biddiss*
H47. Naissance de la famille moderne, *par Edward Shorter*
H48. Mythe de la procréation à l'âge baroque *par Pierre Darmon*
H49. Histoire de la bourgeoisie en France
1. Des origines aux temps modernes, *par Régine Pernoud*
H50. Histoire de la bourgeoisie en France
2. Les Temps modernes, *par Régine Pernoud*
H51. Histoire des passions françaises (1848-1945)
1. Ambition et amour, *par Theodore Zeldin*
H52. Histoire des passions françaises (1848-1945)
2. Orgueil et intelligence, *par Theodore Zeldin*
H53. Histoire des passions françaises (1848-1945)
3. Goût et corruption, *par Theodore Zeldin*
H54. Histoire des passions françaises (1848-1945)
4. Colère et politique, *par Theodore Zeldin*
H55. Histoire des passions françaises (1848-1945)
5. Anxiété et hypocrisie, *par Theodore Zeldin*
H56. Histoire de l'éducation dans l'Antiquité
1. Le monde grec, *par Henri-Irénée Marrou*
H57. Histoire de l'éducation dans l'Antiquité
2. Le monde romain, *par Henri-Irénée Marrou*
H58. La Faillite du Cartel, 1924-1926 (Leçon d'histoire pour une gauche au pouvoir) *par Jean-Noël Jeanneney*
H59. Les Porteurs de valises *par Hervé Hamon et Patrick Rotman*
H60. Histoire de la guerre d'Algérie (1954-1962) *par Bernard Droz et Évelyne Lever*

H61. Les Occidentaux, *par Alfred Grosser*
H62. La Vie au Moyen Age, *par Robert Delort*
H63. Politique étrangère de la France (La Décadence, 1932-1939)
par Jean-Baptiste Duroselle
H64. Histoire de la guerre froide
1. De la révolution d'Octobre à la guerre de Corée, 1917-1950
par André Fontaine
H65. Histoire de la guerre froide
2. De la guerre de Corée à la crise des alliances, 1950-1963
par André Fontaine
H66. Les Incas, *par Alfred Métraux*
H67. Les Écoles historiques, *par Guy Bourdé et Hervé Martin*
H68. Le Nationalisme français, 1871-1914, *par Raoul Girardet*
H69. La Droite révolutionnaire, 1885-1914, *par Zeev Sternhell*
H70. L'Argent caché, *par Jean-Noël Jeanneney*
H71. Histoire économique de la France du XVIIIe siècle à nos jours
1. De l'Ancien Régime à la Première Guerre mondiale
par Jean-Charles Asselain
H72. Histoire économique de la France du XVIIIe siècle à nos jours
2. De 1919 à la fin des annnées 1970
par Jean-Charles Asselain
H73. La Vie politique sous la IIIe République, *par Jean-Marie Mayeur*
H74. La Grèce archaïque d'Homère à Eschyle
par Claude Mossé
H75. Histoire de la « détente » 1962-1981, *par André Fontaine*
H76. Études sur la France de 1939 à nos jours
par la revue « L'Histoire »
H77. L'Afrique au XXe siècle, *par Elikia M'Bokolo*
H78. Les Intellectuels au Moyen Age, *par Jacques Le Goff*
H79. Fernand Pelloutier, *par Jacques Julliard*
H80. L'Église des premiers temps
par Jean Daniélou
H81. L'Église de l'Antiquité tardive
par Henri-Irénée Marrou
H82. L'Homme devant la mort
1. Le temps des gisants, *par Philippe Ariès*
H83. L'Homme devant la mort
2. La mort ensauvagée, *par Philippe Ariès*
H84. Le Tribunal de l'impuissance
par Pierre Darmon